Édition Française

Gagnez de l'Argent en Réparant des Téléphones & Tablettes

Chukky Oparandu

Illustrations en Images

Gagnez de l'Argent en Réparant des Téléphones & Tablettes

Droits d'auteur © 2024 par Chukky Oparandu

Tous droits réservés. Aucune partie de cette publication ne peut être reproduite ou distribuée sous quelque forme que ce soit, par aucun moyen, ou stockée dans une base de données ou système de recherche sans l'autorisation écrite préalable de l'auteur ou de l'éditeur. Aucune responsabilité de brevet n'est assumée concernant l'utilisation des informations contenues dans ce livre. Bien que toutes les précautions aient été prises dans la préparation de ce livre, l'éditeur et l'auteur n'assument aucune responsabilité pour les erreurs ou omissions. De même, aucune responsabilité n'est assumée pour les dommages résultant de l'utilisation des informations contenues ici.

ISBN-10:
ISBN-13:

Mondraim Books®
Une filiale de Mondraim Nig. Ltd.

Imprimé aux États-Unis par Amazon Kindle Direct Publishing

Disponible sur Amazon.com, Barnes & Noble et d'autres points de vente Également disponible sur Kindle et autres appareils Pour obtenir des informations sur des remises spéciales pour les achats en gros, Veuillez contacter mondraim@gmail.com ou appeler le +234-8035887084

Avertissement et clause de non-responsabilité

Les informations fournies sont fournies telles quelles. L'auteur et l'éditeur déclinent toute responsabilité envers toute personne ou entité concernant toute perte ou dommage découlant des informations contenues dans ce livre.

Dédicace

À ma chère épouse, Linda ;

Chukwuma Jnr, Onyinyechi, Iheoma ;

Et ma mère bien-aimée, Joyce ;

Aux trésors que Dieu m'a bénis, je dédie ce travail.

Préface

Depuis la publication de la première édition anglaise du livre " *Mobile Phones and Tablets Repairs: A Complete Guide for Beginners and Professionals*" il y a huit ans, beaucoup de choses se sont passées dans l'industrie des smartphones. Malgré les améliorations et les progrès réalisés en matière de puissance informatique des smartphones, peu de choses ont changé en termes de technologie fondamentale sous-jacente. Ce qui a changé, c'est un élargissement du taux de dépendance des utilisateurs par rapport à ce qui a été observé il y a quatre ans. Le comportement des consommateurs a connu des changements tant en termes d'attitude que de tendances de manière plus marquée. La valeur d'utilité marginale d'un smartphone a augmenté de manière astronomique malgré le coût d'acquisition croissant. Les économistes avancent à travers la loi de la diminution de l'utilité marginale que la consommation croissante de biens entraîne une baisse du prix des biens à mesure que l'utilité marginale diminue. Mais les smartphones ont réussi à défier cette loi, en en faisant l'un des actifs les plus précieux de la vie.

Selon des statistiques publiées par S. O'Dea le 2 septembre 2020 sur le site Web de Statista (https://www.statista.com) sur les ventes mondiales de smartphones aux utilisateurs finaux de 2007 à 2021, "en 2019, environ 1,52 milliard de smartphones ont été vendus dans le monde. Au premier trimestre 2020, environ 86,3% de tous les smartphones vendus aux utilisateurs finaux étaient des téléphones avec le système d'exploitation Android." Il ajoute ensuite: "En 2019, le nombre de smartphones vendus aux consommateurs s'élevait à environ 1,52 milliard d'unités, une augmentation significative par rapport aux 680 millions d'unités vendues en 2012. Cela signifie qu'en 2019, plus de 19% de la population mondiale possédait un appareil intelligent, un chiffre qui devrait augmenter à 37% d'ici 2021. En 2018, la pénétration des smartphones a atteint 60,5% en Amérique du Nord. Aux États-Unis seulement, les ventes de smartphones étaient projetées pour valoir environ 77,5 milliards de dollars américains en 2019, contre 18 milliards de dollars en 2010. D'ici 2021, on prévoit que près de 84,3% de tous les utilisateurs de téléphones mobiles aux États-Unis posséderont un smartphone, contre 27% d'utilisateurs de téléphones mobiles en 2010." Avec la population mondiale estimée aujourd'hui à 7,8 milliards, ce n'est que le début.

Par conséquent, réparer des smartphones est devenu une entreprise bien plus lucrative; une activité avec un très haut retour sur investissement.

La grande opportunité réside dans le fait que les gadgets électroniques sont des dispositifs délicats qui dysfonctionnent facilement lorsqu'ils sont manipulés brutalement. Avec une population plus importante d'humains possédant soit un smartphone soit une tablette, le potentiel de marché pour fournir des services et des solutions de réparation est très prometteur. En plus de la marge bénéficiaire élevée dans la vente de compétences personnelles, cela ouvre des portes pour interagir avec un grand nombre de personnes, ce qui pourrait conduire à de plus grandes possibilités commerciales.

Les entreprises technologiques servent de catalyseur de croissance dans tous les secteurs des économies nationales. Par exemple, mis à part la nourriture, qu'est-ce qui était d'une grande importance pendant le confinement dû à la covid-19 dans le monde entier?

Les smartphones!

La première anglaise édition, " *Mobile Phones and Tablets Repairs: A Complete Guide for Beginners and Professionals*", couvrait en détail le sujet de l'électronique en général et des réparations électroniques, des principes de base aux principes fondamentaux et aux applications pratiques. C'était un exposé approfondi et je le recommande comme prélude à cette deuxième édition. Cette édition de suivi est conçue pour se concentrer principalement sur les smartphones et les tablettes et leurs défis en matière de remplacement d'écrans et de logiciels.

Alors qu'il existe des différences de conception techniques à la fois en termes de fonctionnalités et de détails entre les téléphones mobiles de base ou à fonctions et les smartphones/tablettes, les réparer nécessite des compétences similaires, sauf pour le remplacement des écrans ou des unités d'affichage.

Certains critiques ou examinateurs de la première édition continuaient de poser la question: "Où sont les tablettes?" tandis que d'autres estimaient que les informations satisfaisaient davantage leurs besoins en termes de technologie et de réparation des téléphones mobiles que pour les tablettes. Mais la beauté de la conception du précédent livre, " *Mobile Phones and Tablets Repairs...*", réside dans sa couverture des connaissances fondamentales inhérentes aux principes de l'électronique sur lesquels repose la technologie de tous les appareils mobiles. L'auteur a pris en considération le fait que même si de nouveaux smartphones et tablettes continueraient d'être lancés sur le marché, ces principes de base éprouvés du domaine de l'électronique s'appliqueraient toujours, sauf en ce qui concerne les changements de logiciel et de compartimentation des modules au sein du matériel.

Chaque technicien qui a eu la chance de se former à travers la première édition est aujourd'hui considéré comme l'un des meilleurs techniciens de service du monde entier... Je répète, du monde entier! Le meilleur business est toute entreprise organisée pour répondre à l'un des besoins les plus fondamentaux de l'homme - elle aura toujours un marché de "demande". Ce secteur reste un véhicule d'investissement en autarcie viable pour toute personne intéressée.

L'auteur de ce livre a formé et autonomisé des milliers de jeunes dans de nombreux pays du monde. Le résultat a été phénoménal. S'il y a un moment où il faut encourager les jeunes à regarder au-delà du cycle habituel "Allez à l'école, obtenez un diplôme, trouvez un emploi rémunéré", c'est maintenant.

Remerciements

Je commencerai toujours par remercier le Dieu de l'univers qui, à travers le Saint-Esprit, a inspiré l'écriture et la compilation de ce travail. La motivation ne pouvait venir d'ailleurs que du divin.

Parmi les mortels sont venus le soutien moral, intellectuel et d'autres formes de soutien. Ma famille a été merveilleuse ; ma femme, ma mère et mes enfants.

Un grand merci à mes membres du personnel et à mon équipe éditoriale. Votre dévouement, votre patience et votre travail d'amour sont une grande source d'encouragement pour moi et très utiles dans mes projets.

Je n'oublierai pas de remercier le designer de la couverture de mon livre et l'illustrateur, Olamide Oladipo alias Lammer, chef de la Création chez Dudus Motive et directeur général de Activ8ed Prints. De la première édition à mon deuxième livre, "IT Career: A Roadmap", et cette deuxième édition, vous êtes toujours prêt à faire ces milliers de changements avec des allers-retours par e-mail. Même alors que vous êtes absorbé par votre programme de master en Australie, au pic des examens, vous avez encore travaillé sur mon projet. Merci Lammer.

Merci à tous.

Contenu

Dédicace
Remerciements
Préface

PARTIE 1 RÉVISION DES CONNAISSANCES DE BASE

1	Introduction à la Technologie SMART Computing	2
	Technologies d'Accès Cellulaire	5
	La Conception Structurelle des Tablettes et des Smartphones	6
2	Identification et Caractéristiques des Composants	10
	Unités d'Entrée/Sortie Périphériques	11
	Unités d'Affichage des Smartphones et Tablettes	17
	Composants de la Carte Mère Electronique	26

PARTIE 2 RÉPARATIONS TECHNIQUES 32

3	Électronique de Base et Analyse des Circuits	33
	Principes et Concepts de l'Électricité	35
	Composants Électroniques, Fonctions et Applications	51
	Bases des Semi-conducteurs	76
	Circuits Intégrés (CI)	95
	Technologie de Montage en Surface et Réseaux de Grilles de Balles (BGA)	96
	Capteurs, Transducteurs et Automatisation	97
	Analyse des Circuits des Smartphones	99
4	Outils de Réparation et Instrumentation	120
	Outils de Réparation Matérielle	120
5	Procédure de Remplacement de l'Écran	132
	Procédures de Démontage	134
	Utilisation de la Machine de Séparation LCD Manuelle	139

6	Réparations au Niveau de la Carte et Micro-soudure	141
	Utilisation d'un Multimètre pour le Dépannage	142
	Comment Tester Différents Composants	153
	Test des Circuits Intégrés sur les PCB de Téléphone Portable	163
	Techniques de Soudure BGA Avancées	163
	Soudage et Réparations des CI BGA	169
	Retrait, Rebillage et Réutilisation des Composants Défectueux (CIs)	171
	Composants de la Carte Mère et Disposition	174
7	Fautes Matérielles Courantes et Procédures de Réparation	181
	Directives de Réparation Pour Diverses Fautes Courantes	184
	Défaillance de l'alimentation	184
	Réparation des Circuits de Charge Défectueux	190
	Fautes Audio et d'Alerte	201
	Défauts du Microphone	203
	Défauts de Sonnerie	205
	Défauts du vibreur	206
	Fautes Vidéo/Graphiques/Affichage	208
	Réparation des Écrans Tactiles	212
	Défaillances des Interrupteurs	217
	Fautes de Carte SIM et de Carte Mémoire	217
	Fautes de Réseau	221
	Pannes de l'Appareil Photo	225
	Pannes de Redémarrage ou de Redémarrage Automatique	226
	Fautes de PCB ou de Carte Mère	227
	Pannes dues à l'Eau	228

PARTIE 3 TECHNIQUES DE RÉPARATION LOGICIELLE 239

8	Réparations Logicielles	240
	Compréhension du Logiciel de Smartphone Mobile	241
	Systèmes d'Exploitation de Smartphone	243
	Exigences pour le Processus de Programmation Flash	245
	Caractéristiques et Composants des Boîtes de Flashage Logiciel	247
	Diagnostic des Fautes Logicielles	250
	Guide d'Installation pour les Outils Logiciels de Téléphone	251
	Terminologies et Procédures de Réparation Logicielle	255

	Une Vue d'Ensemble sur les Modules de Mémoire et les Cœurs de Traitement	262
	Le Processus de Programmation	267
	Réparations Logicielles des Téléphones Chinois	270
	Flashing des téléphones Samsung	281
	Procédure de Flash pour iPhones	284
	Procédure de Flash pour Xiaomi	290
	Procédure de Flash pour Google Pixel	290
	Procédure de Flash pour OnePlus	292
9	Paramètres de l'Interface Utilisateur et Codes Secrets	294
	#*Codes Secrets*#	295
10	Secrets Commerciaux et Guide Opérationnel des Centres de Service	299
	Le Caractère Pour Réussir en Entrepreneuriat	301
	Facturation du Client	305
	Gérer les Clients Difficiles	308
	Notes bibliographiques	310
	À Propos de l'Auteur	312

PARTIE 1

RÉVISION DES CONNAISSANCES DE BASE

Ce livre est organisé pour enseigner à tout lecteur qui suit chapitre après chapitre comme s'il assistait à un laboratoire de formation en direct.

Chapitre 1

Introduction à la Technologie de Calcul SMART

La communication est le processus d'échange de données entre deux entités ou plus. Elle peut être définie comme "l'activité intentionnelle d'échange d'informations entre deux participants ou plus afin de transmettre ou de recevoir les significations prévues à travers un système partagé de signes et de règles sémiotiques."

Dans l'industrie des télécommunications, un système de communication fait référence à une collection de réseaux de communication disparates, de systèmes de transmission, de stations relais, de stations tributaires et d'équipements terminaux de données (ETD) généralement capables d'interconnexion et d'interopération pour former un tout intégré.
Les composants d'un système de communication servent un objectif commun, sont techniquement compatibles, utilisent des procédures communes, répondent à des commandes et fonctionnent en union.

Les systèmes de communication sont conçus en même temps que la mise en œuvre de technologies spécifiques de transmission et de réception de données. Cela signifie que l'appareil final dans le système (les téléphones) doit avoir le type de technologies d'accès radio compatibles avec la technologie mise en œuvre dans le système de communication. La spécification technologique mise en œuvre par les sociétés de transport détermine le type d'accès radio qu'un smartphone ou un téléphone de tablette utilise pour se connecter au réseau, qu'il s'agisse de la 3G, de la 4G LTE ou de la 5G. De plus, les composants RF (Radio Fréquence) dans un téléphone donné varient à la fois en sophistication et en complexité en fonction de la norme de technologie d'accès à laquelle ils sont conçus pour se connecter.

Récemment, les téléphones à accès multi-mode sont monnaie courante. Curieusement, il n'existe aucune compatibilité descendante avec les systèmes plus anciens avec l'invention de nouvelles technologies.

Chapitre 1: Introduction à la Technologie de Calcul SMART

4G LTE

Nous sommes à l'ère de la 4ème génération LTE (Long Term Evolution), qui est une norme avancée de réseau cellulaire mobile utilisée aujourd'hui alors que le monde attend d'embrasser la nouvelle technologie 5G. Certains pays ont déjà testé et commencé les mises en œuvre pour la 5G.

La 4G LTE ne fait pas partie de la norme GSM (Global System for Mobile Communications) de l'ETSI (Institut européen des normes de télécommunications). Elle est basée sur les technologies de réseau GSM/EDGE et UMTS/HSPA, ce qui augmente la capacité et la vitesse du réseau en utilisant une interface radio différente ainsi que des améliorations du réseau central. C'est une norme haut débit pour les données et les informations visuelles. Les appareils ont des vitesses de transmission de données de 100 Mo/s en mouvement et de 1 Go/s à l'arrêt.

Deux raisons principales pour lesquelles la 4G est plus rapide que l'ancienne 3G sont la mise en œuvre de la technique de multiplexage par répartition orthogonale de la fréquence (OFDM) et la technique d'entrées multiples-sorties multiples, ou MIMO. L'OFDM est une technique pour comprimer plus de données sur le même spectre de fréquence radio, réduisant ainsi la latence (retard) et les interférences. Les données sont divisées et envoyées à travers de petits blocs de fréquence en parallèle, augmentant ainsi la capacité du réseau. Le MIMO consiste simplement à utiliser plusieurs antennes à la fois au niveau de l'émetteur et du récepteur pour améliorer les performances de communication.

5G

Comme tous les autres G (G pour génération), la 5G est la cinquième norme de technologie pour les réseaux cellulaires ou mobiles à large bande. Depuis 2019, les entreprises cellulaires ont commencé le déploiement de cette technologie dans le monde entier pour remplacer le réseau 4G LTE. En termes simples, comprenez que les principales améliorations en termes d'efficacité et de vitesse, par rapport aux techniques de signalisation du réseau utilisées pour la transmission de paquets de fréquence radio vers et depuis les appareils sans fil, sont la clé du passage d'une génération à l'autre.

Tous les réseaux cellulaires ont une caractéristique commune similaire de diviser les zones géographiques desservies en cellules. Chaque cellule 5G connecte tout appareil sans fil 5G à la fois à Internet et à un service téléphonique via des ondes radio de plus haute fréquence propagées par une antenne locale dans la cellule.

La 5G devrait fournir une bande passante plus élevée et des vitesses allant jusqu'à 10 gigabits par seconde (Gbit/s). Seuls les appareils 5G pourront se connecter à l'infrastructure réseau 5G, car il n'y a pas de compatibilité descendante comme d'habitude. De plus, en raison de la grande bande passante irradiée par les réseaux 5G, l'infrastructure ne servira pas seulement aux smartphones et tablettes mais fournira également l'accès à toute une gamme d'appareils informatiques et électroniques tels que les ordinateurs portables, les ordinateurs de bureau et autres appareils conduisant à l'internet des objets. Les réseaux 5G remplaceront donc probablement les fournisseurs de services Internet (FAI) et les sociétés de câblodistribution.

La relation entre la longueur d'onde des ondes radio et la fréquence (le nombre de cycles par seconde d'une onde) est inverse. Les ondes de fréquence plus élevée ont des longueurs d'onde plus courtes et vice versa. Les ondes 5G sont appelées ondes millimétriques, mmOndes.

La portée limitée des ondes 5G est donc un compromis pour la vitesse aux fréquences mmOndes. Cela signifie qu'avec les fréquences extrêmement élevées des réseaux 5G, les ondes parcourront des distances plus courtes que les ondes 4G, 3G et 2G. Les tours 5G auront des espaces plus courts entre elles par kilomètre ou mile. Certaines mesures ont produit des résultats d'environ 500 mètres à partir d'une tour 5G. Les mmOndes sont également susceptibles d'être absorbées par des obstructions. Avec de telles courtes distances entre les cellules et puisque les mmOndes ne peuvent pas pénétrer à travers les obstructions, une densité élevée de tours cellulaires de rayonnement et de réseaux d'antennes se propageant dans les quartiers devient une évidence. Malgré les énormes avantages que la 5G apportera aux consommateurs et aux entreprises, il y a également eu des inquiétudes concernant la sécurité publique en raison de l'exposition humaine possible aux dangers du rayonnement à haute fréquence.

Les Smartphones et Tablettes Numériques

Les téléphones numériques utilisent la même technologie radio que les téléphones analogiques, mais ils l'utilisent différemment. Les systèmes analogiques n'utilisent presque pas pleinement le spectre des fréquences du signal entre le téléphone (station mobile) et le réseau cellulaire, car les signaux analogiques ne subissent pas aussi facilement la compression et les manipulations de signal que les signaux numériques purs.
Les systèmes numériques sont beaucoup plus efficaces pour la transmission et la réception des signaux. Avec les systèmes numériques, plus de canaux peuvent être regroupés dans la bande passante allouée par une société de téléphonie, ce qui constitue un avantage évident par rapport aux systèmes

analogiques.

Les téléphones numériques convertissent la voix humaine (qui est un signal analogique) en informations binaires (1 et 0) puis le compressent avant la transmission. Cette compression permet à entre trois et dix appels téléphoniques numériques d'utiliser le même spectre de fréquence porteuse, correspondant à un seul appel analogique. La plupart des systèmes cellulaires numériques utilisent la méthode de modulation par déplacement de fréquence (FSK) pour la transmission de données sur les réseaux hérités. Le FSK utilise deux fréquences, l'une pour les 1 et l'autre pour les 0, alternant rapidement entre les deux pour envoyer des informations numériques entre la tour de cellule et le téléphone. Grâce au processus de modulation et de codage, le signal d'information analogique est converti en données numériques, compressé et reconverti en signal analogique, conservant ainsi un niveau élevé de qualité vocale tout au long du processus. Ceci est rendu possible grâce à la puissance de traitement élevée intégrée aux téléphones cellulaires numériques.

Technologies D'accès Cellulaire

Technologies d'accès cellulaire se réfèrent à la méthode par laquelle les signaux de message de l'utilisateur (voix, texte et données) obtiennent l'accès au médium de communication. Puisque dans chaque cellule, il y a plusieurs utilisateurs du réseau, "Accès Multiple" signifie que dans chaque spécification de technologie d'accès, plus d'un utilisateur peut utiliser la cellule. Trois technologies courantes utilisées par les réseaux de téléphonie mobile pour transmettre des informations sont:

- La Division de Fréquence Multiple (DFM), qui attribue une fréquence séparée à chaque appel. La DFM sépare le spectre en canaux vocaux distincts en le divisant en blocs uniformes de largeur de bande. Ce système est principalement utilisé pour les transmissions analogiques. Bien qu'il soit capable de transporter des informations numériques, la DFM n'est pas très efficace pour la transmission numérique.
- La Division de Temps Multiple (DTM), qui attribue à chaque appel une portion fixe de temps sur une fréquence désignée. La DTM, en revanche, a trois fois la capacité d'un système analogique utilisant le même nombre de canaux et opère dans les bandes de fréquences 800 MHz (IS-54) ou 1900 MHz (IS-136).
- La Division de Code Multiple (DCM), qui attribue un code unique à chaque appel et le répartit sur les fréquences disponibles.

Chaptre 1: Introduction à la Technologie de Calcul SMART

Cependant, les infrastructures de réseau 4G et 5G utilisent des versions améliorées, modifiées ou avancées de ces technologies d'accès, telles que l'Orthogonal Frequency-Division Multiplexing (OFDM) et la technique d'entrée-sortie multiple, ou MIMO.

La Conception Structurelle des Tablettes et des Smartphones

Facteur de Forme

Il y avait autrefois diverses conceptions physiques des téléphones mobiles de base ou des téléphones à fonctions. Mais depuis leur production, la tablette ou le smartphone a conservé une seule forme ou apparence.

Le facteur de forme d'un téléphone mobile fait référence à sa taille, à sa forme et à son style, ainsi qu'à la disposition et à la position de ses éléments physiques extérieurs et de ses pièces. Avoir une bonne compréhension de ces aspects subtils de la conception d'un appareil mobile est important pour un technicien dont la fonction principale consiste principalement à démonter et remonter le téléphone pour effectuer des réparations correctives.

Trois principaux facteurs de forme ont dominé le marché des téléphones mobiles pendant des années, principalement les téléphones à barre (similaires à la tablette), les téléphones à clapet et les téléphones à coulisse, ainsi que des sous-ensembles de ces formes. Par exemple, la conception "tournante" était un sous-ensemble des téléphones mobiles à clapet.

Figure 1.1a: Téléphone à barre hérité

Chapitre 1: Introduction à la Technologie de Calcul SMART

Les tablettes et les smartphones ont cependant conservé la forme ou le facteur de forme "barre" principalement en raison des avancées dans la sortie vidéo/visuelle des smartphones et de la fonctionnalité multimédia des tablettes avec un modèle d'entrée tactile intégré. Cela a été un changement de paradigme simultané avec le développement d'Android et d'autres logiciels de système d'exploitation mobile!

La forme "barre" ou "tablettes" décrit la forme d'une barre ou d'une brique rectangulaire, mais généralement avec des coins ou des bords arrondis ou incurvés. C'est le facteur de forme de la tablette ou du smartphone qui domine actuellement sur le marché parmi tous les fabricants et marques.

Une caractéristique commune des tablettes ou des smartphones de type barre est l'écran large en façade. Les téléphones à écran tactile, les tablettes ou le terme "Phablet" (qui signifie qu'ils combinent les fonctions d'un smartphone et d'une tablette) sont tous des sous-ensembles de la forme barre. La taille très large de l'écran des phablettes et des tablettes les différencie. Ils sont généralement plus grands que la plupart des smartphones à écran tactile, avec des tailles d'écran comprises entre 5,5 et 7,9 pouces. On peut difficilement ranger confortablement un téléphone phablette dans sa poche.

Figure 1.1b: Smartphone bar

Smartphones

Un smartphone combine les fonctionnalités du PDA traditionnel et du téléphone cellulaire, avec une inclinaison plus forte vers la fonctionnalité du téléphone cellulaire.

Ces appareils portables intègrent les capacités du téléphone mobile avec les fonctionnalités plus courantes d'un ordinateur de poche ou d'un PDA. Les smartphones permettent aux utilisateurs de stocker des informations, d'envoyer des e-mails et d'installer des programmes, tout en fonctionnant comme un téléphone mobile dans un seul appareil.

Il n'y a pas de norme industrielle définissant ce qu'est un smartphone, donc tout appareil mobile combinant les fonctions cellulaires et de calcul mobile, possédant des capacités supérieures à celles d'un téléphone basique, des capacités matérielles plus puissantes et un système d'exploitation mobile peut être classé dans la catégorie des smartphones.

Les jalons historiques des smartphones jusqu'en 2015 peuvent être résumés comme suit:

- 1997 - Début du terme "smartphone"
- 1999 - RIM a commencé à fabriquer des téléphones Blackberry
- 2007 - Sortie de l'iPhone 1
- 2008 - Sortie d'Android v1.0
- 2015 - Sortie de l'iPhone 6 et d'Android 6.0 "Marshmallow"
- 2016 - Sortie d'Android 7.0 "Nougat"
- 2017 - Sortie d'Android 8.0 "Oreo"
- 2018 - Sortie d'Android 9 "Pie"
- 2019 - Sortie d'Android 10
- 2020 - Sortie d'Android 11
- 2021 - Sortie d'Android 12
- 2022 - Sortie d'Android 13 (hypothétique)
- 2023 - Sortie d'Android 14 (hypothétique)
- 2024 - Sortie d'Android 15 (hypothétique)

Tablettes

Avec les avancées constantes dans la technologie d'accès cellulaire, les fonctionnalités et les capacités des appareils changent également.

Dans un passé récent, il était plus facile de différencier un PDA d'un smartphone simplement en recherchant des capacités de tactile. Si cela avait un écran tactile, c'était un PDA; sinon, c'était un smartphone.

Par exemple, Ericksson, avant de devenir Sony Ericsson, a fabriqué le premier smartphone, le R380, qui combinait un écran tactile et un clavier complet QWERTY.

Le terme générique pour un appareil orienté PDA tel que le téléphone Sony Ericsson décrit, ayant des capacités de téléphone cellulaire, est appelé un téléphone PDA.

Caractéristiques Clés des Smartphones par Rapport aux Tablettes

Voici quelques fonctionnalités et capacités qui résument les fonctionnalités intégrées aux téléphones cellulaires mobiles en fonction du modèle:

- Appel vocal
- Stockage des informations de contact
- Faire des tâches ou des listes de tâches
- Suivre les rendez-vous et définir des rappels
- Utiliser la calculatrice intégrée pour des calculs simples
- Envoyer ou recevoir des e-mails
- Obtenir des informations (actualités, divertissements, cotations boursières) depuis Internet
- Jouer à des jeux
- Regarder la télévision
- Envoyer des messages SMS
- Intégrer d'autres appareils tels que des PDA, des lecteurs MP3
- Réseau privé virtuel (VPN)
- Communication en champ proche (NFC)
- Connectivité Wi-Fi
- Bluetooth
- GPS
- Capacités de caméra/vidéo
- Partage de la communication Internet (point d'accès)
- Support d'applications tierces

Chapitre 2

Identification et Caractéristiques des Composants

Les téléphones portables sont un peu comme des ordinateurs dans leur composition matérielle. Tout comme un ordinateur, ils ont un processeur, des périphériques d'entrée et de sortie, un système de gestion de l'alimentation et une radio (cellulaire), entre autres. En gros, un smartphone est comme un mini-ordinateur.

Contrairement à un ordinateur de bureau qui a plusieurs composants distincts comme des cartes d'extension, des disques durs, des barrettes de mémoire, etc., les composants d'un smartphone sont intégrés directement sur la carte mère.

Les tablettes et les smartphones conservent ces composants internes qui aident leur fonctionnement. Par exemple, sans une certaine partie appelée "processeur", votre téléphone ne pourrait pas fonctionner correctement. Dans ce livre, nous allons expliquer chaque partie importante d'un téléphone portable, de sorte que vous puissiez comprendre comment il fonctionne et comment le réparer si jamais il tombe en panne.

Unités d'Entrée/Sortie Périphériques

Les composants suivants sont considérés comme des périphériques:

Batteries

La batterie est la source principale d'alimentation du téléphone mobile. Elle fournit une tension continue (DC) optimale comprise entre 3,6 V et 3,8 V et est arrêtée par le téléphone en dessous de 3,1 V CC. La plupart des conceptions de téléphones mobiles prévoient un couvercle arrière amovible pour accéder à la batterie.

Mais aujourd'hui, nous avons une prédominance de conceptions de batteries non amovibles, où les batteries sont scellées à l'intérieur du boîtier du téléphone et ne peuvent être accessibles que par un technicien lorsque le téléphone est complètement désassemblé.

Connecteurs de Batterie

Le connecteur de batterie assure l'interface entre la carte mère du téléphone et la batterie.

Les tablettes et la plupart des smartphones sont passés des connecteurs de type broches en cuivre utilisés dans les téléphones basiques et à fonctions aux connecteurs flexibles tout en conservant les configurations de broches (ou de cordons), certains avec deux broches tandis que d'autres en ont quatre.

Les premiers et derniers broches sont généralement les bornes positive et négative respectivement, tandis que la ou les broches du milieu comprennent le broche d'indicateur d'état de la batterie (BSI), parfois avec le broche du capteur de température de la batterie, BTemp.

Figure 2.1: Connecteurs de Batterie Anciens

Figure 2.2: Batteries de smartphones ou de tablettes

Microphones

Le microphone, ou Mic en abrégé, souvent appelé « microphone » dans l'industrie de la réparation de téléphones mobiles, est un appareil qui convertit les ondes sonores (signal vocal humain) en signal électrique dans le téléphone, qui est ensuite transmis à la station réceptrice.

    Les microphones sont généralement situés vers la base du téléphone par rapport à l'emplacement du téléphone entre l'oreille (haut) et la bouche (base ou bas) lors d'un appel téléphonique. Voici quelques images d'exemple de variétés de microphones de téléphones mobiles classiques et de smartphones ou de tablettes dans la fig.2.3a et la fig. 2.3b.

Chapitre 2: Identification et Caractéristiques des Composants

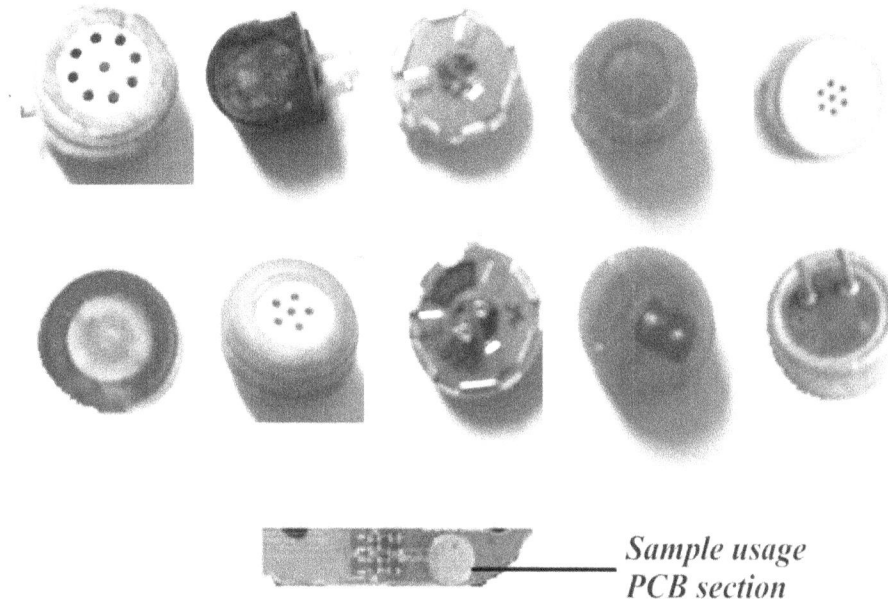

Figure 2.3a: Microphones (bouches) classiques

Figure 2.3b: Microphones (bouches) des smartphones

Haut-parleurs

Le haut-parleur est également appelé l '« écouteur ». Il fournit à l'utilisateur du combiné une sortie audio provenant de l'appelant. Ce dispositif est placé à la partie antérieure (tête) du téléphone par rapport à la position de l'oreille pendant un appel téléphonique.

Consultez les images d'échantillon pour les haut-parleurs des téléphones classiques et des smartphones ou tablettes dans les figures 2.4a et 2.4b respectivement.

Figure 2.4: Haut-parleurs des téléphones anciens

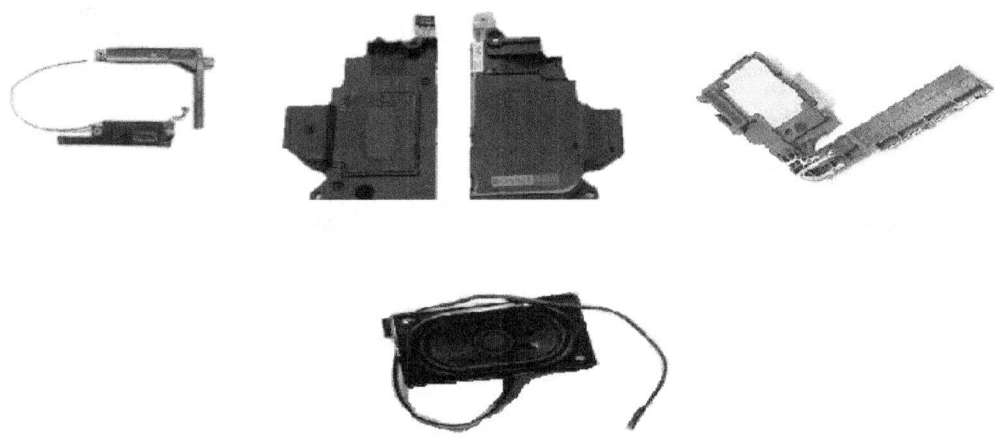

Figure 2.4b: Haut-parleurs des smartphones et des tablettes

Sonneries

Les sonneries fournissent à la fois une sortie audio multimédia et une alerte d'appel aux utilisateurs pour les appels entrants sur l'appareil mobile. Certaines sonneries ressemblent en fait en forme et en apparence à des haut-parleurs et certaines ont également des fonctions doubles en tant que haut-parleurs et sonneries combinés, ou haut-parleur/sonnerie/vibrateur tout en un.

Chapitre 2: Identification et Caractéristiques des Composants

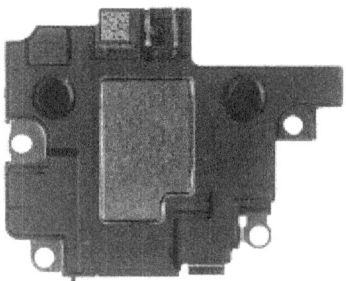

iPhone Ringer/Speaker

Vous trouverez plus d'exemples de sonneries dans la Figure 2.5

Les vibreurs

Les vibreurs fournissent également aux utilisateurs des alertes, mais de manière silencieuse en faisant vibrer le téléphone. Ils sont constitués d'un moteur à courant continu qui est électromécanique et dont le signal électrique provoque la rotation du rotor à l'intérieur d'une armature.

Consultez les images d'échantillons de différents types de vibreurs ci-dessous. Avec les images compilées dans la fig. 2.6, vous ne pouvez pas vous tromper en identifiant quel composant est un vibreur dans un ensemble de téléphone portable.

Figure 2.5: Sonneries

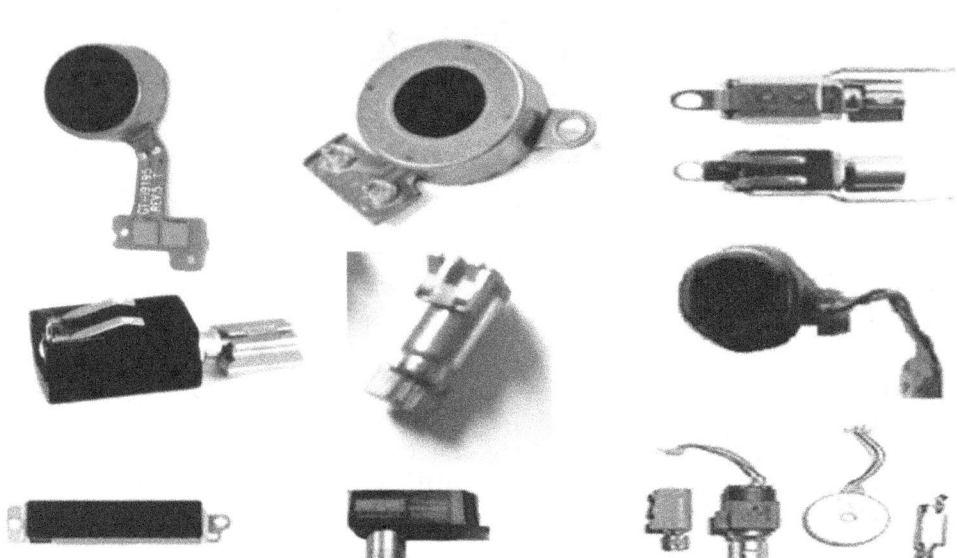

Figure 2.6: Vibrateurs

Ports de Chargement

Les ports de charge sont les points de connexion pour les chargeurs de téléphone portable afin de transférer la tension de recharge à la batterie à travers le circuit de charge de la carte mère. Ils existent soit sous forme de conception à broches, soit sous forme de ports d'interface de données USB modulaires. Trouvez des images d'exemples de ports de charge dans la figure 2.7 ci-dessous.

Figure 2.7a: Ports de Chargement Anciens

Chapitre 2: Identification et Caractéristiques des Composants

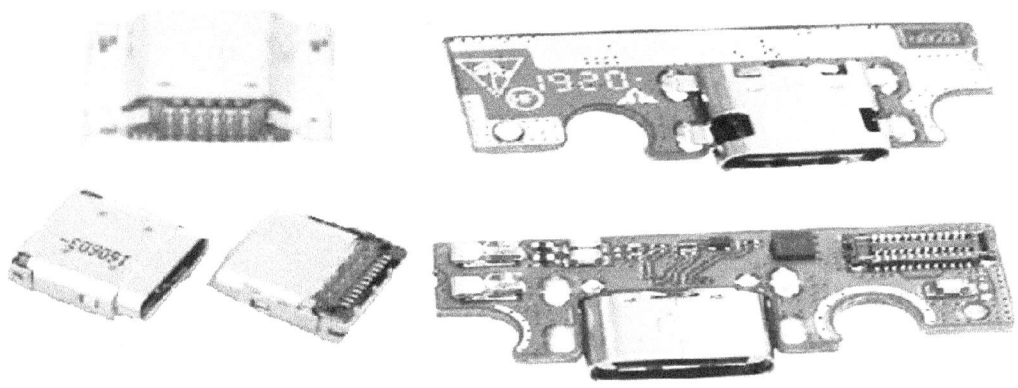

Figure 2.7b: Ports de Chargement USB-C des Smartphones

Unités d'Affichage des Tablettes et des Smartphones

Les unités d'affichage sont des unités remplaçables sur le terrain. On n'a pas besoin de les réparer si elles sont endommagées. Il suffit de les remplacer par une neuve. Simple ! Bien que dans mon laboratoire, j'ai tenté plusieurs fois de les réparer et j'ai gagné beaucoup d'argent en le faisant, car je comprends comment elles fonctionnent si elles ne sont pas cassées. S'il est cassé, il n'y a rien à faire à ce sujet.

Mais je dois vous mettre en garde; soyez sincère avec votre client. Ne dites jamais que vous allez changer l'écran, puis réussissez à le réparer et prenez de l'argent pour un nouveau. C'est tout simplement malhonnête. Dites ce que vous allez faire, facturez ce que vous souhaitez et gagnez-le sincèrement. Ce livre et le sujet des réparations de tablettes ou de smartphones seraient principalement consacrés aux tâches de remplacement d'écran et aux problèmes logiciels.

À l'ère des grands écrans et des appareils scellés, la majorité des opérations de réparation (même aussi mineures que le remplacement d'une batterie) et leur succès dépendent beaucoup de la capacité à retirer et à remplacer l'écran. Sinon, personne ne peut accéder à aucune des pièces internes de l'appareil pour les réparations. L'unité d'affichage est le système de sortie visuelle ou vidéo du téléphone pour l'interface utilisateur. Les tablettes et les smartphones sont équipés d'écrans à technologie de détection tactile capacitive pour la saisie au clavier par l'utilisateur.

Habituellement, l'écran principal est l'affichage à cristaux liquides (LCD) superposé à des écrans ou à du verre à technologie de détection tactile plus récents appelés numériseurs. Dans certains cas, à la fois le LCD et le numériseur sont fusionnés ensemble tandis que dans d'autres, le numériseur en verre est superposé à l'écran principal pour l'entrée tactile et connecté séparément avec son propre câble flexible.

Il existe différentes technologies d'écran sur le marché, allant du TFT (technologie LCD à transistor en couche mince) à l'IDS (solutions d'affichage interactives) ou à l'AMOLED.

Samsung a créé le Super AMOLED qui intègre l'écran tactile capacitif, plutôt que comme une couche séparée au-dessus de l'unité d'affichage. Cela rend l'unité d'affichage ou l'écran plus mince.

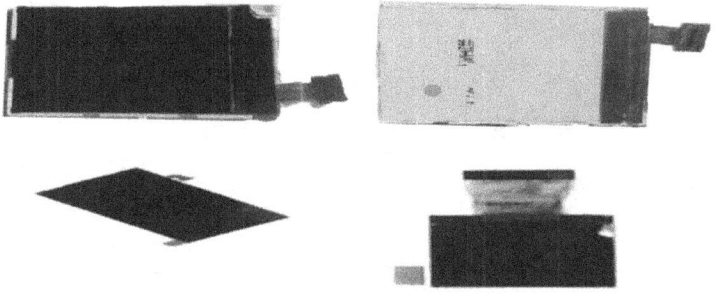

Figure 2.8: Écrans LCD hérités

Figure 2.8b: Numériseur (G) et écran LCD (D)

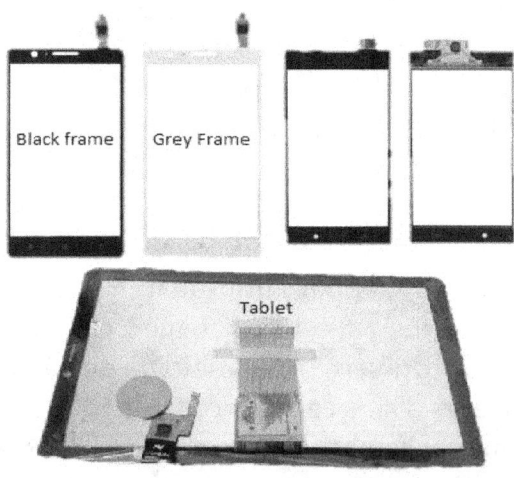

Figure 2.8c: Numériseurs

Chapitre 2: Identification et Caractéristiques des Composants

Figure 2.8d: Vue arrière des écrans LCD des smartphones

Certaines écrans sont vendus complets avec le cadre, comme le montre l'image ci-dessous:

Figure 2.8e: Vue avant et arrière des écrans LCD des smartphones

Chapitre 2: Identification et Caractéristiques des Composants

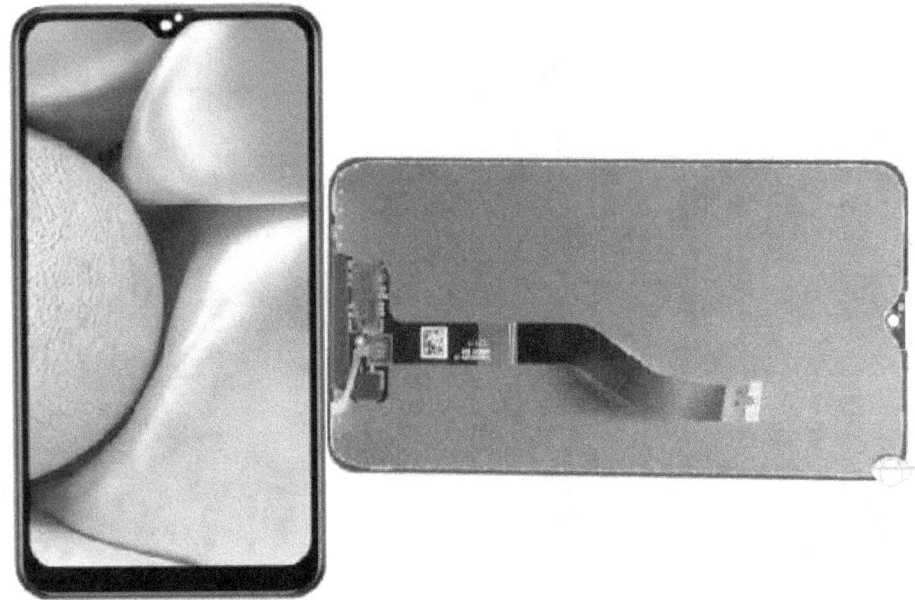

Figure 2.8f: Vue avant et arrière des smartphones

Remarquez le long câble ruban (R) à l'arrière de l'écran dans la figure 2.8f. Lors du retrait de l'écran qui sera réutilisé, une extrême prudence doit être appliquée pour éviter toute coupure ou abrasion légère sur les câbles souples. Notez que la seule différence avec les écrans de tablettes réside dans la taille plus grande de l'écran. Chaque technologie d'écran déployée a ses avantages et ses inconvénients, bien que en tant que technicien, votre travail consiste à remplacer avec succès un écran défectueux par un modèle similaire pour n'importe quel modèle.

Mais en termes de caractéristiques, le TFT, par exemple, a une consommation d'énergie plus faible, surtout lorsqu'il s'agit d'écrans de tablette plus grands. C'est là un avantage. Les écrans TFT sont très nets et également très attrayants. Il existe également des variantes de TFT comme le TN-TFT (Twisted Nematic-TFT) et le récent PLS-TFT (technologie Plane Line Switching TFT) développé par Samsung qui rivalise avec la technologie d'écran IPS (In Plane Switching).

Il offre une meilleure qualité d'image par rapport au TN-TFT et équivaut à l'IPS. Ils ont une reproduction des couleurs presque exacte, de grands angles de vision et sont les meilleurs en termes de lisibilité en extérieur en raison de leurs niveaux de luminosité plus élevés.

Bien qu'avec de tels niveaux de luminosité, la consommation d'énergie soit plus élevée. AMOLED est un acronyme qui signifie Active Matrix Organic Light Emitting Diode. Il existe également le Passive Matrix OLED. Il s'agit simplement d'une terminologie décrivant la technologie utilisée pour alimenter la propriété luminescente des écrans lorsqu'ils sont projetés sur les cristaux liquides. Dans ce cas, des composés organiques forment le matériau électroluminescent tandis que la matrice active est la technologie utilisée pour adresser les pixels.Simply stated, it means that when electric current is passed through these organic compounds, they emit light.

Connecteurs d'affichage

Les connecteurs fournissent des points de connexion où les écrans LCD sont fixés à la carte mère. Il existe différents types. Pour certains, l'écran est fixé au point d'interface via un connecteur flexible. Cela est désormais principalement utilisé dans les smartphones et tablettes les plus récents.

Notez également que les connecteurs flexibles ne sont pas seulement utilisés pour connecter des écrans LCD, mais aussi des caméras, un clavier, des touches de volume, etc.

Figure 2.9a: Connecteurs LCD hérités

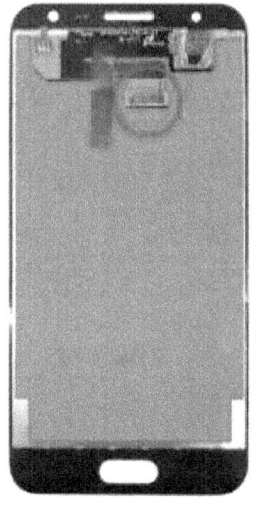

Figure 2.9b: Connecteurs LCD actuels

Interrupteurs ON-OFF et Boutons Latéraux

Les interrupteurs sont utilisés sous diverses formes pour diverses fonctions dans le téléphone mobile. Il existe des interrupteurs physiques marche/arrêt pour les fonctions de mise sous tension, des interrupteurs latéraux de réglage du volume, des boutons de l'appareil photo, etc. Dans d'autres cas, ce sont des boutons logiques qui déclenchent une impulsion logique "1" / "0". Ci-dessous, vous trouverez des captures d'écran d'interrupteurs physiques soudés à la carte mère des téléphones, mais généralement encapsulés dans de beaux boutons en caoutchouc ou en plastique à l'extérieur.

Voir les images d'exemple des interrupteurs dans la figure 2.10.

Figure 2.10a: Interrupteurs à bouton-poussoir anciens

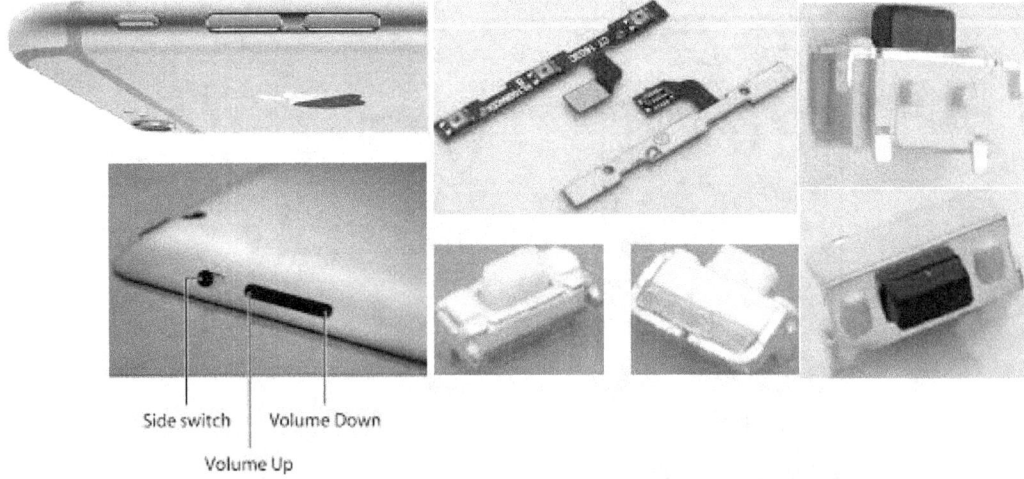

Figure 2.10b: Interrupteurs à micro-bouton-poussoir actuels

Chapitre 2: Identification et Caractéristiques des Composants

Connecteur/Tiroir de Carte SIM

Le connecteur de carte SIM (Subscriber Identity Module) assure l'interface entre la carte SIM et la carte mère du téléphone.
 La carte SIM elle-même est une puce mémoire intelligente fournie à l'utilisateur par l'opérateur de télécommunication choisi, qui contient des informations sur cet utilisateur particulier, l'identifie en tant qu'abonné légitime et lui fournit un accès aux services réseau.

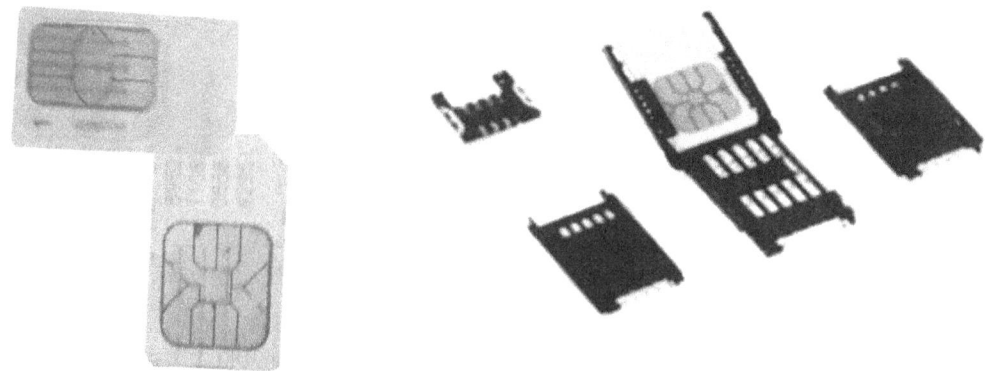

Figure 2.12a: Carte SIM Complète et Connecteurs SIM

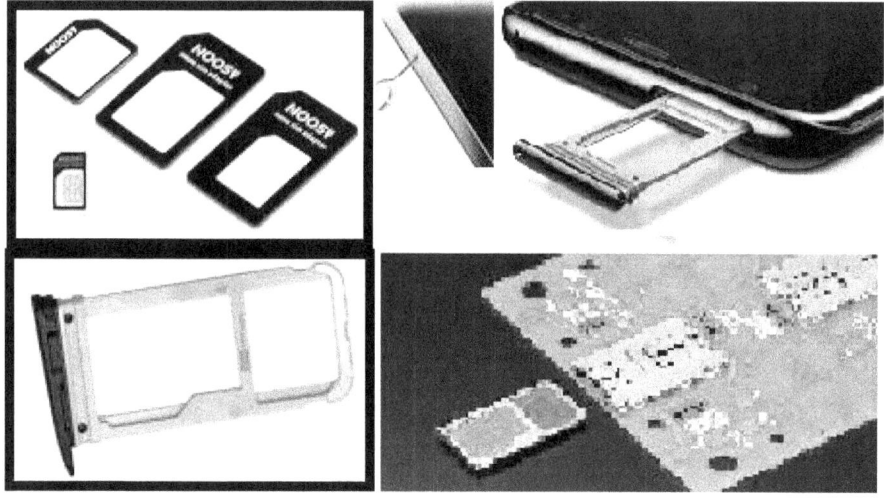

Figure 2.12: Adaptateurs de carte SIM micro et connecteurs

Chapitre 2: Identification et Caractéristiques des Composants

Connecteurs de cartes mémoire

Les cartes mémoire qui offrent une capacité de stockage externe ou étendue pour l'utilisateur de téléphone portable sont connectées au dispositif mobile via le connecteur de carte mémoire intégré sur la carte mère.

Figure 2.13: Connecteurs de cartes mémoire

Module de Camera

Les tablettes et les smartphones sont équipés de diverses gammes d'appareils photo pour prendre des photos. Ils sont connectés à la carte mère via des points d'interface de prise.

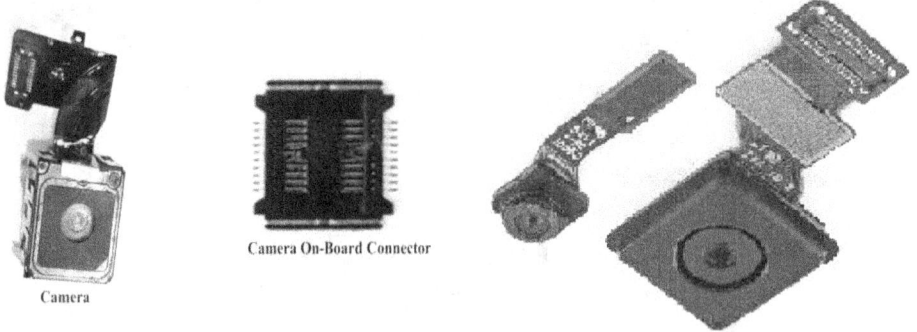

Figure 2.14 : Modules et connecteurs de l'appareil photo

Prise Jack / Connecteur Casque

Cela fournit un point de connexion pour les écouteurs externes ou les écouteurs filaires « mains libres ».

Figure 2.15: Ports Mains Libres de Téléphone Portable

Antenne

L'antenne couple les signaux de message entrants et sortants vers et depuis le dispositif mobile. Cela signifie que l'antenne fonctionne principalement pour transmettre et recevoir des signaux.

Les anciens téléphones mobiles avaient leurs antennes qui dépassaient du corps du téléphone. De nos jours, la plupart des antennes sont intégrées et ne sont accessibles que lorsque le téléphone est démonté. Il existe différentes façons et formes d'intégrer des antennes dans la carte mère.

Un technicien doit observer pour identifier ces représentations. Les images ci-dessous sont des exemples pour les anciens et nouveaux modèles.

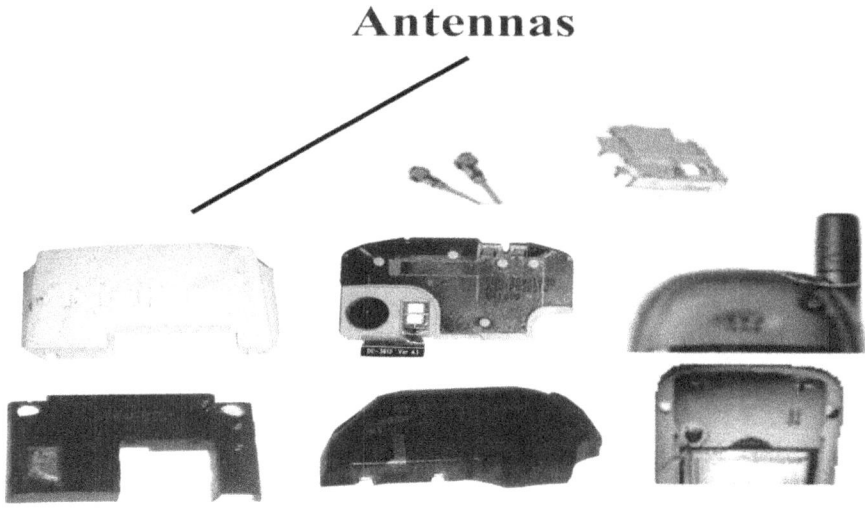

Figure 2.16: Composants du système d'antenne hérité

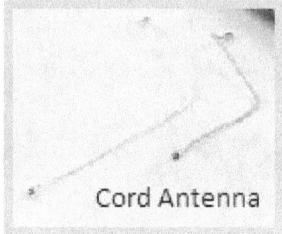

Figure 2.16: Antenne à cordon actuellement utilisée dans les smartphones et les tablettes

Composants Électroniques de la Carte Mère

Les composants électroniques internes pour les appareils électroniques plus grands ou les appareils numériques se composent naturellement de plus gros boîtiers de puces par rapport aux composants microélectroniques trouvés dans les smartphones et les tablettes. Des instantanés des composants plus gros et de leurs équivalents microélectroniques tels qu'ils sont trouvés dans les smartphones et les tablettes sont présentés ci-dessous.

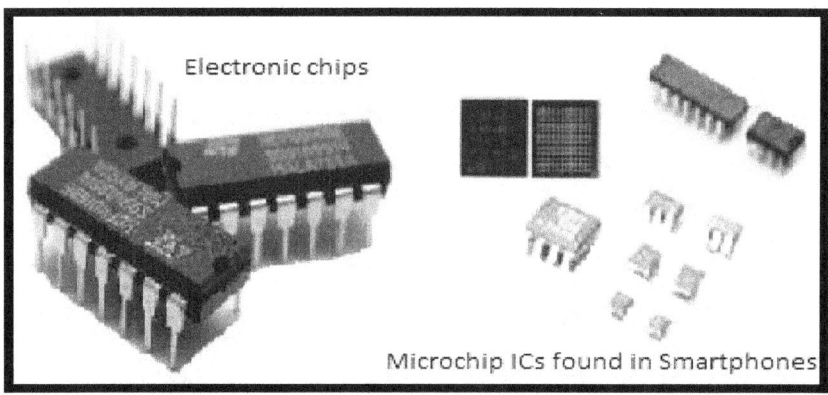

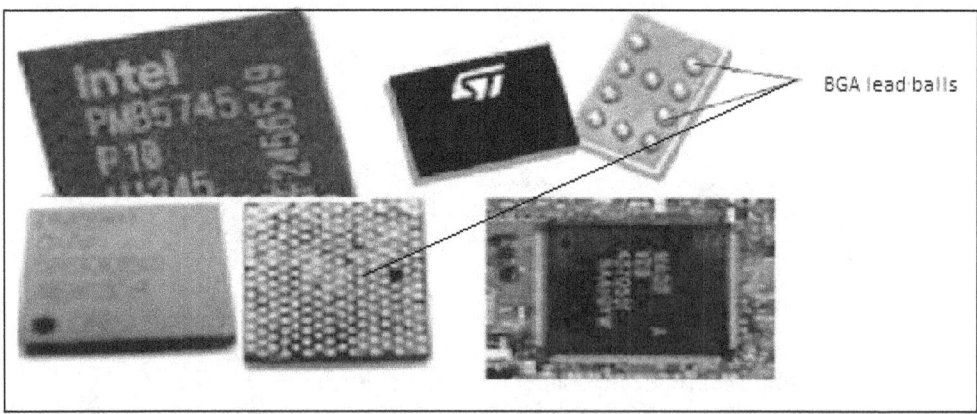

Figure 2.17: Divers types et tailles de boîtiers de circuits intégrés (CI)

Chapitre 2: Identification et Caractéristiques des Composants

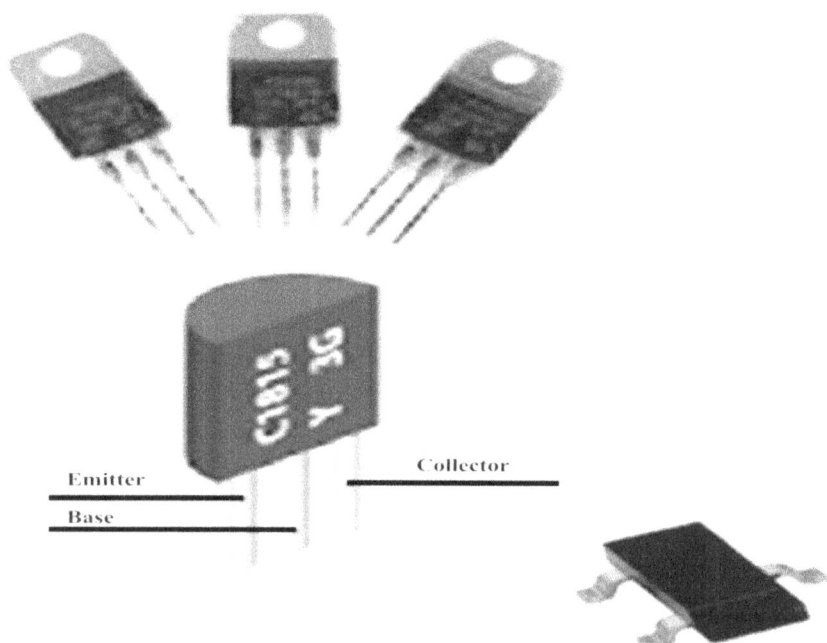

Transistor as Seen in Phones =>

Figure 2.18: Transistors

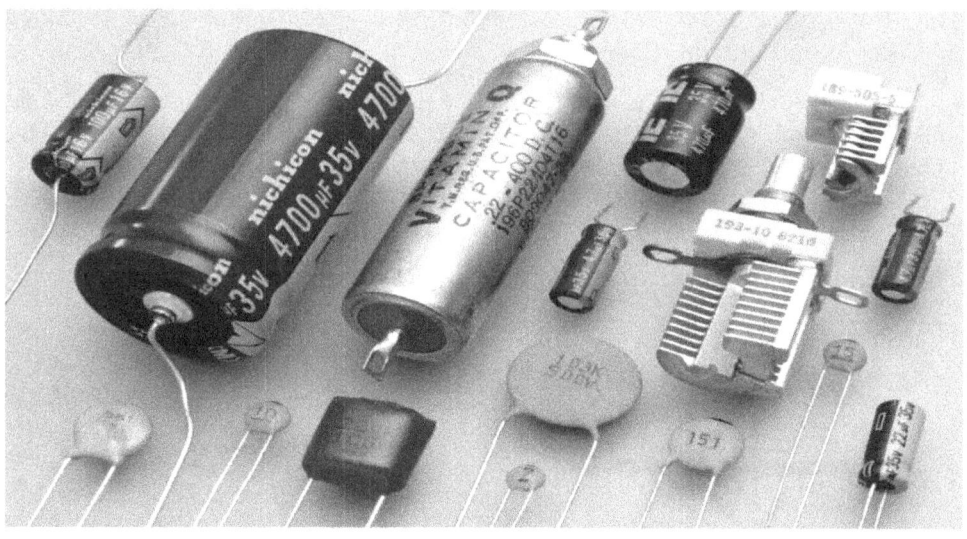

D'accord. La photo ci-dessus montre des composants électroniques plus grands que l'on trouve dans les appareils électroniques domestiques. Les condensateurs utilisés dans la microélectronique sont de plus petits formats et de couleurs spécifiques.

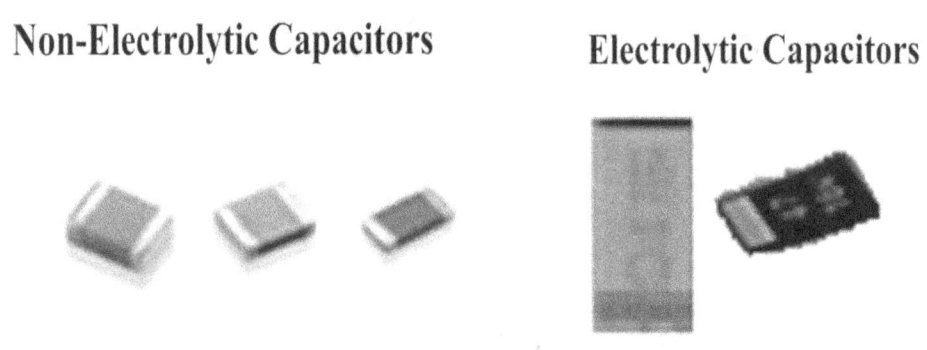

Figure 2.19: Condensateurs

Diodes

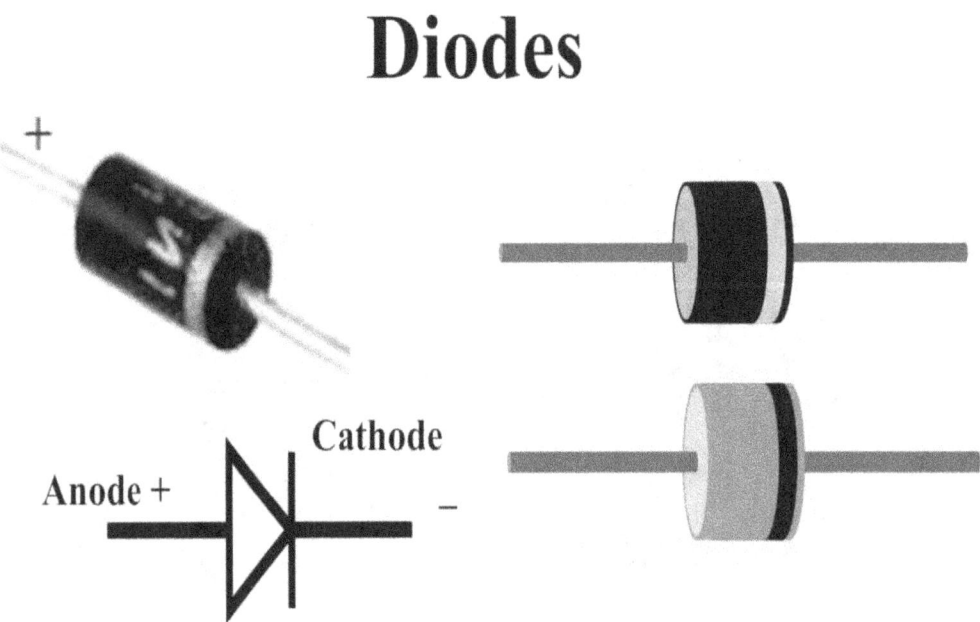

Les diodes trouvées dans les smartphones et les tablettes sont également de taille plus petite.

Chapitre 2: Identification et Caractéristiques des Composants

PCB Diodes

Figure 2.20: Diodes

INDUCTORS

  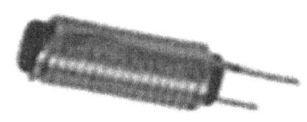

Dans un smartphone ou une tablette, vous trouveriez des inductances encore plus petites, comme illustré ci-dessous:

Figure 2.21: Une bobine d'inductance

Resistor

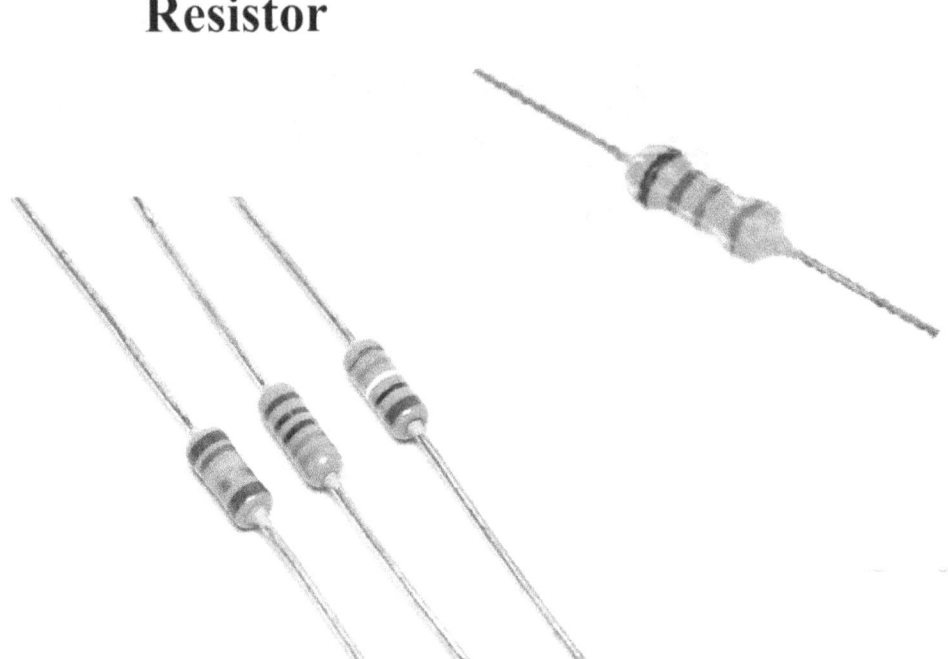

Sur les PCB de smartphones, vous trouverez des résistances sous des formes plus petites comme illustré ci-dessous:

Figures 2.22: Résistances

Chapitre 2: Identification et Caractéristiques des Composants

Tous les composants électroniques internes ci-dessus se trouvent dans des facteurs de forme plus petits dans le téléphone portable, comme on le voit dans l'image ci-dessous:

Figure 2.23: Exemple de section transversale de la carte électronique interne

Afin de différencier correctement ces composants et diagnostiquer les défauts, il est important pour un technicien d'acquérir une connaissance approfondie de la lecture des instruments et de l'analyse des circuits pour effectuer le dépannage et les réparations au niveau électrique.

PARTIE 2

RÉPARATIONS TECHNIQUES

Chapitre 3

Électronique de Base et Analyse des Circuits

Le domaine de l'électronique a donné naissance à la plupart des produits technologiques dont l'humanité jouit aujourd'hui. Par exemple, les ordinateurs doivent leur existence au domaine de l'électronique. La technologie électronique trouve ses racines dans la découverte de l'électricité ; cette branche de la science qui traite des phénomènes électriques, découverts grâce à l'application des principes de la physique.

Ce chapitre est très important pour les techniciens afin de comprendre les bases fondamentales sur lesquelles ils peuvent exceller dans leur métier. La raison en est simple. Lorsque vous comprenez les composants électroniques ; leurs noms, leurs fonctions et leur comportement dans le circuit, comment ils échouent, comment tester et vérifier leur état (fonctionnel ou non fonctionnel) et comment ils sont interconnectés les uns aux autres, alors votre tâche est facile. C'est mon objectif dans l'enseignement de ce cours fondamental d'électronique.

Bien qu'il existe une variété de fabricants ou de marques de smartphones ou de tablettes, et au sein de chaque marque il existe également plusieurs modèles ; cependant, sous les boîtiers de ces produits divers se trouvent les mêmes pièces électroniques. Les fabricants de pièces ne se soucient pas des marques. Bien que certaines spécifications personnalisées et évaluations de qualité puissent différer selon les noms de marque, les pièces sont généralement similaires, et les mêmes fabricants de pièces fournissent en fait deux ou plusieurs marques de téléphones concurrentes.

Par exemple, les processeurs trouvés dans les téléphones sont fabriqués par des fabricants de puces comme Intel, Skyworks, Qualcomm, MediaTek, SpreadTrum, Broadcom, Coolsand, etc. Les circuits intégrés ou autres chipsets fabriqués par ces fabricants peuvent être utilisés par Samsung, Nokia (Microsoft), Infinix, Tecno, LG, Xiaomi, etc.

Il en va de même pour les composants périphériques tels que les haut-parleurs, les microphones, les sonneries, etc. En fonction de leur facteur de forme et de l'espace alloué sur le PCB, deux marques de dispositifs mobiles non apparentés peuvent échanger des pièces ayant des facteurs de forme similaires lors de réparations. Un microphone Samsung de la même taille qu'un microphone LG peut être utilisé lors d'une réparation ou d'un remplacement. Cela signifie que, en apparence, les clients achètent des marques.

Par conséquent, comprendre les propriétés des composants électroniques de la carte mère est important. Permettez-moi de commencer par inculquer des perspectives dans votre processus de réflexion en utilisant des definitions simples existantes qui expliquent l'organisation ou la structure des connaissances.

Définitions

La physique est une branche de la science qui étudie les propriétés et les interactions de l'espace, du temps, de la matière et de l'énergie. À l'école secondaire ou au lycée, vous avez peut-être suivi ce cours.

L'électricité est la branche de la science qui traite des phénomènes électriques, qui constituent l'ensemble des occurrences physiques liées à la présence et à la circulation de charges électriques.

Le génie électrique est une branche de l'ingénierie qui traite de la technologie de l'électricité, notamment la conception et l'application de circuits et d'équipements pour la génération et la distribution d'énergie, le contrôle des machines et les communications.

La technologie, quant à elle, est l'étude ou la collection de techniques.

En conclusion, *l'électronique* est l'étude et l'utilisation de dispositifs électriques qui fonctionnent en contrôlant le flux d'électrons ou d'autres particules chargées électriquement.

L'électronique traite de la technologie de l'utilisation de l'électricité. Après la découverte de l'électricité, sa puissance électrique, sa capacité de génération et de distribution, la question à se poser était : « à quel usage ? » Comment l'humanité bénéficiera-t-elle de cette énergie circulant à travers des conducteurs?

Dans chaque foyer, bureau et partout où l'homme se trouve aujourd'hui, à part l'ampoule à incandescence inventée par le grand Thomas Edison, il n'y a pas d'autre utilisation de l'électricité que celle des dispositifs électroniques et des produits alimentés par l'énergie électrique.

Dans ce chapitre, nous aborderons les théories électroniques de base et les pratiques nécessaires comme fondement pour devenir un technicien électronique sur le terrain dans le domaine spécialisé de la microélectronique.

Principes et Concepts de l'Électricité

Des siècles auparavant, plusieurs scientifiques se sont intéressés à l'observation d'un phénomène naturel concernant la charge électrique. Certaines substances particulières ont été remarquées pour leur capacité à s'attirer lorsqu'elles sont rapprochées. Pour certaines de ces substances, cette observation a été faite après les avoir frottées ensemble. Ce phénomène est devenu connu sous le nom d'électricité statique.

La Genèse de la Polarité Électrique (Positive et Négative)

Tout a commencé avec l'observation de Benjamin Franklin selon laquelle la soie et le verre avaient tendance à coller ensemble lorsqu'une baguette de verre était frottée sur de la soie pendant un certain temps. Une force d'attraction observable semble tirer les deux matériaux l'un vers l'autre, démontrée une fois une tentative est faite pour séparer les deux matériaux. D'autres matériaux qui se comportaient de manière similaire étaient une paire de cire et de laine. Cependant, des investigations plus poussées de ce phénomène ont révélé le fait que la force d'attraction invincible entre ces deux substances après avoir été frottées ensemble agissait également dans la direction opposée lorsque des objets similaires étaient placés ensemble, ce qui a conduit à la conclusion qu'il existe deux forces :
- Force d'Attraction
- Force de Répulsion De plus, il a été postulé à partir de l'observation de ces matériaux que : Les objets similaires se repoussent tandis que les objets différents s'attirent. Une des conclusions hypothétiques tirées de l'observation scientifique de ces objets et de leur comportement lorsqu'ils étaient frottés ensemble était qu'il se produisait plus d'un type de changement chaque fois que ces matériaux étaient frottés ensemble :
- Des "fluides" invisibles appelés "charges" étaient transférés d'un objet à un autre pendant le processus de frottement, et
- Ces fluides avaient la capacité d'exercer une force physique sur une distance.

Chapitre 3: Électronique de Base et Analyse des Circuits

Benjamin Franklin a plus tard conclu qu'il n'y avait qu'un seul échange de "fluide" se produisant entre les objets frottés et que les deux "charges" différentes des fluides n'étaient rien de plus qu'un excès ou un déficit de ce fluide unique!

Après d'autres expériences, suivant la spéculation de Benjamin Franklin selon laquelle la laine se frottait à la cire, le type de charge associé à la cire "frottée" est devenu connu sous le nom de "négatif" (en raison du déficit présumé de fluide), tandis que celui associé au "frottage" de la laine est devenu connu sous le nom de "positif" (en raison de son gain présumé d'excès de fluide). Des découvertes ultérieures ont révélé que le "fluide" était composé de particules extrêmement petites appelées électrons.

Ces expériences étendues ont révélé que tous les objets sont constitués de blocs de construction extrêmement petits appelés *"atomes"*. Les atomes sont à leur tour composés de particules qui comprennent trois particules fondamentales plus petites connues sous le nom de protons, de neutrons et d'électrons.

La branche de la science naturelle qui traite de la composition et de la constitution des substances et des changements qu'elles subissent en raison de leurs molécules est connue sous le nom de chimie. Tout lecteur qui souhaite approfondir cette étude est libre de le faire puisque, pour les besoins de ce livre, nous n'irons pas plus loin que les bases requises pour la maîtrise technique. Notre attention ici se porte sur le comportement et les propriétés des électrons, qui sont des composants subatomiques de la matière. Les protons et les neutrons sont contenus dans le noyau d'un atome.

La combinaison étroitement liée de neutrons et de protons dans un atome assure sa stabilité et diffère des électrons plus mobiles qui orbites autour du noyau de l'atome. Alors même que chaque atome dans un morceau de matériau tend à rester ensemble en tant qu'unité, il y a en réalité beaucoup d'espace vide entre les électrons en orbite et le groupe de protons et de neutrons au centre de l'atome. Les électrons sont si libres de se déplacer qu'ils peuvent même être expulsés de leurs positions respectives dans l'atome ou entièrement hors de l'atome par une énergie très négligeable par rapport à ce qui est nécessaire pour éjecter des particules du noyau.

Chaque fois que cela se produit, bien que l'atome conserve son identité chimique, un déséquilibre se produit. Il existe une force d'attraction entre les électrons en orbite et les protons dans le noyau d'un atome.
C'est cette force d'attraction qui permet aux électrons dans l'atome d'un objet de parcourir une distance pour résider autour des atomes d'un autre objet.

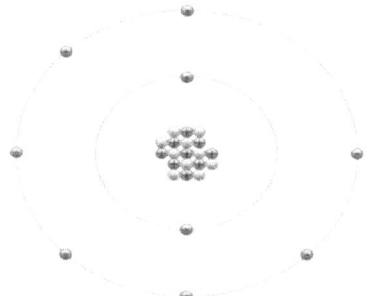

Figure 3.1: Structure Atomique
Crédit: Wikimedia

Les électrons et les protons sont de polarités opposées; par conséquent, ils sont attirés l'un vers l'autre dans un atome. Les protons, cependant, sont maintenus liés dans le noyau d'un atome grâce à une autre force appelée force nucléaire.

Dans chaque atome, il y a un nombre égal et opposé de ces particules de sorte que leurs forces d'attraction et de répulsion s'annulent. Rappelez-vous que les charges similaires se repoussent tandis que les charges différentes s'attirent. Chaque électron a une charge négative, tandis que chaque proton a une charge positive. Étant donné qu'ils sont en nombre égal dans un atome, ils s'annulent mutuellement, de sorte que la charge nette à l'intérieur de l'atome est nulle. Si les électrons partent ou si des électrons supplémentaires arrivent, la charge électrique nette de l'atome sera déséquilibrée, laissant l'atome « chargé » dans son ensemble, ce qui le fait interagir avec des particules chargées et d'autres atomes chargés à proximité.

Les neutrons sont électriquement neutres car ils n'attirent ni ne repoussent les électrons ou les protons, ni même les neutrons similaires. Ils n'ont aucune charge du tout. L'effet de frotter deux matériaux distincts de qualités spécifiques est que les électrons sont soit absorbés, soit déchargés d'un matériau à l'autre ; les électrons des atomes d'un matériau sont forcés par l'action de frottement de quitter leurs atomes respectifs et de passer aux atomes de l'autre matériau. En d'autres termes, les électrons sont constitués du « fluide » hypothétique postulé par Benjamin Franklin. Le résultat d'un déséquilibre de ce « fluide » (électrons) entre les objets est appelé « électricité statique » car les électrons déplacés ont tendance à rester statiques après avoir été déplacés d'un matériau isolant à un autre. Dans le cas du frottement de la cire et de la laine ensemble, des expériences supplémentaires ont révélé que les électrons de la laine se transféraient en fait aux atomes de la cire, ce qui est exactement contraire à l'hypothèse de Benjamin Franklin!
Mais en son honneur pour avoir désigné la charge de la cire comme étant « négative » et celle de la laine comme « positive », les électrons sont dits avoir une charge « négative ».

Ainsi, tout objet dont les atomes ont reçu un excès d'électrons est dit être chargé négativement, tandis qu'un objet dont les atomes sont déficients en électrons est dit être chargé positivement.

En 1832, Michael Faraday a prouvé que l'électricité statique était la même que l'électricité produite par une pile ou un générateur. Sur les PCB, par exemple, l'électricité statique est capable de causer des dommages à des circuits à semi-conducteurs sensibles, raison pour laquelle les techniciens sont tenus de porter des bracelets antistatiques.

Par conséquent, un courant électrique est défini comme un flux de charge électrique. Dans les circuits électriques, cette charge est souvent transportée par des électrons en mouvement dans un fil. Elle peut également être transportée par des ions dans un électrolyte, ou à la fois par des ions et des électrons. Le courant électrique circule à travers un conducteur électrique d'une extrémité à l'autre. Ce sont ces principes et concepts de l'électricité qui ont donné naissance aux grandeurs électriques dans les circuits électriques telles que le courant, la tension, la résistance, la puissance, etc.

Chaque fois qu'un chemin conducteur est créé pour permettre aux électrons libres de se déplacer continuellement afin d'atteindre un objectif spécifique, un circuit électrique est formé. Ce mouvement continu d'électrons libres à travers les conducteurs d'un circuit est ce qui est appelé courant, et il est souvent référencé en termes de « flux », tout comme le flux d'un liquide à travers un tuyau creux. Cependant, afin de motiver ces électrons à « couler » dans un circuit, il existe ce que l'on appelle une force électromotrice appelée tension ou f.é.m. La tension est une mesure de l'énergie potentielle relative à deux points dans un circuit. La présence de tension à un point quelconque d'un circuit est une mesure de la quantité d'énergie potentielle disponible pour déplacer les électrons d'un point de référence (A) dans ce circuit à un autre point de référence (B). Les électrons libres dans l'orbite des atomes ont tendance à se déplacer à travers les conducteurs avec un certain niveau de friction ou d'opposition au mouvement. Cette opposition au mouvement est appelée résistance.

La Différence entre le Courant Conventionnel et le Flux d'Électrons

L'affirmation de Benjamin Franklin concernant la direction du flux de charge (du cire vers la laine plutôt que de la laine vers la cire) est devenue déterminante pour l'utilisation de la notation électrique du courant circulant de la direction positive vers la négative, malgré le fait qu'il soit clair que les électrons sont les unités constitutives de la charge et qu'ils sont déplacés de la laine vers la cire - pas de la cire vers la laine - lorsque les deux substances sont frottées ensemble.

C'est pourquoi on dit que les électrons ont une charge négative, car Benjamin Franklin a supposé à tort que la charge électrique se déplace dans la direction opposée à celle qu'elle fait réellement, donc ce qu'il a appelé "négatif" (représentant un déficit de charge) était en réalité un excès d'électrons.

Finalement, lorsque la véritable direction du flux d'électrons a été découverte, la notation "positive" et "négative" était déjà bien établie parmi les scientifiques. Elle est devenue acceptée et donc est devenue connue sous le nom de flux ou courant conventionnel. Mais si le flux de charge est désigné selon la direction réelle du mouvement des électrons dans un circuit, on parle de notation du flux d'électrons.

Dans la notation du courant conventionnel, nous montrons le mouvement de charge selon les étiquettes (+) et (-) même si, techniquement parlant, ce n'est pas la vraie direction du mouvement. De cette manière, les étiquettes ont du sens mais la direction réelle du flux de charge est incorrecte. Dans la notation du flux d'électrons, nous suivons la direction réelle du mouvement des électrons dans le circuit, mais les étiquettes (+) et (-) sont inversées.

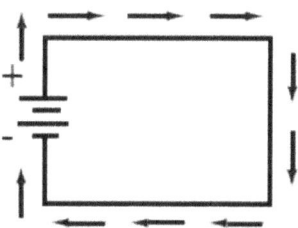

Figure 3.2a: Flux conventionnel du terminal positif au terminal négatif

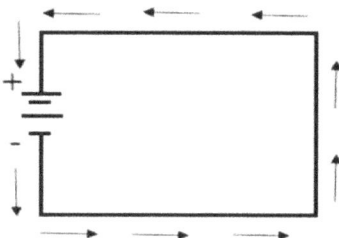

Figure 3.2b: Flux d'électrons du terminal négatif au terminal positif

Quelle que soit la notation choisie, elle conduira à un succès égal lors de l'analyse des circuits, que ce soit comme un flux conventionnel imaginaire de courant ou la direction réelle du flux d'électrons.

Conducteurs et Isolants

Les électrons de différents types d'atomes ont différents degrés de liberté de mouvement, principalement en fonction des types de matériaux dont ils sont constitués. Par exemple, les métaux ont leurs électrons les plus externes faiblement liés à leurs atomes, de sorte qu'ils se déplacent librement dans l'espace entre les atomes de leur matériau, ce qui les rend faciles à déloger sous l'influence de l'énergie thermique (voir à nouveau la figure 6.1). Parce que ces électrons libres sont libres de quitter leurs atomes respectifs et de se déplacer dans l'espace entre les atomes adjacents, ils sont appelés électrons libres.

Mais pour des matériaux comme le caoutchouc ou le verre, les électrons dans leurs atomes ont très peu de liberté de mouvement. Alors que des forces externes telles que l'énergie thermique ou le frottement physique peuvent contraindre certains de ces électrons à quitter leurs atomes respectifs et à se transférer aux atomes d'autres matériaux, ils ne se déplacent pas facilement entre les atomes à l'intérieur des matériaux en caoutchouc ou en verre, comme c'est le cas pour les métaux. Cette capacité des électrons à se déplacer à l'intérieur d'un matériau est une qualité connue sous le nom de conductivité électrique.

La conductivité d'un matériau est déterminée par les types d'atomes dans ces matériaux (le nombre de protons dans le noyau de chaque atome, qui détermine son identité chimique) et comment les atomes sont liés les uns aux autres. Les matériaux avec de nombreux électrons libres sont appelés conducteurs, tandis que les matériaux avec peu ou pas d'électrons libres sont appelés isolants. Les exemples de conducteurs comprennent l'argent, le cuivre, l'or, l'aluminium, le fer et l'acier, tandis que les isolants comprennent des matériaux comme le plastique, le bois, le caoutchouc, le plomb, etc.

Tout comme il existe des différences entre les conducteurs et les isolants, différents matériaux ont également des degrés variables de conductivité ou de propriété isolante. Alors que le mouvement normal des électrons "libres" dans un conducteur est aléatoire, sans direction ou vitesse particulière, les électrons peuvent être influencés pour se déplacer de manière uniforme à travers un matériau conducteur. Ce mouvement uniforme des électrons est ce que nous appelons l'électricité, ou courant électrique.

Tout comme l'eau circule à travers des tuyaux creux pour fournir de l'eau à partir d'un réservoir, de même les électrons circulent à travers le creux des conducteurs autour d'un circuit électrique ou électronique.

Continuité Électrique

Pour qu'une bande de métal conducteur permette un flux d'électrons de manière continue d'un bout à l'autre, il doit y avoir une source et une destination.

Un morceau continu de conducteur

Pour faire circuler des électrons à travers ce conducteur ou ce fil, nous devons ajouter une source et une destination.

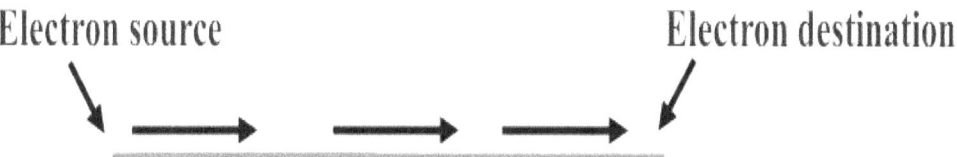

Avec la source d'électrons poussant de nouveaux électrons dans le fil du côté gauche, le flux d'électrons à travers le fil peut se produire (comme indiqué par les flèches pointant de gauche à droite). Cependant, ce flux d'électrons sera interrompu si le chemin conducteur formé par le fil est rompu à un moment donné, comme le montre l'image ci-dessous:

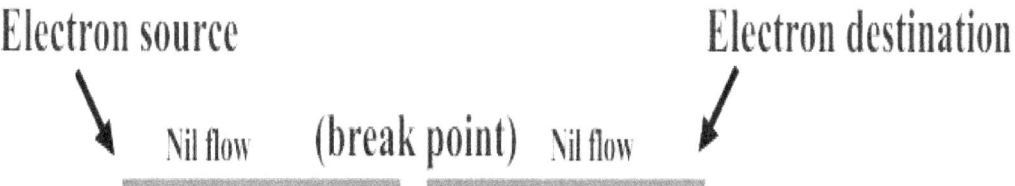

Une fois qu'il y a une rupture dans le conducteur, le flux d'électrons s'arrête au bord. Pour remédier à de telles situations, les techniciens créent un pont de fil à travers le point de rupture. Voici l'image correspondante:

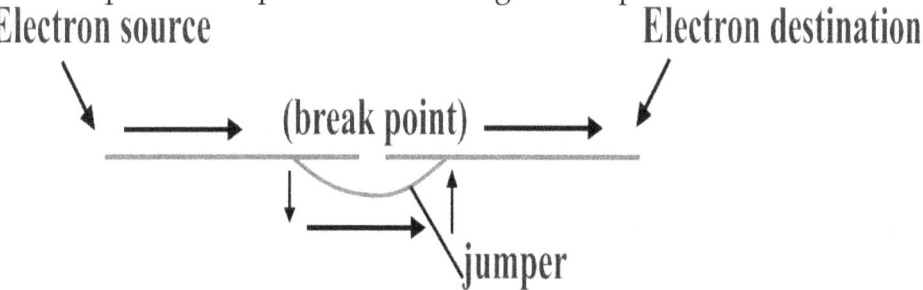

Lorsqu'il est introduit, le « jumper » reroute le flux d'électrons autour du point de rupture, créant un chemin continu vers la destination.

Les conducteurs ont une résistance intrinsèque négligeable présente dans leurs matériaux constitutifs en raison de la résistance par friction rencontrée par les électrons en mouvement, comme on le dit souvent, "Il n'y a pas de conducteur électrique parfait".

Les conducteurs électriques parfaits n'existent que dans un sens idéal, utilisés dans des situations où il n'y a aucune résistivité (impossible en réalité). Cette résistance est ce qui provoque la chaleur ou l'augmentation de la température des conducteurs dans tout circuit électrique en fonctionnement.

Les Quantités Électriques et Leurs Relations

Pour préparer l'exploration du monde de l'électricité et de l'électronique, il est essentiel de commencer par comprendre les trois quantités électriques de base qui sont les trois éléments de base nécessaires pour manipuler et utiliser l'électricité, à savoir la tension, le courant et la résistance. Dans un circuit quelconque, la quantité de courant qui circule dépend de la quantité de tension disponible pour motiver les électrons, ainsi que de la quantité de résistance dans le circuit pour s'opposer au flux d'électrons. Tout comme la tension, la résistance est une quantité relative à deux points.

Unités de Mesure

Tension (V) : L'unité de mesure de la tension, symbolisée par la lettre "V", est le Volt en l'honneur du physicien italien Alessandro Volta (1745-1827), qui a inventé la pile voltaïque, probablement la première batterie chimique. Un volt (1V) est défini comme la différence de potentiel électrique entre deux points d'un fil conducteur lorsque qu'un courant électrique d'un ampère (1A) dissipe un watt (1W) de puissance entre ces deux points.

Courant: L'unité de mesure du courant, symbolisée par la lettre "I", est l'Ampère, nommée d'après André-Marie Ampère (1775-1836), mathematician et physicien français, considéré comme le père de l'électrodynamique. L'ampère est une unité de courant, qui est la quantité de charge transitant par unité de temps, tandis que le coulomb est une unité de charge. L'ampère est défini comme le courant constant qui produira une force d'attraction de 2×10^{-7} newtons par mètre de longueur entre deux conducteurs droits, parallèles, de longueur infinie et de section transversale circulaire négligeable placés à un mètre de distance dans le vide.

Résistance: L'unité de mesure de la résistance, symbolisée par "R", est l'Ohm, nommée d'après le physicien allemand Georg Simon Ohm. Elle est définie comme une résistance électrique entre deux points d'un conducteur lorsqu'une différence de potentiel constante de 1 volt appliquée à ces points produit dans le conducteur un courant de 1 ampère, le conducteur n'étant pas le siège d'une force électromotrice. L'abréviation pour la valeur de la résistance est exprimée avec le symbole Ω, une lettre de l'alphabet grec.

Alors que nous explorons les différentes relations entre ces quantités, ces symboles et unités sont importants.

Loi d'Ohm

La première et la plus importante relation entre le Courant, la Tension et la Résistance est connue sous le nom de Loi d'Ohm, découverte par Georg Simon Ohm et publiée dans son article de 1827, "Le circuit galvanique étudié mathématiquement". La découverte principale d'Ohm était que la quantité de courant électrique à travers un conducteur métallique dans un circuit est directement proportionnelle à la tension à travers lui, pour une température donnée. Ohm a utilisé une équation simple pour décrire les interrelations entre la tension, le courant et la résistance.

La loi d'Ohm décrit la relation entre la tension et le courant dans un conducteur idéal. Elle stipule que : "La différence de potentiel (tension) à travers un conducteur idéal est proportionnelle au courant qui le traverse". La constante de proportionnalité est appelée "résistance", R, exprimée mathématiquement ainsi;

$$V \alpha I$$

Et comme la Résistance est une quantité constante sur chaque conducteur métallique, elle est mathématiquement exprimée comme la constante de proportionnalité ainsi;

$$V = I \times R$$

En utilisant des équations algébriques, nous pouvons dériver deux autres variations de cette formule pour I et R comme sujet de la formule ainsi ;

$$I = V/R \text{ et } R = V/I$$

Pratiquement, ces équations sont très pertinentes tant pour la conception que pour l'analyse des circuits électriques. Voyons quelques exemples ci-dessous;

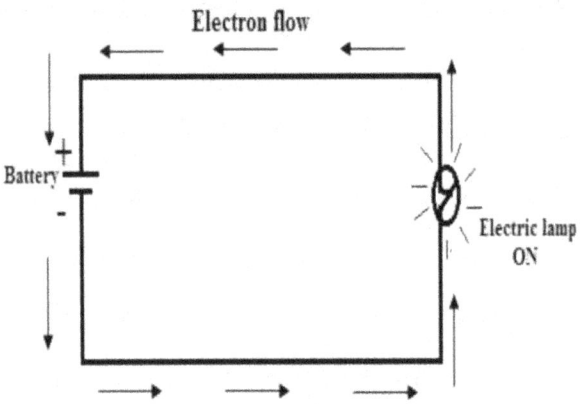

Figure 3.3a: Circuit simple d'une ampoule

Le circuit de l'ampoule ci-dessus nous présente un exemple simple. Il dispose d'une source d'alimentation en tension, la batterie, et d'une charge - l'ampoule - qui constitue un point de résistance pour le flux de courant dans le circuit. Lorsque la valeur de deux des trois quantités électriques - tension, courant et résistance - est connue, la loi d'Ohm peut être utilisée pour déterminer la troisième valeur manquante, tout comme "trouver x" en algèbre.

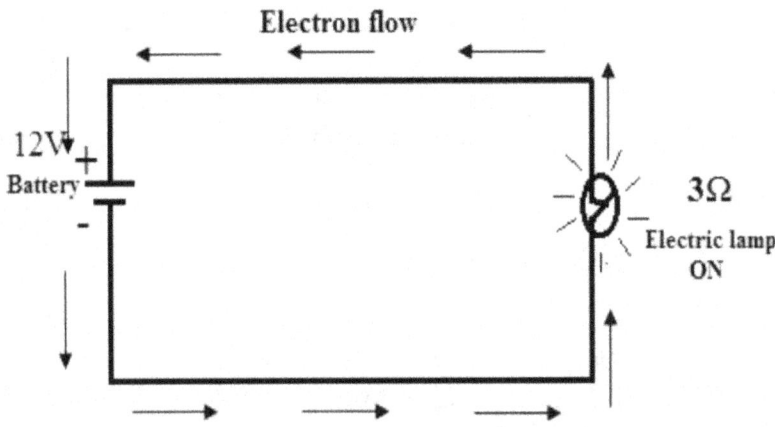

Figure 3.3b: Circuit simple d'une ampoule

Supposons que la tension d'alimentation de la source soit de 12V et que la résistance de la lampe soit de 3Ω. En utilisant la formule V = IR, nous substituons les valeurs comme suit:

$$12V = I \times 3\Omega$$

$$I = 12/3$$

$$I = 4A$$

La quantité de courant circulant dans ce circuit est de 4A.

De même, si nous avons une source de tension de batterie de 16V et que le courant circulant dans le circuit provenant de la batterie est de 2A, alors la résistance inconnue de la lampe qui sert de charge serait déterminée par:

$$R = V/I$$

$$R = 16/2$$

$$R = 8\Omega$$

Ce que cela signifie, c'est que si une ampoule sous-dimensionnée, par exemple de 1,5 A, est utilisée ou si la résistance dans le circuit diminue à 4 Ω, elle explosera.

Le circuit a été conçu spécifiquement pour fournir un courant de 2A à l'ampoule. Avec une résistance de 4 Ω, 4A circuleront à travers elle. De plus, la résistance de la charge seule n'est pas la résistance totale dans un circuit. Toutes les autres sources de résistivité, telles que la résistance intrinsèque du fil, sont prises en compte lors de la conception d'un circuit.

La loi d'Ohm est un outil très simple et utile pour l'analyse de circuits. Il est important pour un technicien de la comprendre et de l'appliquer mentalement sur le terrain. Notez qu'une source de tension telle qu'une batterie est une source de tension constante. Elle fournira donc une tension constante équivalente à sa sortie nominale, quelle que soit l'intensité du courant. Ce n'est pas la batterie qui détermine la quantité de courant circulant dans le circuit vers la charge, mais plutôt une combinaison de la résistance de la charge et de la tension de fonctionnement détermine le courant.

Tension

La tension est définie comme la différence d'énergie potentielle électrique entre deux points par unité de charge électrique.

La tension entre ces deux points est équivalente au travail effectué par unité de charge contre un champ électrique statique pour déplacer cette charge entre deux points et est mesurée en volts (un joule par coulomb).

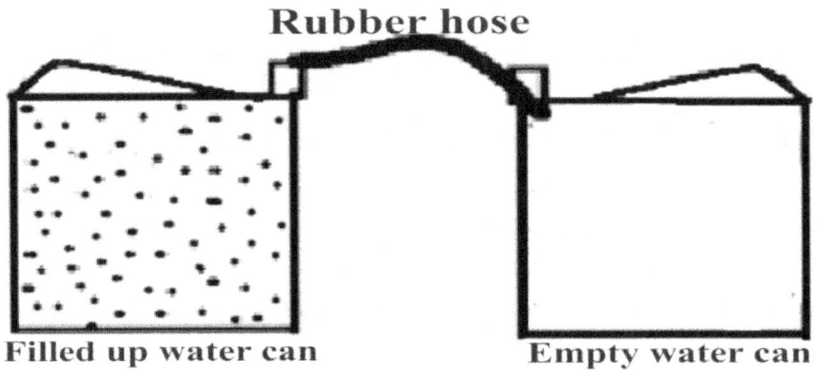

Figure 3.4a: Illustration de la tension

La tension peut être créée soit par un champ électrique statique, par un courant électrique traversant un champ magnétique, par des champs magnétiques variant dans le temps, ou par une combinaison de ces trois processus.

Lorsqu'une tension est appliquée entre deux points, un point a généralement la présence de plus de charge que l'autre. Pour expliquer le concept de tension, utilisons l'analogie du transfert d'eau entre deux bidons d'eau comme illustré dans la figure 6.4a ci-dessus.

Supposons:

Eau = Charge (mesurée en Coulombs)
Pression = Tension (mesurée en Volts)
Débit = Courant (mesuré en Ampères, ou "Amps" pour faire court)
Largeur du tuyau = Résistance

Dans la figure 6.4a ci-dessus, lorsque l'eau dans le bidon est aspirée dans le tuyau et transférée dans le bidon vide, une différence de pression entre les deux extrémités entraîne le flux d'eau le long du tuyau dans le bidon vide. Cependant, lorsque les deux bidons sont placés au même niveau de sol ou de surface, il n'y aura aucun flux soutenu. Par conséquent, pour créer une différence de potentiel entre les deux bidons, le bidon avec de l'eau (source de charge) devrait être placé à une élévation plus élevée comme indiqué dans la figure 6.4b.

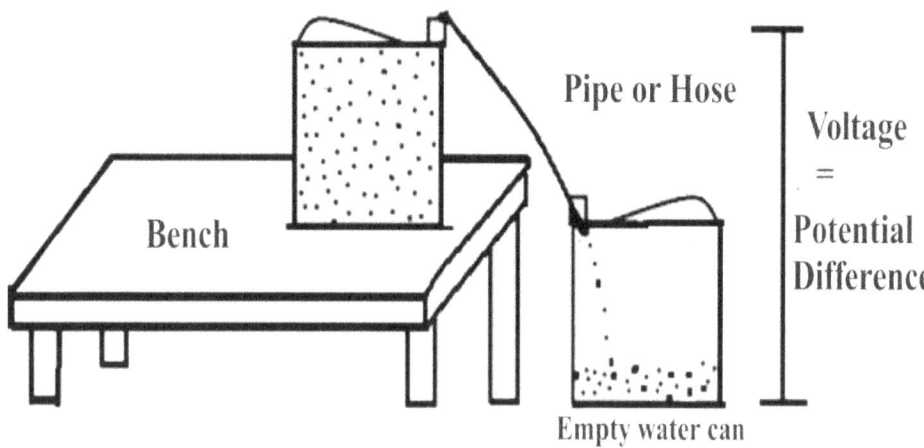

Figure 3.4b: Illustration de la Tension

La pression à la base du tuyau dans la canette d'eau vide représente la tension. L'eau dans le réservoir représente la charge. Plus il y a d'eau dans la canette pleine, plus la charge est élevée et plus la pression mesurée à la base du tuyau dans la canette vide augmente lorsque l'eau s'écoule vers le bas. Nous pouvons considérer la canette pleine comme une source de batterie où une certaine quantité d'énergie est stockée puis libérée. Si nous vidons la canette pleine d'une certaine quantité, la pression créée à la base du tuyau dans la canette vide diminue. Cela est semblable à une diminution de la tension. Il y a aussi une diminution correspondante de la quantité d'eau qui s'écoulera à travers le tuyau.

Une pression plus faible signifierait moins d'eau qui s'écoulera. La tension est définie de telle manière à suggérer que les objets chargés négativement sont attirés vers des tensions plus élevées, tandis que les objets chargés positivement sont attirés vers des tensions plus basses. Par conséquent, le "courant conventionnel" dans un fil ou une résistance circule toujours d'une tension plus élevée à une tension plus basse.

Plus qu'un simple chemin continu (circuit) est donc nécessaire avant qu'un flux continu d'électrons ne se produise dans un circuit. Une sorte de moyen ou de force est nécessaire pour pousser les électrons à travers le circuit, et c'est justement la fonction de la tension dans un circuit. Avec les électrons, la force influente pour leur flux directionnel à travers un circuit est la même force à l'œuvre dans l'électricité statique qui est produite par un déséquilibre de charge électrique. Ce type de déséquilibre est similaire à ce qui s'est passé dans cet exemple des deux canettes d'eau ci-dessus.

Courant

Revenant à notre exemple des deux canettes d'eau, nous pouvons considérer la quantité d'eau qui s'écoule à travers le tuyau de la canette pleine comme le courant. À mesure que la pression augmente, le débit d'eau augmente également, et vice versa. Avec l'eau, nous mesurerions le volume s'écoulant à travers le tuyau pendant une certaine période de temps.

Mais avec l'électricité, nous mesurons la quantité de charge circulant à travers le circuit pendant une période de temps. Par conséquent, le Courant est défini comme le taux de flux de charge passant un point donné dans un circuit électrique, mesuré en coulombs par seconde (c/s) ou en ampères. Dans les circuits électriques, cette charge est souvent transportée par des électrons en mouvement dans un fil. Elle peut également être transportée par des ions dans un électrolyte (mélange chimique), ou à la fois par des ions et des électrons comme on le voit dans les batteries. Le courant électrique peut être alternatif (AC) ou continu (DC).

Courant Alternatif (AC): Le courant alternatif est le mouvement de charge électrique de telle sorte que les électrons chargés inversent périodiquement leur direction. Le courant alternatif est le type de courant électrique utilisé pour la fourniture d'énergie électrique aux locaux des consommateurs.

Courant Continu (DC): Le courant continu, cependant, est le flux de charge électrique dans une direction uniforme. Le courant continu est produit par des sources telles que les batteries, les thermocouples, les cellules solaires, etc. Le courant continu peut circuler dans un conducteur tel qu'un fil de cuivre, mais il peut également circuler à travers des semi-conducteurs, des isolants, ou même à travers un vide comme dans les faisceaux d'électrons ou d'ions. La charge électrique circule dans une direction uniforme constante, ce qui est différent du courant alternatif AC.

Résistance

La résistance électrique est une mesure de l'opposition au flux de charge électrique ou du degré auquel un conducteur s'oppose à un courant électrique à travers ce conducteur. L'opposé est la conductance électrique.

Les circuits électriques sont conçus pour utiliser au maximum l'énergie injectée en eux par une source de tension sans nuire aux composants du circuit. S'il n'y a pas de résistance au flux de courant provenant d'une source vers le circuit, l'ampleur du courant peut être destructrice pour certains composants du circuit, notamment si une grande quantité d'énergie est libérée sous forme de chaleur.

La résistance sert à limiter la quantité de courant à travers le circuit avec une certaine tension fournie par la batterie ou une autre source de tension.

Les conducteurs sont des matériaux qui ont une très faible résistance tandis que les isolants sont des matériaux qui possèdent une résistance très élevée ou infinie. La résistance est mesurée en ohms et représentée par le symbole Ω.

Selon la loi d'Ohm;

Résistance;

R = V/I

Puissance

La puissance est une mesure du travail effectué dans un laps de temps donné. C'est une mesure de la vitesse à laquelle une quantité standard de travail est effectuée. En plus de la tension, du courant et de la résistance, la puissance est une quantité dérivée résultant de la combinaison de la tension et du courant. Dans les circuits électriques, la puissance est dérivée en fonction à la fois de la tension et du courant, exprimée comme suit;

P = EI ou P = VI

Où P = Puissance, E (ou V) = Différence de potentiel, force électromotrice ou tension et I = Courant. L'unité de mesure de la puissance est le Watt (W).

La tension est le travail spécifique (ou l'énergie potentielle) par charge unitaire, tandis que le courant est le taux auquel les charges électriques se déplacent à travers un conducteur. Combinés comme un produit (multiplication), la tension (travail) et le courant (taux) constituent la puissance en tant que sortie.

Un circuit avec une haute tension et un faible courant pourrait dissiper la même quantité de puissance qu'un circuit avec une faible tension et un fort courant. Ni la quantité de tension seule ni la quantité de courant seule n'indique la quantité de puissance dans un circuit électrique. Par exemple, si un circuit est un circuit ouvert, la tension serait présente entre les bornes de la source tandis que le courant est nul; donc la puissance de sortie sera nulle. Aucune puissance ne serait dissipée, peu importe la grandeur de cette tension.

Puisque, **P= I x E et I = 0, tout valeur x 0 = 0**

Par conséquent, la puissance dissipée dans un circuit ouvert doit être nulle. De même, si nous avons un court-circuit créé avec un câble conducteur métallique pur (avec une résistance absolument nulle), il y aura un courant dans la boucle avec une tension nulle, de même aucune puissance ne serait dissipée.

Puisque **P=IE** et **E=0, tout valeur multipliée par 0 = 0**

Par conséquent, la puissance dissipée dans une boucle supraconductrice doit être nulle

La formule pour calculer la puissance peut être dérivée mathématiquement ainsi;

P = VI, puisque selon la loi d'Ohm **V = IR**,

Donc, P = (IR) x I; donc **P = I²R**

Ou puisque I = V/R

P = V x (V/R); donc **P = V²/ R**

Composants électroniques, Fonctions et Utilisations

Il existe divers composants électroniques discrets. Ils sont utilisés dans presque toutes les implémentations de circuits électroniques qui constituent l'électronique interne de divers appareils tels que la radio, la télévision, les ordinateurs, les smartphones, les équipements de télécommunication, etc., utilisés dans tous les domaines de l'activité humaine.

Ces appareils et équipements utilitaires partagent tous une anatomie commune dans la composition des circuits imprimés internes. La différence entre un dispositif électronique, un gadget ou un équipement et un autre réside dans la conception du circuit imprimé (l'agencement de ses composants électroniques discrets) adaptée à un but spécifique. Par conséquent, le but d'un appareil détermine sa conception de circuit imprimé.

Ce que cela signifie pour un technicien, c'est qu'une compréhension fondamentale solide de la technologie électronique à un niveau de base est un élément clé de la maîtrise et des performances de niveau expert dans le domaine. Alors qu'un ingénieur étudie à un niveau plus approfondi pour produire des conceptions électriques ou électroniques complexes, un technicien, défini comme quelqu'un qui étudie ou pratique la technologie, devrait mettre en œuvre des conceptions, entretenir des conceptions et corriger les défauts de la conception chaque fois que cela se produit. Les composants électroniques discrets sont l'opposé de leurs homologues sur le circuit imprimé - les circuits intégrés (CI). Ce sont des composants électroniques distincts et séparés.

Description Des Composants Électroniques Discrets

Les composants de base suivants se trouvent sur le circuit imprimé (PCB) de tous les appareils électroniques, y compris les PCB des smartphones et des tablettes, qui sont notre principal objectif dans ce livre. Ils comprennent les éléments suivants:

   a. Résistances
   b. Condensateurs
   c. Inducteurs
   d. Transistors
   e. Diodes

Chaque fois que j'enseigne l'électronique de base, en particulier sur le sujet des résistances et des condensateurs, j'essaie d'utiliser une analogie sur un agriculteur utilisant une parcelle de terrain pour une agriculture mixte et un puits pour l'irrigation.
De la même manière, une plaque de circuit imprimé sculptée est utilisée pour la conception de produits électroniques. Un tel exemple peut ne pas être parfait et capturer toutes les complexités ou actions se déroulant dans un circuit imprimé alimenté, mais il aiderait un lecteur à comprendre le concept dans une certaine mesure, je l'espère.

L'approvisionnement en eau d'un puits ou de toute source d'eau sert à représenter la source d'alimentation pour le flux de courant vers tous les composants du circuit imprimé. Des tuyaux sont posés pour permettre à l'eau de circuler vers chaque section de la ferme, tout comme les pistes de fils sur le circuit imprimé.

En supposant que l'agriculteur ait segmenté la ferme en sections pour la culture du riz, l'élevage (chevaux, moutons et chèvres, vaches et peut-être volailles), la section du maïs et du millet, etc., de la même manière, la carte mère d'un téléphone ou autre carte électronique, est sectionnée en sous-circuits finaux tels que : l'unité d'affichage, le haut-parleur, la sonnerie, le microphone, etc. Chacun de ces sous-circuits finaux est composé de composants électroniques discrets similaires aux autres, différents uniquement dans la conception intentionnelle (arrangement des composants) en fonction des besoins en courant et en tension des composants associés. Parfois, un sous-circuit final serait intégré dans une puce entière (circuit intégré, CI), agrégeant les fonctions des composants électroniques discrets en une seule unité.

Supposons également que, dans le cadre de cette illustration, l'accent principal soit mis sur la façon de faire circuler et de partager l'eau à chaque section de la ferme en fonction des besoins. Par exemple, les besoins en eau pour la section du riz seraient beaucoup plus importants par rapport aux besoins en maïs. Les besoins en eau des chèvres et des volailles seront certainement faibles par rapport à ceux des chevaux ou des vaches, ainsi que la fréquence et le moment de l'approvisionnement dans chaque section. Il en va de même pour la conception d'un circuit imprimé électronique. Les résistances servent à limiter le flux de courant et même à régler le courant à des points spécifiques du circuit. Si vous le comparez à notre ferme, un agriculteur en irrigation qui ouvre l'eau à un point central de la ferme avec des tuyaux circulant vers les différentes sections devra installer diverses dimensions de tuyaux en fonction des besoins ainsi que des robinets d'arrêt à l'entrée plus proche de chaque section.

Plus le tuyau est grand (faible résistance), plus le volume d'eau fourni à une section est élevé, et vice versa. Les robinets d'arrêt (représentant une résistance variable) peuvent également servir à réguler davantage le flux vers les zones où il doit couler lentement, plus rapidement ou même être complètement arrêté.

Cela peut être assimilé à la capacité de la résistance à réguler et contrôler le flux de courant dans un circuit. Un autre composant important est le condensateur.

Les condensateurs électrolytiques sont les versions polarisées des condensateurs présents dans les circuits électroniques. Cela signifie que leurs bornes ont une polarité (marquée + et -). Ils sont unidirectionnels avec une impédance élevée et ne sont donc pas utilisés pour les scénarios de courant haute fréquence. D'autres condensateurs non électrolytiques utilisés dans les circuits sont bidirectionnels avec une faible impédance, ce qui convient aux applications à composants haute fréquence.

Examinons ces composants individuellement dans les sections ci-dessous.

Résistances

Les résistances sont les composants électroniques discrets les plus fondamentaux et couramment utilisés. Le rôle principal d'une résistance dans un circuit électrique ou électronique est de "résister" (d'où le nom "résistance" est dérivé). Ainsi, une résistance fait principalement ce qui suit:

- Régule le flux d'électrons ou de courant ;

- Gêne ou détermine le flux d'électrons ou de courant à travers un chemin particulier ;
- Imposent une réduction de tension dans un circuit électrique.

Les résistances sont appelées "Dispositifs Passifs", ce qui signifie qu'elles n'ont pas de source intrinsèque de puissance ou d'amplification mais réduisent uniquement le signal de tension ou de courant les traversant. Les dispositifs passifs ont également des caractéristiques linéaires car ils subissent des chutes de tension à travers eux lorsque le courant circule à travers leurs bornes. Le processus de réduction entraîne une perte d'énergie électrique sous forme de chaleur lorsque la résistance résiste au passage des électrons à travers elle. Par conséquent, pour que le courant passe à travers ses bornes à partir d'une source d'alimentation externe, une différence de potentiel est nécessaire entre les deux bornes d'une résistance. Cette différence de potentiel compense l'énergie perdue. Lorsqu'elle est utilisée dans des circuits CC, une chute de tension est mesurée à travers ses bornes lorsque le courant du circuit circule à travers la résistance.

En obéissance à la loi d'Ohm, différentes valeurs de résistance produisent différentes valeurs de courant ou de tension.

Cela rend les résistances très utiles dans les circuits électroniques où elles contrôlent ou réduisent soit le flux de courant, soit la tension produite à travers elles.

Les résistances peuvent également être des résistances "Fixes ou Variables". Les résistances fixes n'ont qu'une seule valeur de résistance. Une résistance de 10Ω est un exemple de résistance fixe car elle a une valeur fixe de 10. Les résistances variables (potentiomètres), en revanche, peuvent fournir un nombre infini de valeurs de résistance entre zéro et une valeur maximale. Il existe de nombreux types différents de résistances parmi lesquels l'ingénieur en conception électronique peut choisir. Il y a les très petites résistances à montage en surface et aussi les grandes résistances de puissance à enroulement de fil. Les tailles et les applications peuvent différer.

Les résistances à montage en surface sont les types de résistances utilisés dans les smartphones. Typiquement, ce type de résistance est fabriqué en utilisant une technologie de film mince. Les résistances à montage en surface ont une forme rectangulaire, avec des bords métallisés à chaque extrémité du corps à travers lesquels elles entrent en contact avec la carte de circuit imprimé en utilisant de la soudure. Elles sont fabriquées en déposant un film d'oxyde métallique sur un substrat en céramique. La propriété de résistance est déterminée par l'épaisseur et la longueur du film d'oxyde métallique.

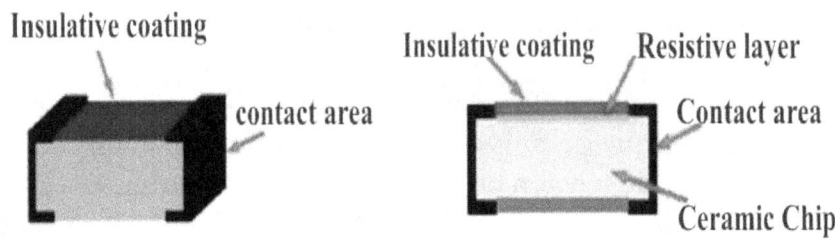

Figure 3.5 : Structure de conception de la résistance à montage en surface
Credit: http://www.radioelectronics.com/info/data/resistor/smd_resistor/smd_resistor.php

Dans cette figure, nous présentons la structure de base d'une résistance à montage en surface. Les résistances à montage en surface sont largement utilisées dans les circuits électroniques modernes, en particulier dans les dispositifs compacts tels que les smartphones et les tablettes. La structure de la résistance comprend:

Corps de la résistance: C'est la partie principale de la résistance, généralement rectangulaire en forme, fabriquée en utilisant une technologie de film mince.
Bords métallisés: Les bords métallisés se trouvent à chaque extrémité du corps de la résistance. Ils permettent à la résistance de se connecter à la carte de circuit imprimé à l'aide de soudure, assurant ainsi une connexion électrique fiable.

Film d'oxyde métallique: Le film d'oxyde métallique est déposé sur un substrat en céramique à l'intérieur du corps de la résistance. C'est le matériau qui détermine la propriété de résistance de la résistance.

Cette structure de base permet aux résistances à montage en surface d'être efficacement intégrées dans les circuits électroniques tout en occupant un espace minimal sur la carte de circuit imprimé.

Les terminaisons de la résistance à montage en surface, également appelées bords métallisés, sont des composants cruciaux, surtout lors de la soudure. Elles doivent établir un contact solide et fiable avec l'élément résistif de la résistance en puce. Si ces terminaisons se cassent ou se corrodent, la résistance ne fonctionnera pas correctement.

Coefficient de température: Lorsque vous travaillez avec ce type de résistances, notamment lors de l'utilisation de stations à air chaud ou de fers à souder, il est essentiel de tenir compte de leurs caractéristiques de coefficient de température. Le coefficient de température est un coefficient qui exprime la relation entre une variation d'une propriété physique et la variation de température qui en est la cause. L'utilisation de film d'oxyde métallique permet à ces résistances SMD d'offrir un coefficient de température favorable, avec des valeurs allant généralement de 25 à 100 ppm/°C en fonctionnement.

Symboles: Dans les schémas et dessins électriques, le symbole utilisé pour représenter une résistance peut être soit une boîte rectangulaire soit une ligne de type "zigzag".

Figure 3.6a: Symbole schématique des résistances

Connexions de Circuits de Resistances

Les résistances sont connectées dans les circuits électriques ou électroniques soit en "série", soit en "parallèle", ou une combinaison des deux.

Résistances en Série

Les résistances sont connectées en « série » lorsqu'elles sont enchaînées ensemble en une seule ligne. Les résistances connectées en série ont un courant commun qui les traverse.

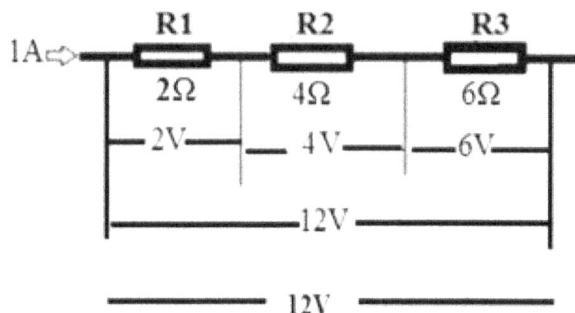

Fig. 3.6b: Résistances en Série

Mathématiquement, cela peut être représenté comme suit:

IT = I1 = I2 = I3....In où IT est le courant total, tandis que la résistance totale du circuit des résistances en série est ;

RT = R1 + R2 + R3…+ Rn où RT est la résistance totale du circuit des résistances en série.

La tension totale est également la somme des chutes de tension individuelles à travers chaque résistance;

VT = V1 + V2 + V3…+ Vn où VT est la chute de tension totale.

La valeur en ohms de la résistance totale d'un circuit connecté en série sera toujours supérieure à la résistance de valeur la plus élevée dans la série.

À partir du schéma ci-dessus, nous voyons que la résistance combinée des trois résistances est de 12 Ω. Cela signifie que les trois résistances peuvent être remplacées par une seule résistance de 12 Ω.

Le Circuit Diviseur de Tension

Dans l'exemple ci-dessus, nous pouvons voir que, en supposant que la tension d'alimentation soit de 12 volts, différentes tensions ou chutes de tension (I x R) apparaîtraient à travers chaque résistance dans le réseau en série. Lorsque les résistances sont connectées en série de cette manière, à travers une seule alimentation en courant continu, le principal avantage est que différentes valeurs de tension de référence apparaissent à travers chaque résistance, produisant ainsi un type de circuit appelé réseau diviseur de tension.

Ce circuit simple partage la tension d'alimentation de manière proportionnelle à travers chaque résistance dans le lien en série, la quantité de chute de tension étant déterminée par la valeur des résistances. Comme nous l'avons appris, le courant à travers un circuit de résistance en série est commun à toutes les résistances présentes. Ainsi, une résistance de valeur plus élevée aura une chute de tension plus élevée à travers elle, tandis qu'une résistance de valeur plus faible aura une chute de tension plus faible à travers elle.

Le circuit résistif en série illustré ci-dessus forme un simple réseau diviseur de tension où trois tensions de 2V, 4V et 6V sont produites à partir d'une seule alimentation de 12V. La Loi des Tensions de Kirchhoff stipule que "la tension d'alimentation dans un circuit fermé est égale à la somme de toutes les chutes de tension (IR) autour du circuit", et cela peut être utilisé à bon escient.

La Règle du Diviseur de Tension permet à l'ingénieur concepteur d'utiliser les effets de la proportionnalité de la résistance pour calculer la différence de potentiel à travers chaque résistance, quel que soit le courant circulant à travers le circuit en série. Un exemple typique de "circuit diviseur de tension" est présenté ci-dessous.

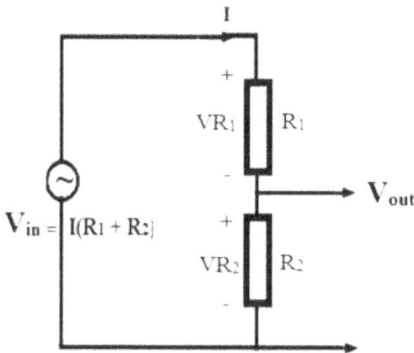

Fig. 3.6c: Résistance comme un circuit diviseur de tension

Dans le circuit illustré ci-dessus, deux résistances, R1 et R2, sont connectées en série à travers la tension d'alimentation Vin. Un côté de la tension d'alimentation est connecté à la résistance R1 et la sortie de tension, Vout, est prise à travers la résistance R2. La valeur de cette tension de sortie est donnée par la formule ci-dessous.

$$V_{out} = V_{in} \left(\frac{R_2}{R_1 + R_2} \right)$$

Supposons que plusieurs résistances soient connectées en série dans le circuit, alors différentes tensions seront présentes à travers chaque résistance selon leur valeur de résistance individuelle R, fournissant des points de tension différents mais plus petits à partir d'une seule alimentation en obéissance à la loi d'Ohm où:

$$V = I \times R$$

Chapitre 3: Électronique de Base et Analyse des Circuits

Donc, si nous avions trois résistances ou plus dans la chaîne série, nous pouvons toujours utiliser notre formule de diviseur de tension désormais familière pour trouver la chute de tension à travers chacune. Considérez le circuit ci-dessous.

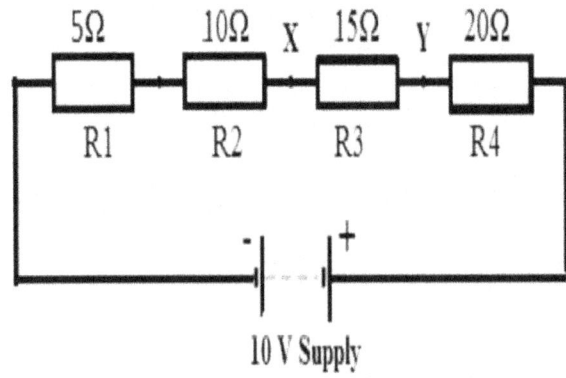

Exemple 3.1: Calcul de la résistance en tant que diviseur de tension

Pour calculer la tension aux points X et Y (c'est-à-dire la résistance R3), nous utilisons la même formule de diviseur de potentiel (ou diviseur de tension) :

$$V_{XY} = VR3 = V_{supply} \times \frac{R3}{R1+R2+R3+R4}$$

$$V_{XY} = 10 \times \frac{15}{5+10+15+20}$$

$$= 10 \times 0.3$$

$$V_{XY} = VR3 = 3V$$

Évaluons un autre circuit pour illustrer les différentes façons dont un circuit de résistances en série peut influencer la conception électronique. Regardez le schéma ci-dessous :

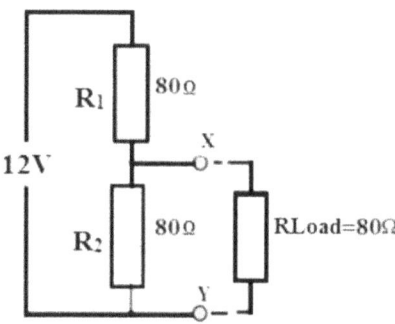

Exemple 3.2 : Calcul de résistance comme diviseur de tension

Supposons que nous avons un circuit existant comme le circuit diviseur de tension ci-dessus et un composant, disons un haut-parleur (RLoad), qui tire de l'énergie de ce circuit avec une résistance de charge (ou impédance) de 80Ω. Le circuit est conçu pour fournir une tension d'entrée à ce haut-parleur ne dépassant pas 6V. Les circuits diviseurs de tension comme celui-ci ont permis de concevoir un tel circuit, qui produit une tension plus petite (dans ce cas, 6V) à partir d'une tension d'alimentation plus grande (dans ce cas, 12V).

Avec une alimentation continue de 12V comme dans le circuit ci-dessus;

Les chutes de tension entre X et Y sont calculées comme suit ;
  i. Sans le haut-parleur (RLoad) connecté
  ii. Avec le haut-parleur (RLoad) connecté

Pour (i) : où R(x-y) = 80Ω ; Tension de sortie Vo ; Tension d'entrée Vi ;

$$V_o = V_{in} \times \frac{R_2}{R_1 + R_2}$$

$$V_o = 12 \times \frac{80}{80 + 80}$$

Vo = 6V à travers R2 lorsque aucun charge n'est connecté en parallèle avec R2.

Cependant, lorsque la charge (le haut-parleur) est connectée, la charge parallèle combinée à x-y devient 40Ω.

$$\frac{80 \times 80}{80 + 80} = 40\,\Omega$$

Donc, la tension d'alimentation de référence du circuit vers le haut-parleur sera :

$$V_o = 12 \times \frac{40}{80 + 40}$$

$V_o = 12 \times 0.33$

$V_o = 4V.$

Le test des bornes du haut-parleur devrait vous donner la valeur ci-dessus.

L'exemple ci-dessus montre également que la connexion de deux résistances de valeur égale, disons 80Ω chacune, ensemble en tant que réseau diviseur de tension à travers les 12V a produit une tension réduite plus basse de 6V efficacement jusqu'à ce que nous ayons connecté le circuit de charge au réseau. L'effet de la résistance RLoad connectée en parallèle avec R2 modifie le rapport des deux résistances en série, modifiant ainsi leur chute de tension.

Nous pouvons donc constater qu'un réseau diviseur de tension chargé modifie sa tension de sortie en raison de cet effet de charge, puisque la tension de sortie Vout est déterminée par le rapport de R1 à R2. Dans une situation où la charge est une résistance variable en tant que résistance de charge, RL augmente vers l'infini (∞); cet effet de charge diminue et le rapport de tension Vout/Vs ne sera pas affecté par une charge supplémentaire sur la sortie. Par conséquent, plus l'impédance de charge est élevée, moins l'effet de charge sur la sortie est important. Grâce à cette connaissance, un technicien peut diagnostiquer les sous-circuits finaux des composants périphériques en vérifiant les points de test de tension de référence.

Résistances en Parallèle

Lorsque des résistances sont connectées de telle manière que les deux côtés de leurs bornes respectives sont connectés à chacun des côtés équivalents d'une autre résistance ou de plusieurs résistances, on dit qu'elles sont connectées en parallèle.

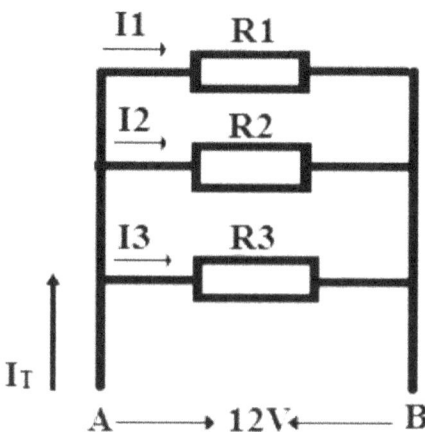

Figure 3.6d: Résistances en Parallèle

Les résistances sont connectées en "parallèle" lorsqu'elles sont alignées côte à côte, avec chaque extrémité connectée à la même source de tension. Dans un arrangement en parallèle, chaque résistance a la même différence de potentiel (tension) à travers elle. Cela signifie que les résistances en parallèle ont la même tension aux bornes, mais chacune peut avoir une intensité différente.

La résistance totale d'un circuit en parallèle est représentée mathématiquement ci-dessous et la résistance totale d'un circuit en parallèle sera toujours inférieure à la valeur de la plus petite résistance. Contrairement aux résistances en série, la somme du réciproque des résistances en parallèle donne la valeur totale équivalente de la résistance;

$$\frac{1}{R_T} = \frac{1}{R_1} + \frac{1}{R_2} + \frac{1}{R_3} + \frac{1}{R_n}$$

Mais lorsque les deux résistances (ou impédances) en parallèle sont égales et de même valeur, alors la résistance totale ou équivalente, RT, est égale à la moitié de la valeur d'une résistance, c'est-à-dire ;

R/2 pour deux résistances ; R/3 pour trois résistances égales en parallèle, etc. Les résistances en parallèle ont une tension commune à travers elles où la tension d'alimentation totale est ;

$$V_s = V_1 = V_2 = V_3 \ldots = V_n$$

Le courant total circulant dans le circuit est égal à la somme de tous les courants de branche individuels ajoutés ensemble, comme ci-dessous :

$$I_T = I_1 + I_2 + I_3 ... + I_n$$

D'autres façons dont les résistances peuvent être connectées en parallèle sont illustrées ci-dessous :

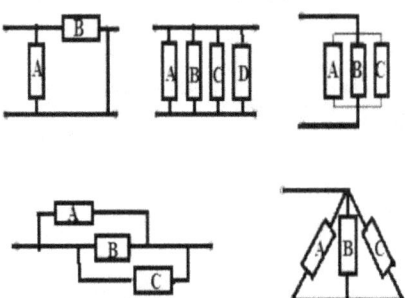

Figure 3.6e : Autres circuits de résistances en parallèle

Bien sûr, allez-y et fournissez les détails du diagramme ou du calcul que vous souhaitez effectuer.

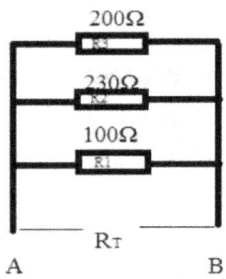

Exemple 3.3 : Calcul d'un circuit en parallèle

Pour calculer *RT*, la résistance équivalente totale des trois résistances en parallèle ;

$1/ R_T = 1/R1 + 1/R2 + 1/R3$

$1/ R_T = 1/100 + 1/230 + 1/200$

$1/ R_T = 0.01 + 0.004 + 1/0.005$

$1/ R_T = 0.019$

$R_T = 1/0.019$

$R_T = 52.63\Omega$

Cette méthode ci-dessus s'applique à n'importe quel nombre de résistances connectées en parallèle. La formule pour calculer deux résistances en parallèle est :

$$R_T = \frac{R1 \times R2}{R1 + R2}$$

Courant dans les Résistances en Parallèle

Le courant total, IT dans un circuit de résistances en parallèle, est la somme des courants individuels circulant dans toutes les branches du circuit en parallèle. La quantité de courant circulant dans chaque branche parallèle n'est pas nécessairement la même. Cela est dû au fait que la valeur de la résistance dans chaque branche détermine le courant circulant dans cette branche. Par exemple, bien que la combinaison en parallèle ait la même tension constante à travers elle, les résistances pourraient avoir des valeurs différentes ; par conséquent, le courant circulant à travers chaque résistance serait certainement différent selon la loi d'Ohm.

Considérons les trois résistances en parallèle ci-dessus. Le courant qui traverse chacune des résistances (IR1, IR2 et IR3) connectées ensemble en parallèle n'est pas nécessairement de la même valeur car il dépend de la valeur résistive de la résistance. Cependant, nous savons que le courant qui entre dans le circuit au point A doit également en sortir au point B. Rappelons que la loi des courants de Kirchhoff stipule que : « *le courant total sortant d'un circuit est égal à celui entrant dans le circuit - aucun courant n'est perdu* ». Ainsi, le courant total circulant dans le circuit est donné par :

$I_T = I_{R1} + I_{R2} + I_{R3}$

La loi d'Ohm, exprimée par l'équation, V = RI

Etant donné que VS = Tension d'alimentation = 12V,

IRx, le courant traversant chaque résistance du schéma ci-dessus peut être calculé comme suit :

Le courant traversant R1, $I_{R1} = V_S \div R1$
$I_{R1} = 12V \div 100Ω = 0.12A$

Le courant traversant R2, $I_{R2} = V_S \div R2$

$I_{R2} = 12V \div 230Ω = 0.05A$ et

Le courant traversant R3, $I_{R3} = V_S \div R3$

$I_{R3} = 12V \div 200Ω = 0.06A$

Cela nous donne donc un courant total, I_T circulant dans le circuit comme suit:

$I_T = 0.12A + 0.05A + 0.06A = \mathbf{0.23A}$

Ce résultat peut également être vérifié directement en utilisant la loi d'Ohm comme suit :

$I_T = V_S \div R_T = 12 \div 52.63Ω = 0.228$ environ 0.23A (le même)

L'équation donnée pour calculer le courant total circulant dans un circuit de résistances en parallèle, qui est la somme de tous les courants individuels ajoutés ensemble, est donnée par :

$$I_T = I_1 + I_2 + I_3... + I_n$$

Aussi, les réseaux de résistances en parallèle peuvent être considérés comme des "diviseurs de courant" car le courant d'alimentation se divise entre les différentes branches parallèles.

Ainsi, un circuit de résistances en parallèle comportant 'N' réseaux de résistances aura N chemins de courant différents tout en maintenant une tension commune à travers lui-même.

De plus, les résistances en parallèle peuvent être interchangées entre elles sans changer la résistance totale ou le courant total du circuit.

Résistances dans les Circuits à Courant Alternatif

Dans les sections précédentes sur le comportement et les calculs de conception des résistances dans les circuits en série et en parallèle, l'hypothèse était que la tension et le courant avaient une polarité, un flux et une direction constants.

C'est la nature du courant continu ou des circuits et cela s'applique aux circuits de téléphones portables. Cependant, dans cette section, nous examinerons brièvement l'autre type d'alimentation électrique connu sous le nom de courant alternatif ou CA.

Les tensions alternatives changent généralement de polarité, passant du positif au négatif et vice versa au fil du temps, et le courant par rapport à la tension oscille dans les deux sens. La forme oscillante d'une alimentation en courant alternatif suit celle de la forme mathématique d'une "onde sinusoïdale", communément appelée une forme d'onde sinusoïdale. Par conséquent, une tension sinusoïdale peut être définie mathématiquement comme suit :

$$V(t) = V_{max} \sin(\omega t)$$

La loi d'Ohm habituelle et les lois de Kirchhoff pour calculer les grandeurs de tension, de courant et de puissance s'appliquent lorsqu'un circuit CC résistif est conçu avec des résistances pures qui possèdent une présence négligeable d'inductance et de capacité.

Cependant, lorsqu'il s'agit de circuits CA, les valeurs crête à crête de ces grandeurs ou leur valeur efficace sont prises en compte dans les calculs. Ainsi, lors de l'utilisation de résistances dans les circuits CA, le terme "impédance", symbolisé par Z, est généralement utilisé et nous pouvons dire que :

La résistance en courant continu = L'impédance en courant alternatif, R = Z.

Les résistances sont des dispositifs "passifs" car elles ne produisent ni ne consomment d'énergie électrique, mais convertissent l'énergie électrique en chaleur.

Dans les circuits CA, des facteurs tels que la fréquence et la différence de phase ou l'angle de phase (φ) de la tension d'alimentation affectent l'application du calcul de la loi d'Ohm pour R. Une résistance aura toujours la même valeur de résistance quelle que soit la fréquence d'alimentation, des basses aux très hautes fréquences, contrairement aux condensateurs et aux inducteurs.

Lorsque des résistances sont utilisées dans des circuits CA, la direction du courant qui les traverse n'a aucun effet sur le comportement de la résistance, elle augmentera et diminuera alors que la tension augmente et diminue. Le courant et la tension atteignent leur maximum, passent par zéro et atteignent leur minimum exactement au même moment. Cela signifie qu'ils augmentent et diminuent simultanément et sont dits "en phase".

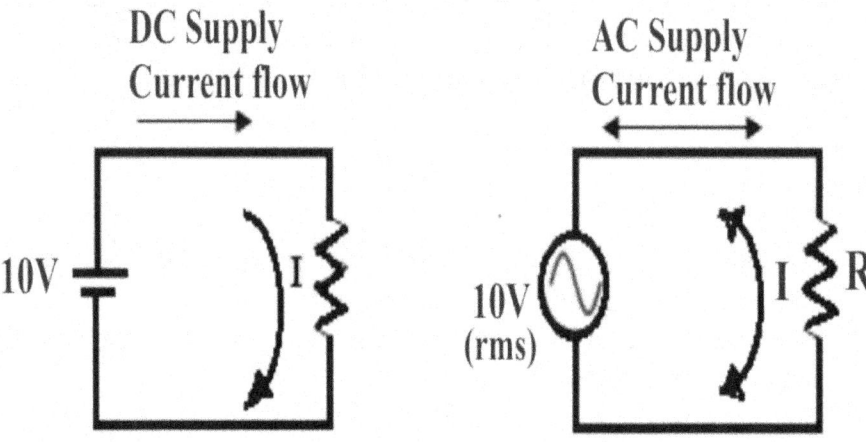

Figure 3.7 : Direction du courant dans les circuits en courant continu et alternatif

Diagramme de Relation de Phase pour la TENSION et le COURANT dans les Circuits en Courant Alternatif

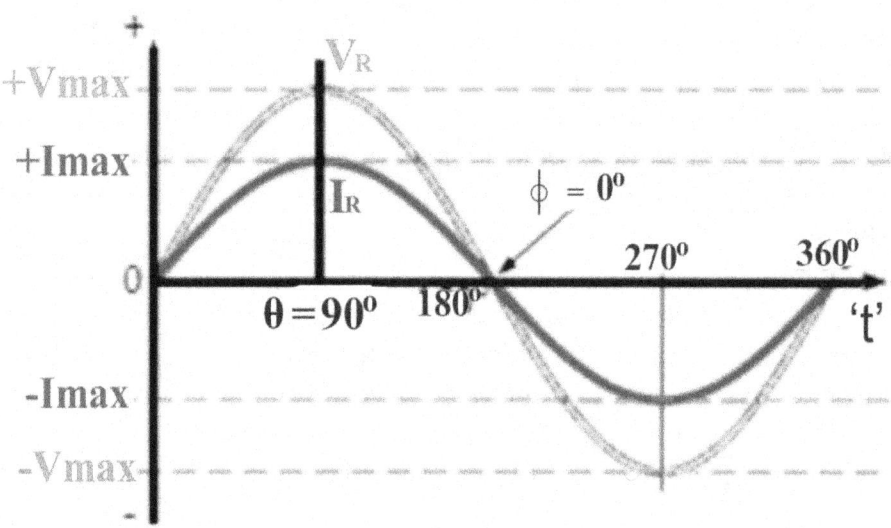

Graphique 3.1 : Relation de phase Tension-Courant (V-I)

Sur un système de coordonnées cartésiennes, la représentation d'une sinusoïde illustre sa nature cyclique et explique la relation de phase entre le courant et la tension. À partir du diagramme ci-dessus, à n'importe quel point le long de l'axe horizontal x, la tension instantanée et le courant sont tous deux en phase car le courant et la tension atteignent leurs valeurs maximales en même temps lorsque leur angle de phase θ est de 0°. Ensuite, ces valeurs instantanées de tension et de courant peuvent être comparées pour donner la valeur de la résistance en ohms en utilisant la loi d'Ohm.

Condensateurs

Un condensateur est un composant électrique passif à deux bornes utilisé pour stocker temporairement de l'énergie électrique dans un champ électrique. En un sens, un condensateur est un peu comme une batterie. Bien qu'ils fonctionnent de manière totalement différente, les condensateurs et les batteries stockent tous deux de l'énergie électrique.

Chaque fois qu'une tension électrique existe entre deux conducteurs parallèles séparés, un champ électrique se crée dans l'espace entre ces conducteurs. Les champs électriques sont des forces électromagnétiques invisibles entourant une zone qui influencent les propriétés des matériaux qui se trouvent dans cette zone.

Un condensateur est essentiellement constitué de deux plaques conductrices (métalliques) parallèles ou plus qui ne sont pas connectées entre elles, mais qui sont électriquement séparées soit par de l'air, soit par ce qu'on appelle un diélectrique. Les diélectriques utilisés peuvent être des matériaux isolants tels que du papier ciré, du mica, de la céramique, du plastique ou un gel liquide comme celui utilisé dans les condensateurs électrolytiques.

Figure 3.8a : Symbole d'un condensateur

Il existe différents types de condensateurs disponibles. Ils sont généralement nommés en fonction du matériau utilisé pour les fabriquer. Peu importe le type de condensateur utilisé dans un circuit, ils stockent tous une charge électrique. Les plaques métalliques conductrices d'un condensateur peuvent prendre la forme d'un carré, d'un cercle ou d'un rectangle. De plus, la forme générale, la taille et la construction d'un condensateur à plaques parallèles dépendent de son application et de sa tension nominale.

Lorsque des condensateurs sont utilisés dans un circuit en courant continu, ils se chargent à la tension d'alimentation de la source tout en bloquant le flux de courant à travers eux. Cela est dû au diélectrique d'un condensateur qui est non conducteur et essentiellement un isolant. Mais lorsqu'un condensateur est connecté à un circuit en courant alternatif, le courant circule à travers le condensateur avec peu ou pas de résistance au flux.

Lorsqu'une tension est appliquée aux plaques d'un condensateur, les plaques se chargent et ces charges continuent de s'accumuler sur les plaques jusqu'à ce que la tension entre les plaques soit égale à celle de la tension d'alimentation.

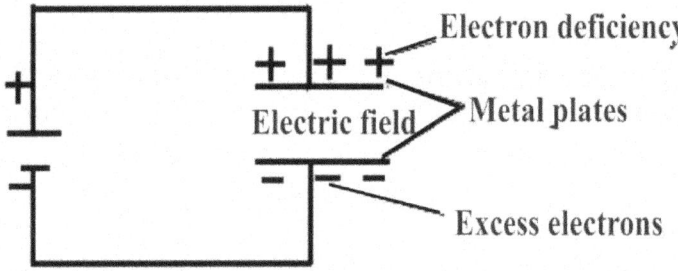

Figure 3.8b : Effet de la tension entre les plaques parallèles d'un condensateur

La Capacité d'un Condensateur

La capacité est une propriété électrique d'un condensateur et mesure la capacité d'un condensateur à stocker une charge électrique sur ses deux plaques, l'unité de capacité étant le farad (F), nommé d'après le physicien britannique Michael Faraday.

Un condensateur a une capacité d'un farad lorsqu'une charge d'un coulomb est stockée sur les plaques par une tension d'un volt. La capacité, C, est toujours positive et n'a pas d'unités négatives. Les condensateurs finissent par perdre leurs charges stockées en raison de chemins de fuite internes permettant aux électrons de passer d'une plaque à l'autre.

Selon le type spécifique de condensateur, le temps nécessaire pour qu'une tension de charge stockée se décharge peut être long.

Lorsque la tension aux bornes d'un condensateur est augmentée de niveaux bas à des niveaux plus élevés, on dit qu'il se charge car une quantité croissante d'énergie est stockée dans son champ électrique. Par conséquent, il prélève du courant sur le reste du circuit, agissant comme une charge électrique.

Dans cette condition, la direction du flux d'électrons par rapport à la polarité de tension est du terminal négatif au terminal positif.

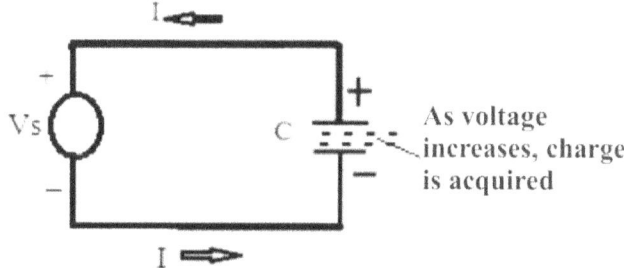

Figure 3.8c : Charge du condensateur

L'inverse se produit lorsque la tension aux bornes d'un condensateur est diminuée : le condensateur fournit du courant au reste du circuit, agissant comme une source d'alimentation. Dans cette condition, on dit que le condensateur se *décharge*. Sa réserve d'énergie (stockée dans le champ électrique) diminue à mesure que l'énergie est libérée dans le reste du circuit.

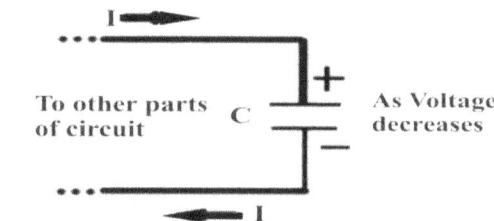

Figure 3.8d : Décharge du condensateur

Les deux scénarios ci-dessus servent à illustrer le comportement des condensateurs dans le circuit. Si une source de tension est soudainement appliquée à un condensateur non chargé (ce qui implique une augmentation soudaine de la tension), le condensateur absorbera du courant de cette source, absorbant ainsi de l'énergie, jusqu'à ce que la tension du condensateur soit égale à celle de la source. Mais une fois que la tension du condensateur atteint un état complètement chargé, sa charge stockée diminuera jusqu'à zéro.

D'autre part, si une résistance de charge est connectée à un condensateur chargé, le condensateur fournira du courant à cette charge jusqu'à ce que toute son énergie stockée soit libérée et que sa tension diminue à zéro. Une fois que la tension du condensateur est complètement déchargée, son courant diminue à zéro.

En raison de cette capacité inhérente à être chargé puis déchargé, les condensateurs peuvent être considérés comme agissant quelque peu comme des batteries.

Les Condensateurs en Série

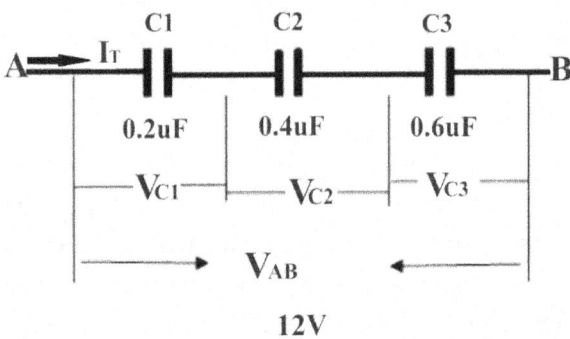

Figure 3.8e: Les Condensateurs en Série

Lorsque des condensateurs sont connectés en série, la capacitance totale diminue et la chute de tension à travers chaque condensateur peut varier en fonction de leurs valeurs de capacitance individuelles. Cela est dû au fait qu'en connexion en série, la tension totale appliquée à la chaîne est divisée entre les condensateurs en fonction de leurs valeurs de capacitance. Les condensateurs avec des valeurs de capacitance plus élevées auront une chute de tension moins importante à travers eux par rapport à ceux avec des valeurs de capacitance plus petites. Ce principe est important à prendre en compte lors de la conception des circuits ou de l'analyse de leur comportement.

Si nous appliquons la loi des tensions de Kirchhoff au circuit ci-dessus,

$V_{AB} = V_{C1} + V_{C2} + V_{C3} = 12V$

où Q_T représente la charge totale.

Ainsi, $V_{C1} = Q_T / C1$, $V_{C2} = Q_T / C2$ and $V_{C3} = Q_T / C3$

En utilisant l'équation $V_{AB} = Q_T / C_T$

et en remplaçant les valeurs de V_{C1}, V_{C2} et V_{C3}, nous obtenons :

$Q_T / C_T = Q_T / C1 + Q_T / C2 + Q_T / C3$

Si nous divisons chaque terme par Q, nous obtenons :

$1/ C_T = 1/C_1 + 1/C_2 + 1/C_3 + ... 1/C_n$ comme l'équation des condensateurs en série.

Pour calculer la capacité totale de deux condensateurs en série, cependant, nous utilisons :

$$C_T = \frac{C_1 \times C_2}{C_1 + C_2}$$

Avec des résistances connectées en série, la somme de toutes les chutes de tension à travers le circuit en série sera égale à la tension appliquée V_S (loi des tensions de Kirchhoff). Cela est également vrai pour les condensateurs en série. Avec des condensateurs connectés en série, la réactance capacitive du condensateur agit comme une impédance due à la fréquence de l'alimentation.

Cette réactance capacitive produit une chute de tension à travers chaque condensateur. Par conséquent, les condensateurs connectés en série agissent comme un réseau diviseur de tension capacitif, tout comme leurs homologues résistifs. Par conséquent, la formule du diviseur de tension appliquée aux résistances peut également être utilisée pour trouver les tensions individuelles pour deux condensateurs en série.

Où C_X est la capacitance du condensateur en question, V_S est la tension d'alimentation à travers la chaîne en série et V_{CX} est la chute de tension à travers le condensateur cible, alors :

$$Vcx = \frac{Vs \times C_T}{Cx}$$

Condensateurs en Parallèle

Lorsque des condensateurs sont connectés en parallèle, ils ont une alimentation en tension commune.

$V_{AB} = V_S = V_1 = V_2 = V_3 = 12V$

C1, C2 et C3 sont tous connectés ensemble dans une branche parallèle entre les points A et B comme indiqué ci-dessous ;

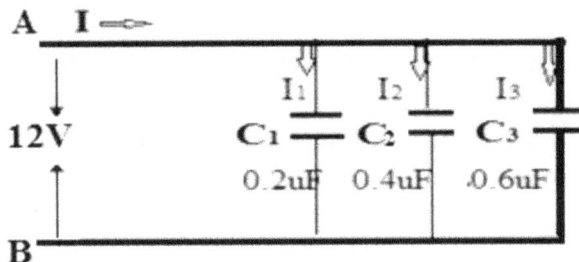

Exemple 3.4 : Calcul des condensateurs en parallèle

Lorsque des condensateurs sont connectés en parallèle, la capacitance totale ou équivalente, C_T, dans le circuit est égale à la somme de tous les condensateurs individuels ajoutés ensemble.

$$C_T = C_1 + C_2 + C_3 + \ldots C_n$$

$$C_T = 0.2uF + 0.4uF + 0.6uF$$

$$C_T = 1.2uF \text{ (microfarad)}$$

Un point important à retenir concernant les circuits de condensateurs connectés en parallèle est que la capacitance totale (C_T) de deux condensateurs ou plus connectés ensemble en parallèle sera toujours SUPÉRIEURE à la valeur du plus grand condensateur du groupe. Cela est dû au fait que nous ajoutons ensemble des valeurs.

Lorsque trois, quatre ou plus de condensateurs sont connectés ensemble, la capacitance totale du circuit C_T serait toujours la somme de tous les condensateurs individuels ajoutés ensemble. Cela est dû à l'augmentation de la surface totale des plaques. Si nous connectons deux condensateurs identiques, les surfaces des plaques doubleront, ce qui doublera la capacitance de la combinaison.

Les Condensateurs dans les Circuits AC

Lorsque nous appliquons un courant alternatif ou une alimentation AC à travers les plaques d'un condensateur, le condensateur se charge et se décharge alternativement à une fréquence déterminée par la fréquence de l'alimentation. La capacitance d'un condensateur dans les circuits AC change lorsque la fréquence d'alimentation change tandis que le condensateur est constamment chargé et déchargé. Cela est contraire aux circuits en courant continu (DC) où ils se chargent à la valeur de la tension source en agissant comme des dispositifs de stockage temporaire et maintiennent la charge indéfiniment tant que la tension d'alimentation est présente.

Le flux d'électrons sur les plaques d'un condensateur est directement proportionnel au taux de changement de la tension à travers ces plaques. Les condensateurs dans les circuits AC laissent passer du courant à travers eux lorsque la tension à travers leurs plaques change constamment dans le temps (signaux AC sinusoïdaux), mais ils bloquent le courant à travers eux lorsque la tension est un signal DC constant. Par conséquent, la capacitance dans les circuits AC varie avec la fréquence car le condensateur est constamment chargé et déchargé.

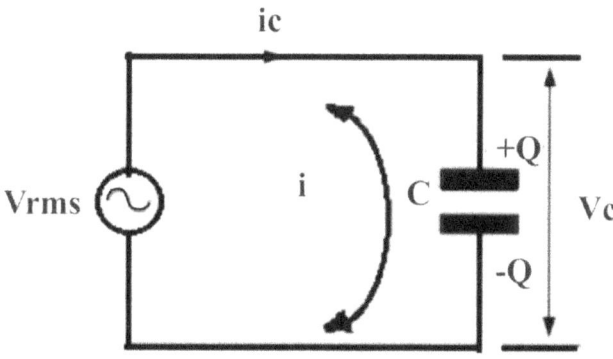

Figure 3.8f : Condensateur dans un circuit AC

Dans le circuit ci-dessus, le condensateur est directement connecté à travers la tension d'alimentation AC. Cet exemple est un circuit purement capacitif avec aucun effet d'autres composants connectés. Lorsque la tension d'alimentation augmente et diminue, le condensateur se charge et se décharge respectivement avec la tension changeante.

Étant donné que le courant de charge est directement proportionnel au taux de changement de la tension à travers les plaques du condensateur, ce taux de changement est à son maximum lorsque la tension d'alimentation bascule de son demi-cycle positif à son demi-cycle négatif, ou vice versa, aux points 0° et 180° le long de l'onde sinusoïdale lorsqu'elle est tracée sur un graphe.

Le plus petit changement de tension se produit lorsque l'onde sinusoïdale AC bascule à son niveau de tension de crête maximum ou minimum (Vm). À ces positions dans le cycle, les courants maximum ou minimum circulent à travers le circuit du condensateur, comme le montre le graphique ci-dessous.

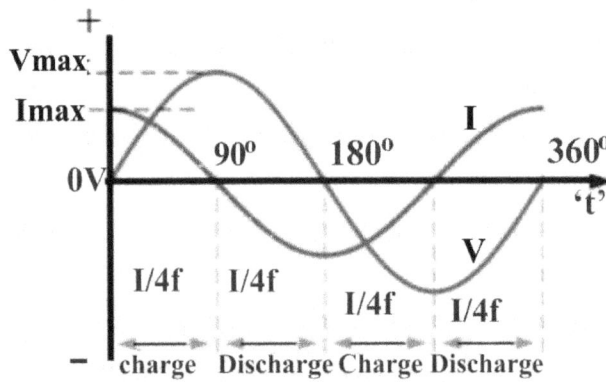

Graphique 3.2 : Diagramme de phase du condensateur pour les circuits AC

Réactance Capacititive

La réactance capacititive dans un circuit purement capacitif est l'opposition au flux de courant uniquement dans les circuits AC. Comme la résistance, la réactance est également mesurée en ohms mais est représentée par le symbole X pour la distinguer d'une valeur purement résistive. Comme la réactance est une quantité qui peut également s'appliquer aux inducteurs ainsi qu'aux condensateurs, lorsqu'elle est utilisée avec des condensateurs, elle est plus communément connue sous le nom de réactance capacititive.

Dans les circuits AC, la réactance capacititive des condensateurs est représentée par le symbole X_c. Par conséquent, la réactance capacititive est définie comme une valeur résistive du condensateur qui varie avec la fréquence.

Enfin, les condensateurs, comme tous les composants électriques, ont certaines limitations qui doivent être respectées pour garantir la fiabilité et le bon fonctionnement du circuit. Par exemple, les condensateurs sont constitués de deux conducteurs séparés par un isolant (le diélectrique), donc leur tension maximale ne doit pas être dépassée.

Si une tension excessive est appliquée, la valeur de "rupture" du matériau diélectrique peut être dépassée, ce qui entraîne un court-circuit interne du condensateur. De plus, certains condensateurs sont fabriqués de manière à pouvoir tolérer une tension appliquée dans un sens mais pas dans l'autre en raison de leur construction.

Inducteurs

Un inducteur, également appelé bobine, est un composant électrique passif à deux bornes qui résiste aux changements de courant électrique le traversant. Notez qu'il ne résiste pas à l'écoulement du courant comme les résistances, mais aux changements de courant. Il est constitué d'un conducteur tel qu'un fil, généralement enroulé en bobine. L'énergie est stockée dans un champ magnétique dans la bobine tant que le courant circule.

L'opposition d'un inducteur au courant alternatif est basée spécifiquement sur la réaction inductive aux changements de courant, contrairement aux résistances qui sont basées sur le frottement. Lorsque du courant alternatif circule à travers les enroulements d'un inducteur, le flux de courant représente une augmentation de courant à travers ses enroulements, de sorte que l'inducteur réagit à cette augmentation en s'y opposant, et lorsque le flux de courant diminue, l'inducteur inverse sa polarité et réagit pour s'opposer à la diminution du courant. Ainsi, il réagit effectivement aux changements dans le flux de courant.

Cependant, les inducteurs ne sont pas tout à fait purs dans leur comportement réactif. Premièrement, ils sont constitués de conducteurs en fil enroulés, ce qui signifie qu'ils possèdent une propriété de résistance intrinsèque.

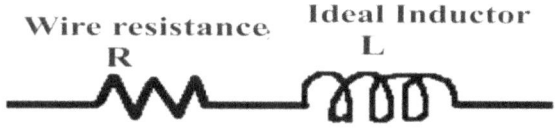

Figure 3.9 : Symbole schématique des inducteurs

La résistance intégrée agit comme si elle était connectée en série avec une inductance parfaite de la bobine. Par conséquent, l'impédance de tout inducteur réel sera toujours une combinaison de résistance et de réactance inductive, où la réactance inductive est l'opposition qu'un inducteur offre au courant alternatif en raison de son stockage et de sa libération d'énergie dans son champ magnétique.

L'opposition d'un inducteur aux changements de courant se traduit par une opposition au courant alternatif (AC) en général, qui est par définition toujours en train de changer en magnitude instantanée et en direction. Cette opposition au courant alternatif peut être comparée à celle de la résistance, mais elle est différente en ce qu'elle entraîne toujours un décalage de phase entre le courant et la tension, et elle ne dissipe aucune puissance.

En raison des différences, elle a un nom différent - la réactance, symbolisée par la lettre majuscule "X", mais mesurée en ohms comme la résistance (R). Étant donné que les inducteurs chutent de tension proportionnellement au taux de changement du courant, ils chuteront de tension plus rapidement pour un courant à changement plus rapide, et moins de tension pour un courant à changement plus lent. Par conséquent, la réactance en ohms pour tout inducteur est directement proportionnelle à la fréquence du courant alternatif.

Diodes

Les diodes sont des dispositifs semi-conducteurs unidirectionnels de base qui ne permettront le passage du courant que dans une seule direction. La diode de signal est le composant actif le plus basique dans les circuits électroniques. Contrairement aux résistances qui sont des dispositifs passifs, une diode n'agit pas de manière linéaire par rapport à la tension appliquée car elle a une relation courant-tension exponentielle. Cela rend difficile l'analyse des diodes en utilisant la loi d'Ohm comme c'est le cas pour les résistances.

Avant de continuer, comprenons la théorie de base des semi-conducteurs dont sont constituées les diodes, les transistors et même les puces de circuit intégré.

Basiques des Semi-conducteurs

Les matériaux semi-conducteurs issus de la chimie - le tableau périodique - tels que le silicium (Si) et le germanium (Ge) ont des propriétés électriques décrites entre celles d'un "conducteur" et celles d'un "isolant". Ils ne sont ni de bons conducteurs ni de bons isolants, d'où leur nom de "semi-conducteurs". Le nombre d'"électrons libres" dans leurs atomes est étroitement regroupé dans une structure cristalline appelée "réseau cristallin".

Cependant, la capacité des semi-conducteurs à conduire l'électricité peut être grandement améliorée en remplaçant ou en ajoutant certains atomes donneurs ou accepteurs à cette structure cristalline afin de produire plus d'électrons libres (-) que de trous (+) ou vice versa. Cela est réalisé en ajoutant un faible pourcentage d'un autre élément au matériau de base, soit du silicium soit du germanium.

Le silicium et le germanium sont classés comme semi-conducteurs intrinsèques individuellement. Cela signifie qu'ils sont chimiquement purs, ne contenant rien d'autre que du matériau semi-conducteur. Mais si la quantité d'impuretés ajoutées à ce matériau semi-conducteur intrinsèque est contrôlée, alors sa propriété de conductivité peut également être contrôlée.

Diverses impuretés connues sous le nom de donneurs ou d'accepteurs peuvent être ajoutées à ce matériau intrinsèque pour produire respectivement des électrons libres ou des trous. Ce processus d'ajout d'atomes donneurs ou accepteurs aux atomes semi-conducteurs est appelé dopage. Lorsque vous "dopez" le silicium, il perd sa pureté pour devenir impur. Cela est dû au fait que tout atome donneur ou accepteur provenant d'un autre élément est appelé "impureté", donc en dopant ces matériaux de silicium avec un nombre suffisant d'impuretés, nous pouvons les transformer en semi-conducteurs, de même pour le germanium, etc. Le silicium est le matériau de base semi-conducteur le plus couramment utilisé. C'est la raison pour laquelle un endroit comme la région de la baie de San Francisco en Californie du Sud est surnommé "Silicon Valley" car le mot "silicium" faisait à l'origine référence au grand nombre d'innovateurs et de fabricants de puces en silicium dans la région.

Le silicium a quatre électrons de valence dans sa couche externe qu'il partage avec ses atomes de silicium voisins pour former entièrement huit électrons orbitaux. La structure de la liaison entre les deux atomes de silicium est telle que chaque atome partage un électron avec son voisin pour stabiliser la liaison atomique. L'arrangement des atomes de silicium est symétrique, les rendant solides et cristallins. Le silice pure est généralement un cristal intrinsèque car elle ne contient pas d'impuretés, et donc pas d'électrons libres dans sa structure atomique. Pour extraire du courant électrique d'un cristal de silicium, nous créons une polarité positive et négative dans le silicium permettant aux électrons de sortir du silicium. Cela est réalisé par le dopage. Il existe deux types de matériaux semi-conducteurs.

Semi-conducteur de type N

Ce sont des matériaux auxquels on a ajouté des atomes d'impureté (donneurs) avec 5 électrons de valence et qui conduisent le courant par le mouvement des "électrons". Ils sont donc considérés comme des semi-conducteurs de type N.

Un matériau semi-conducteur est classé comme de type N lorsqu'il a plus d'électrons que de trous (ions positifs), faisant de l'un de ses pôles un pôle négatif. Dans les semi-conducteurs de type N, les "donneurs" sont chargés positivement avec un grand nombre d'électrons libres.

Les trous sont en nombre plus petit par rapport au nombre d'électrons libres. Lorsque le dopage est appliqué, nous avons des donneurs chargés positivement et des électrons libres chargés négativement. Mais lorsque vous appliquez une tension aux bornes du semi-conducteur "dopé" d'une manière appelée polarisation, nous avons des électrons libres chargés négativement et des trous chargés positivement.

Pour qu'un cristal de silicium conduise l'électricité, un atome d'impureté tel que l'antimoine, l'arsenic ou le phosphore doit être ajouté à la structure cristalline, ce qui la rend extrinsèque (des impuretés sont ajoutées). Ces atomes donneurs ont cinq électrons externes dans leur couche externe qu'ils partagent avec les atomes voisins. C'est pourquoi ils sont communément appelés impuretés "pentavalentes" - ("penta" équivaut à 5). Quatre des cinq électrons orbitaux se lieront donc avec leurs atomes de silicium voisins, laissant un *"électron libre"* non lié. Cet électron libre devient mobile une fois qu'une tension électrique est appliquée, ce qui entraîne un flux d'électrons. L'antimoine, qui est généralement utilisé, est symbolisé par Sb dans le tableau périodique. Comme chaque atome d'impureté *"donne"* un électron, les atomes pentavalents sont généralement appelés "donneurs".

Semi-conducteur de type P

Ce sont des matériaux auxquels on a ajouté des atomes d'impureté (accepteurs) avec 3 électrons de valence et qui conduisent le courant électrique par le mouvement des "trous". Ils sont donc appelés semi-conducteurs de type P.

Dans les matériaux semi-conducteurs de type P, les "accepteurs" sont des électrons chargés négativement et il y a un grand nombre de trous par rapport au petit nombre d'électrons libres. Lorsque le "dopage" (l'ajout d'impuretés) est appliqué, nous avons des accepteurs chargés négativement et des trous chargés positivement. Lorsque la tension est appliquée à ses bornes après le dopage, nous avons des trous chargés positivement et des électrons libres chargés négativement.

En supposant qu'une impureté "trivalente" (à 3 électrons) soit ajoutée à la structure cristalline, telle que le bore, l'aluminium ou l'indium, qui n'ont que trois électrons de valence disponibles dans leur couche externe, le quatrième lien fermé ne peut pas être formé. Par conséquent, une connexion complète n'est pas possible, donnant au matériau semi-conducteur une abondance de porteurs chargés positivement appelés "trous" dans la structure du cristal où les électrons sont effectivement absents.

Avec la présence d'un trou dans le cristal de silicium, un électron voisin sera attiré par ce trou de sorte qu'il tentera de le remplir. En se déplaçant de son emplacement pour remplir le trou, l'électron laisse derrière lui un autre trou. Un autre électron devient attiré par le nouveau trou, quitte pour le remplir et, ce faisant, crée un autre trou derrière. Cela continue indéfiniment en cycles, donnant l'impression d'un "mouvement de trous", cette fois comme une charge positive à travers la structure cristalline.

Ce mouvement des trous entraîne une pénurie d'électrons dans le silicium, transformant l'ensemble du cristal dopé en un pôle positif. Comme chaque atome d'impureté génère un trou, les impuretés trivalentes sont généralement appelées "accepteurs" car elles "acceptent" continuellement des électrons supplémentaires. Les semi-conducteurs de type P et N sont en général électriquement neutres individuellement. L'antimoine (Sb) et le bore (B) sont deux des agents de dopage les plus couramment utilisés car ils sont plus facilement disponibles par rapport à d'autres types de matériaux. Il existe d'autres éléments chimiques qui peuvent également être utilisés comme agents de dopage pour un matériau de base en silicium (Si) ou en germanium (Ge) afin de produire différents types de matériaux semi-conducteurs de base pour une utilisation dans les composants semi-conducteurs électroniques, les microprocesseurs et les applications de cellules solaires. Les diodes sont des semi-conducteurs qui se composent à la fois de matériaux de type N et de type P. Il existe deux types de diodes en fonction de leur taille :

- La diode de signal et
- La diode de puissance.

La diode de signal est un dispositif semi-conducteur non linéaire de très petite taille généralement utilisé dans les circuits électroniques où de faibles courants ou des hautes fréquences sont impliqués, tels que dans les smartphones, les radios, les télévisions et les circuits logiques numériques.

La diode de puissance, en revanche, est un dispositif semi-conducteur de plus grande taille avec des courants de polarisation directe plus importants ou des tensions de blocage en polarisation inverse plus élevées. La jonction PN d'une petite diode de signal surchaufferait et fondrait éventuellement si elle était utilisée là où des tensions plus élevées sont impliquées, donc de plus grandes diodes de puissance sont utilisées à la place.

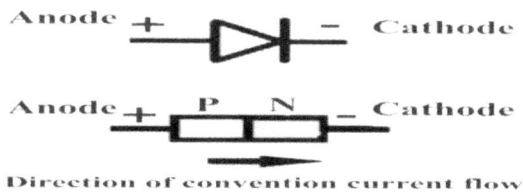

Figure 3.10a : Symbole schématique des diodes

La diode de puissance, également connue simplement sous le nom de diode de puissance, possède une zone de jonction PN beaucoup plus grande par rapport à la petite diode de signal, ce qui lui confère une grande capacité de courant direct et une tension de blocage inverse élevée. Le symbole électronique pour tout type de diode est celui d'une flèche avec une barre ou une ligne à son extrémité, comme indiqué dans la fig.3.10a ci-dessus.

La direction du flux d'électrons, comme nous l'avons appris à partir des principes fondamentaux de l'électricité, est dans la direction opposée au courant conventionnel, du cathode à l'anode. La flèche pointe toujours dans la direction du courant conventionnel à travers la diode, ce qui suggère que la diode ne conduira que si une borne positive de la source d'alimentation est connectée à l'anode et une borne négative de la source d'alimentation est connectée à la cathode ; par conséquent, permettant au courant de circuler à travers elle UNIQUEMENT dans une direction. C'est ce qu'on appelle la condition de polarisation directe.

Cependant, si une source d'énergie externe est connectée dans la direction inverse, la diode bloquera tout courant de circuler à travers elle et agira plutôt comme un interrupteur ouvert. C'est ce qu'on appelle la condition de polarisation inverse.

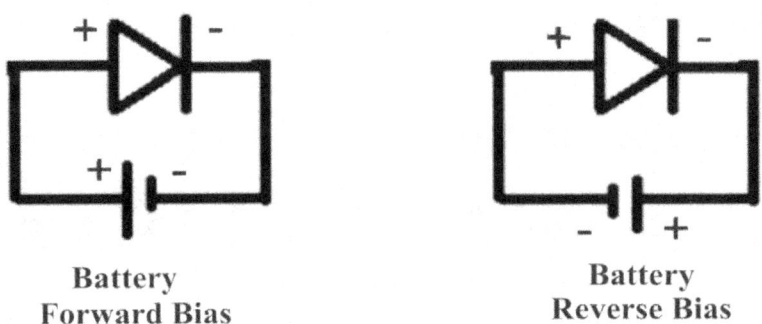

Battery Forward Bias **Battery Reverse Bias**

Figure 3.10b : Polarisation des diodes

Pour comprendre le concept de polarisation d'une diode, considérons le fait qu'une diode est également considérée comme une diode à jonction P-N. Si une tension positive appropriée (polarisation directe) est appliquée entre les deux extrémités de la jonction PN, elle peut fournir aux électrons libres et aux trous l'énergie supplémentaire dont ils ont besoin pour traverser la jonction car la largeur de la couche de déplétion autour de la jonction PN est réduite. Voir les ions chargés dans les diagrammes de la figure 3.10c ci-dessous.

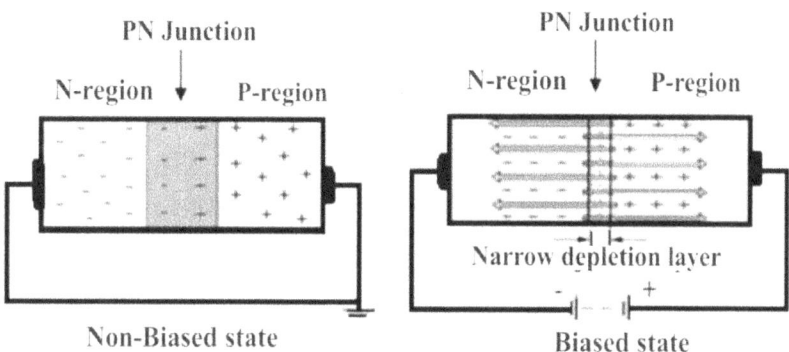

Figure 3.10c : Mouvement des électrons et des trous dans les diodes

En appliquant une tension négative (polarisation inverse), les ions chargés libres sont éloignés de la jonction, ce qui entraîne l'élargissement de la couche de déplétion, augmentant ainsi ou diminuant la résistance effective de la jonction en permettant ou en bloquant le passage du courant à travers la diode.

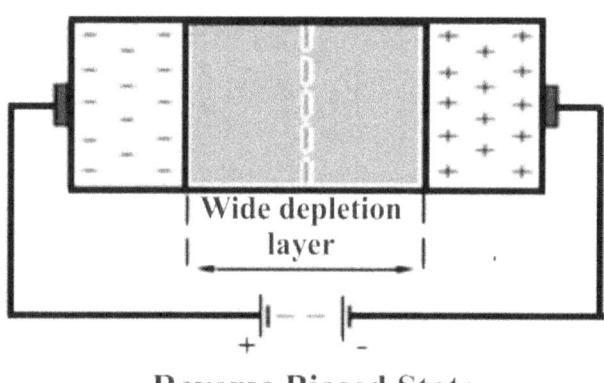

Figure 3.10d: Electrons and Holes movement in Diodes

La couche de déplétion s'élargit avec une augmentation de l'application d'une tension inverse et se rétrécit avec une augmentation de l'application d'une tension directe. Cela est dû aux différences dans les propriétés électriques des deux côtés de la jonction PN, ce qui entraîne des changements physiques.

Les diodes sont fabriquées dans une gamme de tensions et de courants nominaux, et il convient de faire attention lors du choix d'une diode pour une certaine application ou lors de l'application de chaleur pendant le soudage. Les caractéristiques nominales suivantes sont à prendre en compte :

- La tension inverse de crête, qui est la tension de fonctionnement inverse maximale autorisée pouvant être appliquée à la diode sans qu'une rupture inverse et des dommages ne surviennent au dispositif.

- Le courant direct maximal, qui est le courant direct maximal autorisé à circuler à travers le dispositif. Lorsque la diode conduit en condition de polarisation directe, elle a une très faible résistance "ON" à travers la jonction P-N et donc, la puissance est dissipée à travers cette jonction (selon la loi d'Ohm) sous forme de chaleur. Par conséquent, dépasser sa valeur de courant direct maximal générera plus de chaleur à travers la jonction et la diode échouera en raison d'une surcharge thermique, généralement avec des conséquences destructrices.

- La puissance totale dissipée, qui est la puissance de dissipation maximale possible de la diode lorsqu'elle est polarisée en avant (conductrice). Lorsque le courant circule à travers la diode de signal, la polarisation de la jonction P-N n'est pas parfaite et offre une certaine résistance à la circulation du courant, ce qui entraîne une dissipation de puissance (perte) dans la diode sous forme de chaleur.

- La température de fonctionnement maximale est en fait liée à la température de jonction de la diode et à la puissance de dissipation maximale. Il s'agit de la température maximale autorisée avant que la structure de la diode ne se détériore et est exprimée en unités de degrés Celsius par watt (°C/W). Les diodes de puissance fournissent une redressement non commandé de la puissance et sont utilisées dans des applications telles que les circuits de charge de batterie et les alimentations CC ainsi que les redresseurs et les onduleurs CA. Les diodes de puissance sont conçues pour avoir une résistance "ON" directe de fractions d'Ohm tandis que leur résistance de blocage inverse se situe dans la plage des mégaohms.

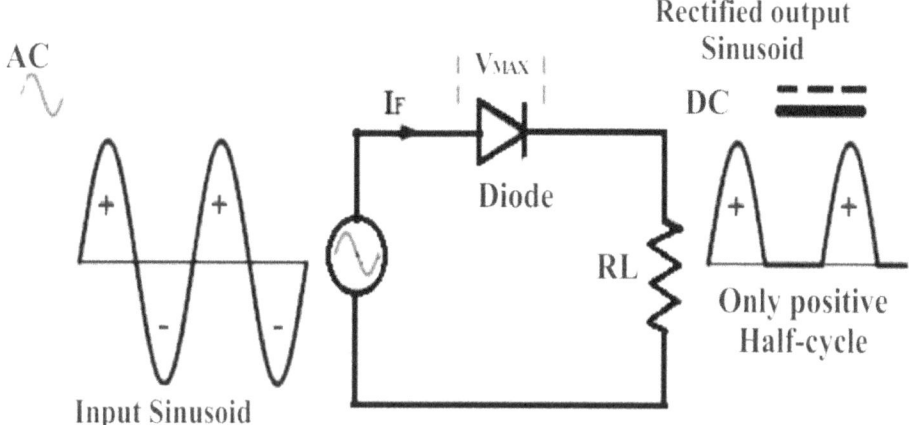

Figure 3.10e : Diode de puissance en tant que redresseur

Si une tension alternative est appliquée à une diode de puissance, pendant la demi-période positive, la diode conduira, laissant passer le courant, et pendant la demi-période négative, la diode ne conduira pas, bloquant le passage du courant. Par conséquent, la conduction à travers la diode de puissance se produit uniquement pendant la demi-période positive et est unidirectionnelle, c'est-à-dire CC. Cela est connu sous le nom de redressement.

Les diodes de puissance peuvent être utilisées individuellement comme dans le schéma ci-dessus ou connectées ensemble pour produire une variété de circuits redresseurs tels que le "monophasé", le "plein pont" ou les "ponts redresseurs". Chaque type de circuit redresseur peut être classé comme non commandé, semi-commandé ou entièrement commandé. Un circuit redresseur non commandé est réalisé en n'utilisant que des diodes de puissance ; un circuit redresseur entièrement commandé est réalisé en utilisant des thyristors (SCR), tandis qu'un redresseur semi-commandé est un mélange de diodes et de thyristors.

La Rectification Demi-Onde

La rectification est un circuit qui convertit une alimentation en courant alternatif (CA) en une alimentation en courant continu (CC), comme c'est courant dans les adaptateurs CA/CC. L'alimentation électrique d'entrée peut être soit monophasée, soit triphasée. Le type de configuration le plus simple parmi tous les circuits redresseurs est celui du redresseur demi-onde.

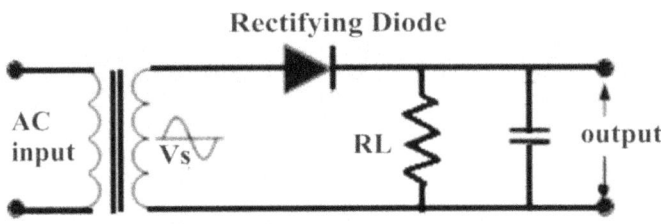

Figure 3.10f : Diode comme redresseur demi-onde

La diode de puissance dans un circuit redresseur demi-onde ne laisse passer qu'une moitié de chaque cycle complet du signal sinusoïdal de l'alimentation en CA afin de la convertir en alimentation en CC. C'est ainsi que ce type de circuit a tiré son nom.

Pendant chaque demi-cycle "positif" de la sinusoïde CA, la diode est polarisée en direct car l'anode est positive par rapport à la cathode, ce qui entraîne un courant traversant la diode. Pendant la demi-période "négative", la diode passe en mode de blocage.

Lorsque la rectification fournit une alimentation électrique (CC) à partir d'une source alternative (CA) comme on en trouve dans la plupart des blocs d'alimentation des appareils électroniques grand public, la quantité de tension résiduelle peut être réduite davantage en utilisant des condensateurs de forte capacité pour lisser la forme d'onde de sortie résultante. Les limitations de coût et de taille sont prises en compte dans le choix des condensateurs de lissage utilisés. Pour une valeur de condensateur donnée, un courant de charge plus important déchargera le condensateur plus rapidement, augmentant ainsi la tension résiduelle de sortie. Pour un circuit redresseur demi-onde monophasé utilisant une diode de puissance, il n'est pas très pratique de tenter de réduire la tension résiduelle uniquement par lissage par condensateur. La "rectification pleine onde" est recommandée.

Le Redresseur Plein Onde

Tout comme le circuit demi-onde, un circuit redresseur plein onde produit une tension ou un courant de sortie qui est purement continu. Les redresseurs plein onde présentent certains avantages par rapport au circuit redresseur demi-onde. La tension de sortie en courant continu moyenne est plus élevée que celle du redresseur demi-onde et la sortie du redresseur plein onde a également beaucoup moins de tension résiduelle que celle du redresseur demi-onde, ce qui produit une forme d'onde de sortie plus lisse.

Deux diodes sont utilisées dans un circuit redresseur plein onde, une pour chaque moitié du cycle. Un transformateur à enroulements multiples avec une connexion centrale commune est utilisé en divisant l'enroulement secondaire en deux moitiés égales. Chaque diode dans cette conception conduit à son tour lorsque son terminal anode est positif par rapport au point central du transformateur "C", produisant une sortie linéaire en courant continu pendant les deux demi-cycles qui est deux fois celle du redresseur demi-onde. Voir l'image de conception du circuit ci-dessous :

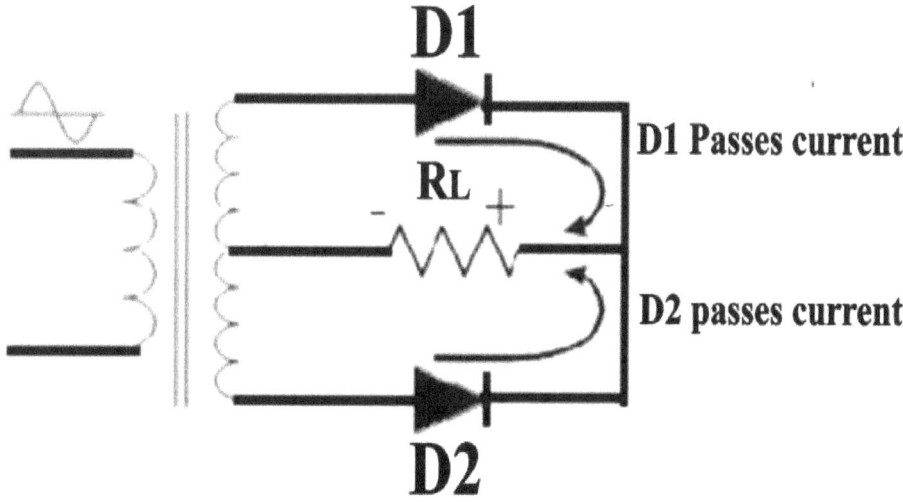

Figure 3.10g : Diode en tant que redresseur plein onde

Le Redresseur Plein Onde en Pont à Diodes

Il existe un autre type de conception de redresseur plein onde à diodes avec une connexion en pont qui est courante dans la plupart des blocs d'alimentation des appareils électroniques. C'est un autre type de circuit qui produit la même forme d'onde de sortie que le circuit redresseur plein onde. Ce type de redresseur monophasé utilise quatre diodes de redressement individuelles connectées dans une configuration en "pont" fermé pour produire la sortie CC souhaitée.

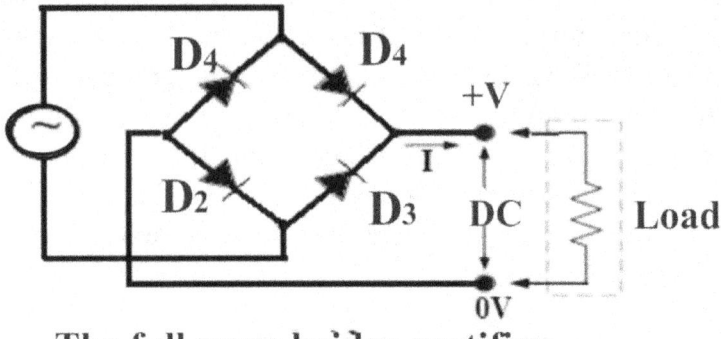

The full wave bridge rectifier

Figure 3.10h : Le redresseur plein onde en pont

Les quatre diodes étiquetées D1 à D4 dans la figure 3.10h sont disposées en "paires série", seules deux diodes conduisant le courant pendant chaque demi-cycle.

Lors de la demi-période positive de l'alimentation, les diodes D1 et D2 conduisent en série, tandis que les diodes D3 et D4 sont polarisées en inverse et le courant traverse la charge. Pendant la demi-période négative de l'alimentation, les diodes D3 et D4 conduisent en série, mais les diodes D1 et D2 sont maintenant "OFF" car elles sont polarisées en inverse. Le courant traversant la charge est dans la même direction qu'auparavant. Cette conception est facilement trouvée dans les adaptateurs CC comme les adaptateurs de charge de voyage des téléphones mobiles. Il est important pour les techniciens de comprendre ce circuit. Voyez ce qui se passe dans chaque demi-cycle dans les schémas ci-dessous.

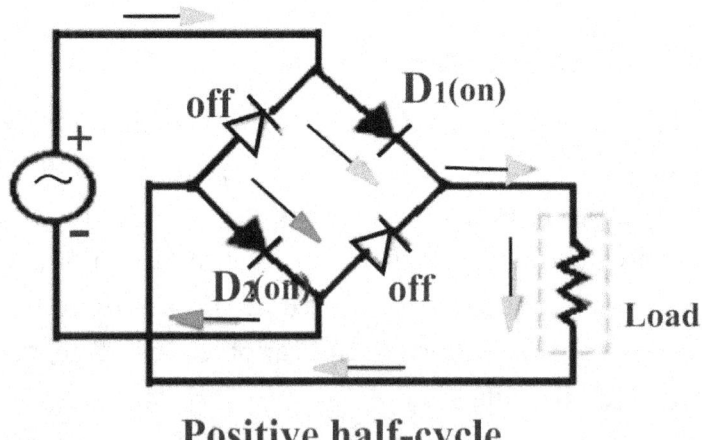

Positive half-cycle

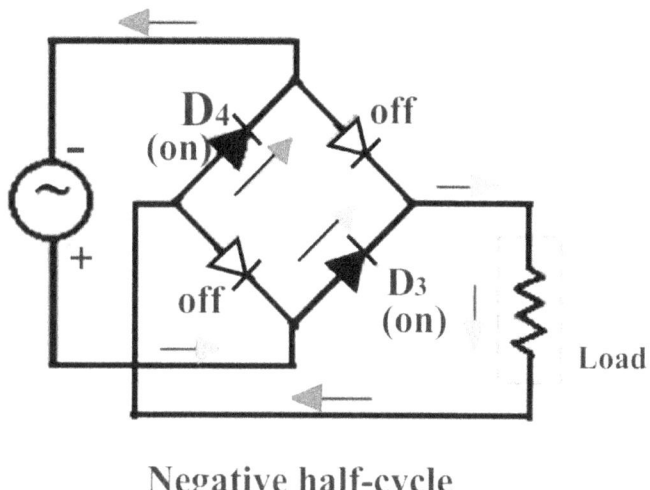

Negative half-cycle

Nous pouvons également augmenter davantage le niveau de sortie en courant continu moyen en connectant un condensateur de lissage approprié à la sortie du circuit en pont, comme indiqué ci-dessous :

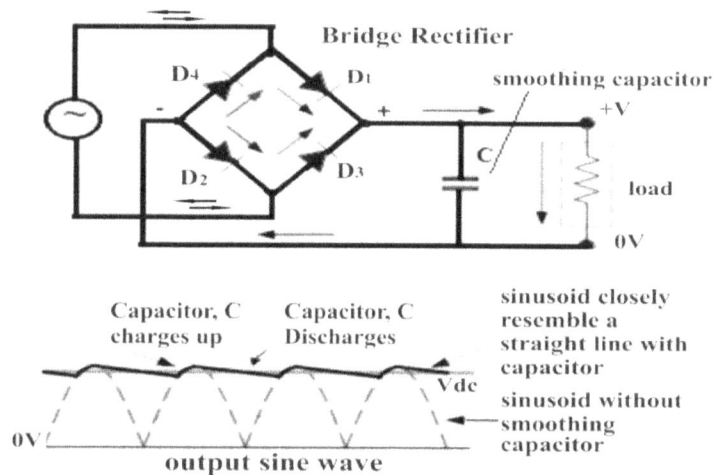

Fig. 3.10i : Redresseur plein onde en pont à diodes avec condensateur de lissage

L'objectif de la rectification est d'obtenir un courant de signal de sortie qui se déplace à travers des conducteurs en ligne droite. Les condensateurs de lissage convertissent la sortie ondulée pleine onde du redresseur en une tension de sortie CC lissée. Généralement, pour les circuits d'alimentation CC, le condensateur de lissage est généralement de type électrolytique en aluminium avec une valeur de capacité de 100 uF ou plus, les impulsions de tension continue répétées provenant du redresseur chargeant le condensateur jusqu'à la tension de crête. Si la valeur de capacité est trop faible, le condensateur aura peu d'effet sur la forme d'onde de sortie. Mais si le condensateur de lissage est suffisamment grand (des condensateurs en parallèle peuvent être utilisés) et que le courant de charge n'est pas trop important, la tension de sortie sera presque aussi lisse qu'une tension CC pure.

Diode Électroluminescente

Une "Diode Électroluminescente" ou LED est un type de diode à jonction P-N, spécialement fabriquée à partir d'une couche très mince de matériau semi-conducteur fortement dopé. Par conséquent, lorsqu'elle est utilisée dans le sens de polarisation directe, les diodes électroluminescentes convertissent l'énergie électrique en énergie lumineuse. Dans l'état de polarisation directe, les électrons de la bande de conduction du semi-conducteur recombinent avec des trous de la bande de valence, libérant suffisamment d'énergie pour produire des photons qui émettent un spectre de lumière de couleur unique. En raison de cette couche mince, un nombre raisonnable de ces photons peuvent quitter la jonction et se propager pour produire une sortie de lumière colorée. Ainsi, la couleur réelle d'une diode électroluminescente est déterminée par la longueur d'onde de la lumière émise, qui à son tour est déterminée par le composé semi-conducteur réel utilisé pour former la jonction PN lors de la fabrication.

Les diodes électroluminescentes produisent de la lumière à faible rayonnement thermique, ce qui est différent de la chaleur générée par les lampes à incandescence lorsqu'elles sont allumées. Elles sont donc plus économes en énergie que l'ampoule classique. Leur énergie générée se dissipe dans le spectre visible de la lumière. Elles sont généralement petites, durables et offrent une durée de vie beaucoup plus longue.

Les LED sont principalement utilisées comme indicateurs, comme on les trouve dans les anciens claviers téléphoniques, l'éclairage des écrans LCD, les voyants de notification des smartphones et des tablettes (charge, LED flash) et le tableau de bord des voitures, etc. Elles sont généralement connectées en polarisation directe avec une résistance de limitation pour contrôler la quantité de courant circulant dans la diode.

Diodes Zener

Les diodes Zener sont largement utilisées comme diodes de référence de tension pour la fabricaôt de circuits régulateurs de tension simples dans les circuits électroniques. Elles sont principalement utilisées comme régulateurs d'alimentation ou pour fournir des tensions de référence stables dans le circuit.

Elles peuvent également être utilisées pour éliminer les pics dans les formes d'onde qui ne sont pas nécessaires ou pour supprimer les surtensions qui pourraient endommager un circuit ou le faire surcharger.

Figure 3.10i: Symbole de la diode Zener

Les diodes Zener fonctionnent comme une diode ordinaire dans le sens de la polarisation directe. Cependant, dans le sens de la polarisation inverse, leur fonctionnement est plutôt différent. Pour des tensions très faibles, comme une diode normale, elles ne conduisent pas du tout. Mais une fois qu'un niveau de tension élevé est atteint, la diode "claque" en permettant le passage du courant. Elles maintiennent ensuite une tension constante indépendamment du courant transporté. Vous trouverez des diodes Zener dans les circuits de charge des smartphones et tablettes mobiles.

Les Transistors

Les transistors sont des dispositifs actifs à trois broches fabriqués à partir de différents matériaux semi-conducteurs pouvant agir soit comme un isolant soit comme un conducteur par l'application d'une petite tension de signal. Les transistors sont des dispositifs semi-conducteurs utilisés pour amplifier ou commuter des signaux électroniques et de la puissance électrique. La capacité native des transistors à changer d'état (isolant ou conducteur) leur permet d'agir comme des "interrupteurs" (dans l'électronique numérique) ou des "amplificateurs" (dans l'électronique analogique).

Les transistors sont à la base de la révolution numérique car sans les transistors, les produits technologiques utilisés quotidiennement comme les smartphones ou tablettes et les ordinateurs auraient conservé des dimensions très importantes, ce qui aurait été impraticable en tant que dispositifs mobiles ou peut-être même pas fabriqués du tout.

Les transistors étaient initialement fabriqués à partir de l'élément germanium. Le germanium pur était connu pour être un bon isolant. Mais l'ajout d'impuretés (un processus appelé dopage) a transformé le germanium en un faible conducteur, ou semi-conducteur. Nous en avons discuté précédemment.

Le germanium dopé est utilisé pour créer des transistors dans une configuration de type P-N-P ou N-P-N en connectant deux couches dos à dos. Le point de contact était appelé une jonction. Avec un courant électrique appliqué à la couche centrale (appelée la base), les électrons se déplaceront du côté de type N au côté de type P. Un petit courant initial en goutte-à-goutte agit comme un interrupteur qui permet à un courant beaucoup plus important de circuler. Dans un circuit électrique, cela signifie que les transistors agissent à la fois comme un interrupteur et un amplificateur.

Lorsque nous avons étudié les diodes dans la section précédente, nous avons vu que les diodes simples sont fabriquées à partir de deux morceaux de matériaux semi-conducteurs, soit du silicium soit du germanium pour former une simple jonction P-N. Si deux diodes de signal individuelles sont reliées dos à dos, cela nous donnera deux jonctions P-N connectées en série qui partagent une borne P ou N commune. La fusion de ces deux diodes produit un dispositif à trois couches, deux jonctions, trois broches formant la base d'un transistor bipolaire à jonction, ou BJT en abrégé.

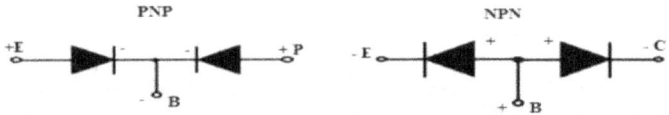

Two Diode Analogy

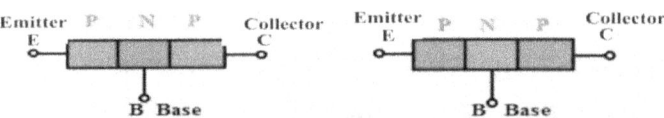

Physical Construction of Transistors

Fig. 3.11a

Dans les circuits électroniques, les symboles de circuit sont comme indiqué dans la fig.3.11b;

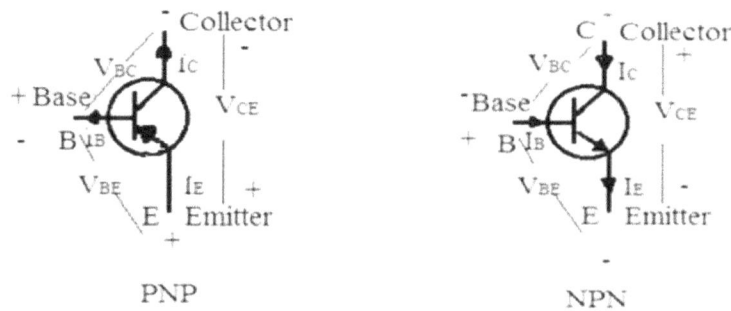

Figure 3.11b: Symboles Schématiques et Représentation des Transistors

La structure d'un transistor est telle qu'ils ont deux jonctions P-N avec une région de base étroite entre les deux zones extérieures pour le collecteur et l'émetteur.

Pendant le fonctionnement normal, la jonction base-émetteur est polarisée directement tandis que la jonction base-collecteur est polarisée inversément.

Lorsque le courant circule à travers la jonction base-émetteur, un courant plus important et proportionnel au courant de base circule également dans le circuit du collecteur. Prenons par exemple un transistor NPN comme illustré ci-dessous dans la figure 3.11c :

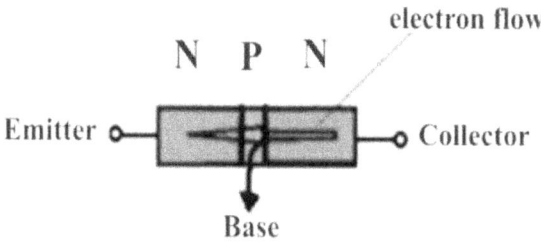

Figure 3.11c : Transistor NPN

Dans le dispositif n-p-n, l'émetteur est constitué de matériau de type n et les porteurs majoritaires dans l'émetteur sont des électrons. Lorsque la jonction base-émetteur est polarisée en direct, les électrons se déplacent de la région de type n vers la région de type p et les trous se déplacent vers la région de type n. Lorsqu'ils se rencontrent, ils se combinent, permettant ainsi au courant de circuler à travers la jonction. Lorsque la jonction est polarisée en inverse, les trous et les électrons s'éloignent l'un de l'autre, ce qui crée une région de déplétion entre les deux zones sans circulation de courant.

Lorsque le courant circule entre la base et l'émetteur, les électrons quittent l'émetteur et passent dans la base. Normalement, les électrons se combineraient lorsqu'ils atteignent cette zone. Cependant, le niveau de dopage dans cette région est très faible et la base est également très mince. Cela signifie que la plupart des électrons peuvent traverser cette région sans se recombiner avec les trous. Par conséquent, les électrons migrent vers le collecteur, car ils sont attirés par le potentiel positif à cet endroit. C'est ainsi que les électrons parviennent à traverser une jonction polarisée en inverse facilement, provoquant la circulation de courant dans le circuit du collecteur.

Il a été découvert que le courant de collecteur est nettement plus élevé que le courant de base, et parce que la proportion d'électrons se combinant avec les trous reste la même, le courant de collecteur est toujours proportionnel au courant de base. En d'autres termes, la variation du courant de base fait varier le courant de collecteur. Le rapport du courant de base au courant de collecteur est donné par le symbole grec β - bêta qui représente le gain de courant. Typiquement, le rapport β peut être compris entre 50 et 500 pour un transistor de petit signal. Cela signifie que le courant de collecteur sera entre 50 et 500 fois le courant de base. Il s'agit d'une amplification de courant.

Les transistors sont connectés dans le PCB de trois manières possibles, avec une borne étant « commune » à la fois à l'entrée et à la sortie. Ce sont :

- Configuration à base commune (le transistor a un gain de tension mais pas de gain de courant).
- Configuration à émetteur commun (le transistor a à la fois un gain de courant et de tension).
- Configuration à collecteur commun (le transistor a un gain de courant mais pas de gain de tension).

La configuration à émetteur commun est la connexion la plus couramment utilisée pour les transistors dans les circuits électroniques numériques. Nous n'entrerons pas dans plus de détails sur ces configurations. Cependant, vous pouvez approfondir vos recherches et lectures sur les transistors par vous-même.

Outre leur fonction d'amplificateurs comme expliqué ci-dessus, les transistors peuvent également être utilisés dans les circuits CC pour mettre en œuvre une commutation solide « MARCHE / ARRÊT » pour les sorties CC. Voici comment :

Comment les Transistors Fonctionnent-Ils Comme Un Interrupteur

La sortie d'un transistor est généralement prise depuis le collecteur. Le courant de collecteur, comme nous l'avons vu dans l'explication précédente, est généralement un multiple de celui du courant de base et le rapport du courant de collecteur au courant de base est son gain de courant. Par conséquent, comme le courant de collecteur varie avec le courant de base, un transistor peut être utilisé comme un interrupteur commandé par courant entre son état de coupure (OFF) et la saturation (ON). Le courant contrôlé est le courant de collecteur tandis que le courant de commande (contrôleur) est le courant de base. Puisque nous parlons d'un interrupteur, créons un circuit d'éclairage simple contrôlé par un interrupteur ON-OFF.

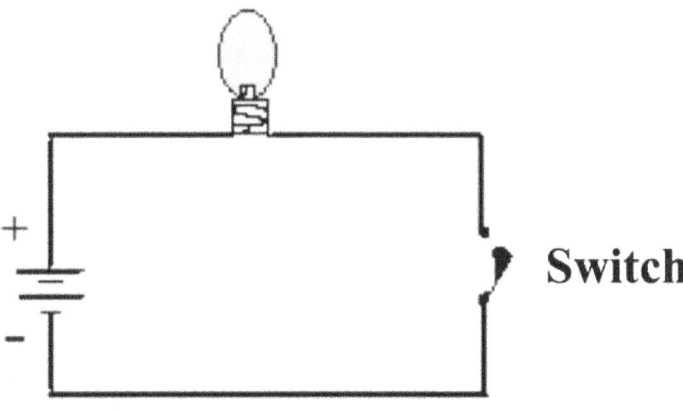

Figure 3.12a

Dans le schéma ci-dessus, l'interrupteur est ouvert, donc aucun courant ne passe à travers l'ampoule pour l'allumer. Supposons que nous remplacions l'interrupteur mécanique ci-dessus par un transistor (NPN ou PNP) pour contrôler le flux d'électrons à travers la lampe. Le courant contrôlé est le courant de collecteur et il doit donc être connecté de manière à ce que le courant passe à travers le transistor entre le collecteur et l'émetteur. Par conséquent, le courant qui passe à travers et allume l'ampoule doit être le courant de collecteur. Étudiez le schéma de la figure 3.12b.

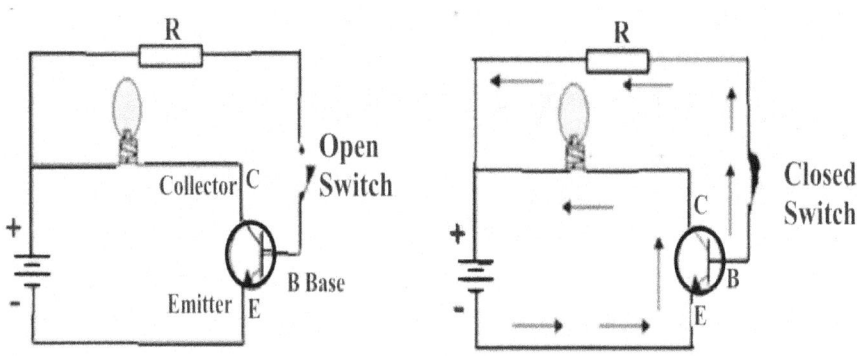

Figure 3.12b

Un interrupteur entre les fils de la base et du collecteur du transistor fournira à la base du transistor le courant de base nécessaire pour s'assurer que le transistor ne reste pas dans un état de coupure. Dans la configuration de l'interrupteur ouvert ci-dessus, le fil de la base du transistor n'est connecté à aucune source, donc il n'y aura pas de flux de courant de base ; par conséquent, le transistor sera éteint. Mais lorsque l'interrupteur est fermé, les électrons pourront circuler de l'émetteur à la base du transistor, passer à travers l'interrupteur jusqu'au côté droit de la lampe, puis revenir au côté positif de la batterie. Ce courant de base permettra un flux beaucoup plus important d'électrons de l'émetteur vers le collecteur, allumant ainsi la lampe. Le transistor est dit être saturé à ce stade, ce qui équivaut à être allumé.

En conclusion, toute source suffisante de courant continu pourrait être utilisée pour activer le transistor. Le transistor dans ce cas ne fonctionnait pas seulement comme un interrupteur, mais aussi comme un amplificateur approprié en utilisant un signal de faible puissance pour contrôler une plus grande quantité de puissance. Bien que l'éclairage de l'ampoule soit le résultat de l'énergie de la batterie, toute petite source de courant connectée à la base du transistor peut servir à contrôler la capacité de la batterie à alimenter l'ampoule.

Circuits Intégrés, CI

« Un circuit intégré (également appelé CI, une puce ou un microcircuit) est un ensemble de circuits électroniques sur une petite plaque ("puce") de matériau semi-conducteur, normalement du silicium. Tout circuit dans lequel tous ou certains des éléments du circuit sont associés de manière inséparable et interconnectés électriquement de sorte qu'il est considéré comme indivisible aux fins de construction et de commerce est un circuit intégré » [14]. J'aime cette définition ci-dessus de Wikipedia. Elle capture correctement le concept et la description d'un CI. La conception des CIs est telle qu'ils sont légers, petits - aussi petits qu'un ongle. Ils sont construits pour être économes en énergie, composés de plusieurs milliards de transistors et d'autres composants électroniques discrets sur une seule puce. Les circuits intégrés sont utilisés dans presque tous les équipements électroniques aujourd'hui et ont révolutionné le monde de l'électronique. Les ordinateurs, les smartphones, les tablettes et autres appareils numériques grand public font désormais partie intégrante de la structure des sociétés modernes rendue possible par le faible coût et l'utilisation de circuits intégrés dans leurs PCB. Les circuits intégrés peuvent être classés en ;

- Analogique
- Numérique et
- Mixte (à la fois analogique et numérique sur la même puce).

Les CIs analogiques comprennent des capteurs, des circuits de gestion de l'alimentation et des amplificateurs opérationnels. Ils fonctionnent en traitant des signaux analogiques sinusoïdaux et effectuent des fonctions telles que l'amplification, le filtrage actif, la démodulation et le mélange de signaux. Avec les CIs analogiques, les concepteurs de circuits n'ont pas à se soucier de concevoir un circuit analogique difficile de bout en bout, car les circuits analogiques sont conçus de manière experte et vendus hors étagère.

Les circuits intégrés numériques peuvent contenir de un à des millions de portes logiques, de bascules, de multiplexeurs et d'autres circuits dans des matériaux de la taille d'un ongle. En raison de la petite taille de ces circuits, leurs propriétés comprennent une grande vitesse, une faible dissipation de puissance et des coûts de fabrication réduits par rapport à l'intégration au niveau du circuit imprimé.

Les CIs numériques tels que les microprocesseurs, les DSP et les microcontrôleurs, fonctionnent en utilisant les mathématiques binaires pour traiter les signaux "1" et "0". Les CIs peuvent également *« combiner des circuits analogiques et numériques sur une seule puce pour créer des fonctions telles que des convertisseurs analogiques-numériques (CAN) et numériques-analogiques(CNA).*

De tels circuits mixtes offrent une taille plus petite et un coût plus faible, mais doivent tenir compte attentivement des interférences de signal. » [15].

L'encapsulation des CI a évolué au fil des ans. Les différents boîtiers sont énumérés ci-dessous. Mais pour les besoins de notre intérêt dans cette étude sur les puces CI des téléphones portables, nous discuterons uniquement du package BGA. Les schémas de nommage des différents boîtiers de CI utilisés à divers moments de l'histoire des CI sont les suivants ;

- *Dual in Line (DIP) comme on peut le voir dans les anciens gadgets électroniques domestiques.*
- *Pin Grid Array (PGA) comme on peut le voir dans les microprocesseurs d'ordinateurs.*
- *Leadless Chip Carrier (LCC) comme on peut le voir dans les microprocesseurs d'ordinateurs également appelé « puce sans broche » dans le langage local.*
- *Plastic Quad Flat Pack (PQFP).*
- *Thin Small Outline Pack (TSOP).*
- *Ball Grid Array (BGA) ou le Flip-Chip Ball Grid Array (FCBGA) comme on peut le voir dans les PCB de téléphones portables.* [16]

Technologie de Montage en Surface et Réseaux de Grilles de Balles (BGA)

Un boîtier en grille de billes (BGA) est une forme de technologie de montage en surface, ou boîtier SMT, qui est de plus en plus utilisée pour les circuits intégrés. On dit que la nécessité est la mère de l'invention. Les circuits intégrés avec un grand nombre de broches ont nécessité le développement d'un boîtier plus robuste et pratique. À mesure que de plus en plus de composants étaient intégrés dans les puces CI, le nombre de broches a également augmenté, certains circuits intégrés ayant plus de 100 broches. La conception BGA a donc été développée pour améliorer l'agencement et l'espace de surface pour le montage des CI. Le BGA utilise le dessous du boîtier, où il y a une surface considérable pour les connexions. Les broches sont placées dans un motif de grille matricielle sur la face inférieure du support de la puce, ce qui explique pourquoi on l'appelle une Grille de billes. Les "billes" sont des joints à billes de soudure. Plutôt que d'utiliser des broches pour assurer la connectivité, des pastilles avec des billes de soudure sont utilisées comme méthode de connexion. Sur le circuit imprimé, PCB, sur lequel le dispositif BGA doit être monté, il y a un ensemble correspondant de pastilles de cuivre pour assurer la connectivité requise.

BGA Chips

Figure 3.13

Capteurs, Transducteurs et Automatisation

Chaque système électronique ou circuit est conçu pour effectuer une fonction spécifique. Cela signifie qu'un circuit, un sous-circuit ou une unité système entière est construit pour accomplir quelque chose de spécifique. Pour que les circuits puissent atteindre leur objectif, ils doivent être capables de détecter une entrée de n'importe quel type. Par exemple, pour qu'un appareil s'allume ou s'éteigne, il doit détecter un signal d'entrée provenant d'une source qui commande le système pour l'allumer ou l'éteindre. De même, si l'appareil doit produire une sortie sur l'affichage ou l'écran comme dans les smartphones, un signal doit activer cette sortie.

Les transducteurs électriques sont utilisés pour convertir une forme d'énergie en une autre forme d'énergie. Par exemple, un microphone dans un appareil mobile (dispositif d'entrée) convertit les ondes sonores (voix) en signaux électriques pour que l'amplificateur les amplifie (un processus), et un haut-parleur (dispositif de sortie) convertit ces signaux électriques en ondes sonores.

Les capteurs, quant à eux, détectent une large gamme de formes d'énergie différentes telles que le mouvement, les signaux électriques, l'énergie rayonnante, thermique ou magnétique, etc. Ils "détectent" tout changement physique dans une caractéristique d'un dispositif qui change en réponse à une excitation. Le type de transducteur d'entrée ou de sortie utilisé dans un système dépend du type de signal ou de processus "détecté" ou "contrôlé".

Les capteurs sont des transducteurs d'entrée qui produisent une tension ou une réponse de signal proportionnelle au changement de la quantité mesurée. Le type ou la quantité du signal de sortie dépend du type de capteur utilisé. Il existe des capteurs qui fonctionnent uniquement lorsqu'un signal tel que le courant ou la tension lui est appliqué depuis une source externe.

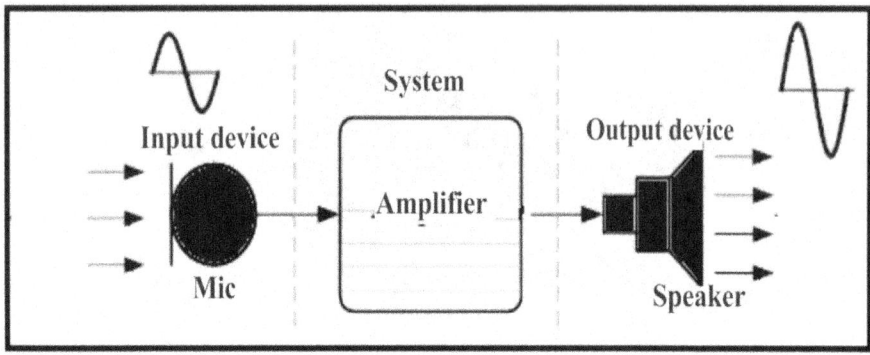

Figure 3.14 : Exemple de transducteurs de système audio

Ces signaux appliqués modifient les propriétés internes du capteur, le poussant ainsi à produire une réponse en sortie.

Cependant, d'autres types de capteurs ne nécessitent pas de source de signal externe. Au lieu de cela, des stimuli physiques, environnementaux ou naturels influent sur leur comportement et les amènent à générer un signal électrique en réponse à un tel stimulus externe. Par exemple, une photodiode s'allume en réponse à des stimuli d'énergie lumineuse. Vous trouverez ces types de diodes sur l'écran LCD des téléphones, où le niveau de luminosité de l'écran varie en fonction de l'exposition à la lumière. Des capteurs de proximité sont intégrés aux smartphones et réagissent lorsqu'ils détectent la présence d'objets à proximité sans aucun contact physique. Ils sont généralement mis en œuvre en fonction de l'objet cible à détecter. Ainsi, le capteur de proximité peut être électromagnétique, comme les capteurs infrarouges à l'avant des téléphones mobiles ; capacitif, inductif ou photoélectrique si l'objet cible est en plastique ou en métal respectivement. Ces types de capteurs changent leurs propriétés physiques, telles que la résistance, la capacité ou l'inductance, etc., lorsqu'ils détectent un stimulus externe.

La sortie produite par l'un des différents types de ces capteurs peut être soit analogique, soit numérique. Dans le cas de signaux numériques, ils produisent une sortie discrète représentée sous forme de chiffres binaires, tels qu'un niveau logique "0" ou un niveau logique "1". Les capteurs analogiques, en revanche, mesurent des grandeurs physiques telles que la température, la vitesse, la pression, le déplacement (comme les accéléromètres dans les smartphones, qui aident à maintenir l'orientation de l'image en position verticale en détectant la position du dispositif), et la contrainte, etc. Ils produisent un signal de sortie sinusoïdal (AC) ou une tension généralement proportionnelle à la grandeur mesurée, de très faible valeur, variant de quelques microvolts à plusieurs millivolts (mV).

Ils sont généralement soumis au processus d'amplification puis convertis en signaux numériques pour un traitement ultérieur dans les systèmes à microcontrôleur à l'aide de convertisseurs analogiques-numériques (convertisseurs A/N).

Enfin, il est clair que les capteurs et les transducteurs aident à automatiser les processus et les fonctions des systèmes. Pour réparer les smartphones et les tablettes, il est nécessaire de reconnaître leurs caractéristiques intégrées, les capteurs contrôlant ces caractéristiques et leur fonctionnement afin d'être efficace dans la résolution de problèmes.

Analyse des Circuits des Smartphones

Maintenant que vous avez lu ce chapitre jusqu'à cette deuxième section, l'analyse des circuits, il est important d'ajouter à votre ensemble de compétences l'application de ces connaissances de base en électronique pour analyser les circuits afin de résoudre les problèmes sur les PCB. Dans cette section, quelques méthodes générales pour l'analyse des circuits électriques seront enseignées. Le travail d'un technicien implique souvent le "dépannage", un processus visant à localiser et corriger un problème dans des circuits défaillants. Le dépannage est un effort exigeant et gratifiant qui nécessite :

- Une compréhension approfondie des concepts de base de la technologie ;
- La capacité de formuler mentalement des hypothèses et des explications d'un effet ;
- La capacité d'évaluer de manière critique le résultat de différentes hypothèses en fonction de la possibilité d'une cause particulière par rapport à une autre ;
- Un grand sens de la créativité dans l'application d'une solution pour rectifier le problème.

Il est pertinent de noter qu'il faut quelques années d'expérience pour maîtriser l'art du dépannage, mais il est également très important qu'un technicien puisse comprendre facilement et intuitivement comment un composant défectueux pourrait affecter les circuits dans différents designs. C'est pourquoi ce chapitre a été rédigé avec tous les concepts, principes et informations sur les composants.

Analyse des Défaillances des Composants et Analyse des Schémas de Circuit de Base

Il existe plusieurs outils utilisés pour analyser de très petits circuits électriques/électroniques.

Par exemple, lorsqu'on est confronté à un petit circuit électrique/électronique, un bon technicien devrait effectuer l'un ou plusieurs des contrôles et actions physiques suivants, entre autres :

- Identifier les combinaisons de résistances pour déterminer si ce sont des connexions en série ou en parallèle.
- Identifier les sources de tension ou de courant afin que vous puissiez appliquer l'équivalent de Thévenin ou de Norton.
- Identifier les diviseurs de tension intégrés dans le circuit.
- Identifier les continuités électriques, les liens entre les composants en traçant une carte du circuit.
- Identifier et isoler le sous-circuit final affecté qui nécessite une attention et une réparation.

Pour établir plus précisément les causes de la défaillance, deux méthodes générales sont utilisées :

- La méthode d'analyse des tensions nodales et
- La méthode des équations de boucle.

Avant de continuer, revenons sur certaines lois de courant et de tension que vous avez peut-être ou non rencontrées en lisant ce chapitre. Ce sont :

- Les lois de circuit de Kirchhoff (lois de courant et de tension)
- Les lois d'Ohm (nous avons traité des lois d'Ohm plus tôt)
- Le théorème de Thévenin
- Le théorème de Norton

Les lois de circuit de Kirchhoff sont deux égalités qui définissent le courant et la tension dans le modèle d'éléments discrets des circuits électriques. Elles ont été décrites pour la première fois en 1845 par le physicien allemand Gustav Kirchhoff et sont largement utilisées en génie électrique, appelées lois de Kirchhoff. La première loi de Kirchhoff, combinée avec la loi d'Ohm, est utilisée dans l'analyse nodale.

La première loi de Kirchhoff stipule que : « *À tout nœud (jonction) dans un circuit électrique, la somme des courants entrants dans ce nœud est égale à la somme des courants sortants de ce nœud.* »

Ou de manière équivalente : « *La somme algébrique des courants dans un réseau de conducteurs se rencontrant en un point est nulle.* »

Cette loi de Kirchhoff sur le courant ci-dessus est représentée mathématiquement comme suit :

$$\sum_{K=1}^{n} I_k = 0$$

Où *n* est le nombre total de branches avec des courants allant vers ou venant du nœud et *I* est le courant.

La loi de Kirchhoff sur la tension (KVL), également appelée deuxième loi de Kirchhoff, stipule que :

« *La somme de toutes les tensions autour d'une boucle est égale à zéro.* »

Le principe de conservation de l'énergie implique que la somme dirigée des tensions électriques autour de tout réseau fermé est nulle, ou :

« *La somme des fem (force électromotrice) dans une boucle fermée est équivalente à la somme des chutes de potentiel dans cette boucle* » ou :

« *La somme algébrique des produits des résistances des conducteurs et des courants qui les parcourent (souvenez-vous que =V=I×R) dans une boucle fermée est égale à la fem totale disponible dans cette boucle* » représentée mathématiquement comme suit :

$$\sum_{K=1}^{n} V_k = 0$$

La loi de Thévenin, quant à elle, stipule que toute combinaison de batteries et de résistances avec deux bornes peut être remplacée par une source de tension unique "e" et une résistance série unique "r". La valeur de e est la tension en circuit ouvert aux bornes, et la valeur de r est e divisée par le courant, i, avec les bornes court-circuitées.

Tandis que le théorème de Norton stipule que "*toute collection de batteries et de résistances avec deux bornes est électriquement équivalente à une source de courant idéale, i, en parallèle avec une seule résistance, r.*"

La valeur de r est la même que celle dans l'équivalent de Thévenin et le courant i peut être trouvé en divisant la tension en circuit ouvert par r.

Analyse des Tensions de Noeuds

Supposons que nous ayons un circuit simple comme illustré ci-dessous;

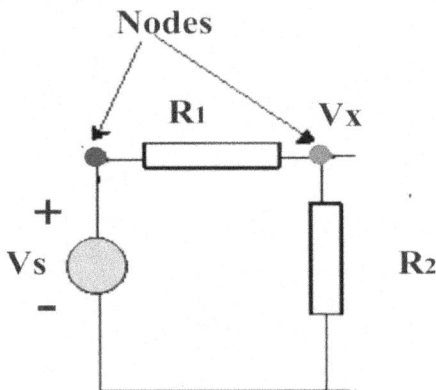

Pour commencer l'analyse de ce circuit, nous écrivons les équations de la loi des noeuds pour les noeuds du circuit. Les équations sont écrites en termes de tensions de noeuds (bien que la loi du courant soit utilisée, les variables sont en tensions).

Le circuit ci-dessus est un circuit diviseur de tension. Deux noeuds existent dans le circuit, marqués respectivement en couleur "bleue" et "rouge". Chaque noeud est différent de l'autre.

I. La tension au noeud bleu est égale à la tension à la source, si Vs - la tension de la source - est connue (par exemple une source de batterie de 12V).
II. La tension au noeud rouge ne peut être trouvée que par calcul.

Par conséquent, supposons que; puisqu'il n'y a qu'un seul noeud avec une tension inconnue, il y aura une seule équation et l'équation que nous devons écrire est la loi des noeuds au noeud avec la tension inconnue !

i. Tout d'abord, définissez la tension inconnue comme Vx. Définissez les deux courants circulant vers et depuis les noeuds (voir schéma ci-dessous).
ii. Ensuite, nous écrivons la loi des noeuds (Loi des Courants de Kirchhoff) au noeud où apparaît Vx.
iii. Enfin, nous résolvons quelle que soit l'équation résultant de l'écriture de la loi des noeuds.

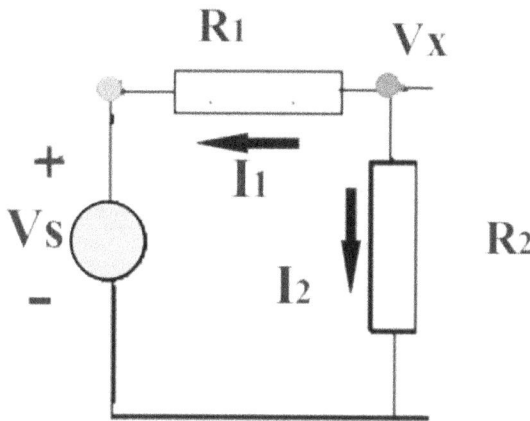

Ensuite, selon la loi des noeuds (KCL) :

$I_1 + I_2 = 0$ puisque les deux courants quittent le noeud rouge.

Pour calculer les valeurs de I1 et I2, nous appliquons la loi d'Ohm ;

$V = IR$ et donc **I = V/R**

Où V_S = Tension de la source et V_X = Tension inconnue

$$I_1 = (V_X - V_S) / R_1$$
$$I_2 = (V_X - 0) / R_2$$

Dans les deux cas, la tension à travers la résistance causant le courant à circuler dans la direction indiquée est :

= Tension au noeud V_X - Tension à chaque extrémité de l'autre résistance.

Notez qu'une extrémité de R2 est connectée à la terre, elle enregistre donc une tension nulle.

Explication : Pour comprendre comment chaque courant est calculé et la formule exacte pour le courant.

Le courant, I, à travers une résistance, R, connectée à un noeud est :

$$I = \frac{\text{(Tension au noeud - Tension à l'autre extrémité de la résistance)}}{R}$$

Puisque :
$$I_1 = (V_X - V_S) / R_1 \text{ et}$$
$$I_2 = (V_X - 0) / R_2$$

Nous pouvons écrire l'équation complète de la loi des noeuds (KCL) ainsi ; Ia + Ib = 0.

Donc, nous avons : $[(V_X - V_S) / R_1] + [(V_X - 0) / R_2] = 0$

Maintenant, rappelez-vous l'algorithme pour l'utilisation des tensions de noeud.

Résolvez quelle que soit l'équation résultant de l'écriture de la loi des noeuds.

Le résultat est :

$$V_X = V_S * \frac{R_1}{(R_1 + R_2)}$$

L'équation simultanée ci-dessus et le résultat peuvent au mieux être qualifiés de simplistes par rapport aux nombreux circuits complexes rencontrés dans le monde réel dans les produits électroniques grand public.

Dans ce livre, il n'y a pas de motivation ni de persuasion pour ennuyer le lecteur avec des équations mathématiques complexes. Le but est simplement de stimuler votre esprit à établir des liens avec la réalité de la résolution de problèmes grâce aux connaissances disponibles et acquises dans les établissements éducatifs réguliers. Il est indéniable que la plupart des gens ont tendance à voir l'électronique et ses merveilles comme une forme de magie à l'œuvre.

En tant que technicien, aspirant technicien ou ingénieur, technicien diplômé ou ingénieur ; quel que soit le lectorat auquel vous appartenez ; vous avez été mis au défi. Ce chapitre m'a amené à revoir autant d'informations que possible ; à transmettre autant de perspectives et d'informations de base que possible ; à motiver tout lecteur à devenir le meilleur type de prestataire de support technique et j'espère que le lecteur a acquis suffisamment d'informations pour la tâche à venir ou a été suffisamment mis au défi pour rechercher des connaissances et des clarifications supplémentaires auprès des nombreuses sources de savoir qui abondent. Avant de conclure ce chapitre, examinons quelques échantillons de sous-circuits finaux de téléphones mobiles dans la réalité.

Chapitre 3: Électronique de Base et Analyse des Circuits

Le Système de Charge de Batterie de Téléphone Portable

L'adaptateur de charge est généralement appelé "chargeur" aussi bien par les utilisateurs que par les techniciens. En réalité, il s'agit simplement d'un convertisseur analogique-numérique utilisé pour fournir un courant continu en entrée au circuit de charge de batterie (le chargeur réel) sur la carte mère du dispositif mobile. Ils existent sous forme de type à une broche ou de type à plusieurs broches.

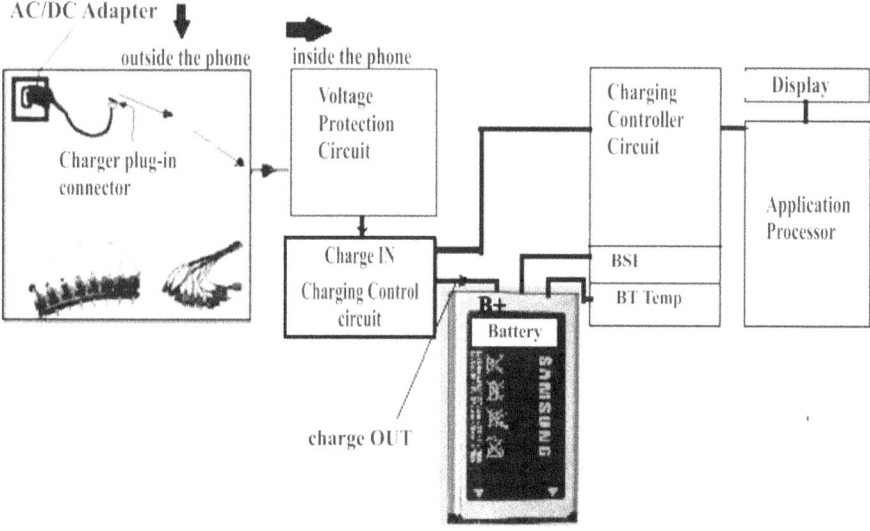

Figure 3.15a: Le système de charge

Les technologies de charge de batterie varient, des plus simples comme la charge lente basée sur une minuterie aux chargeurs intelligents, rapides, par impulsions, inductifs, basés sur USB. D'autres options comprennent les chargeurs solaires, les chargeurs sans fil et les chargeurs alimentés par le mouvement.

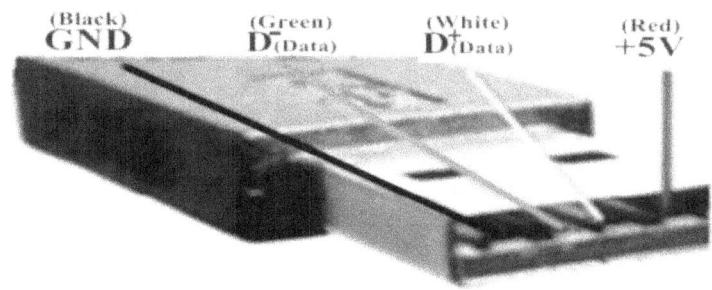

Figure 3.15b : Schéma de brochage USB

Chapitre 3: Électronique de Base et Analyse des Circuits

La plupart des chargeurs fabriqués récemment sont des systèmes basés sur USB. À partir de l'image ci-dessus, la prise USB se compose de quatre fils de différentes couleurs. Les fils verts et blancs sont pour les données tandis que les fils rouge et noir sont pour le courant de charge de polarité positive et négative. Cela devrait aider à tracer le circuit. Suivez les étapes dans une section ultérieure "Réparation des circuits de charge défectueux" au chapitre 7.

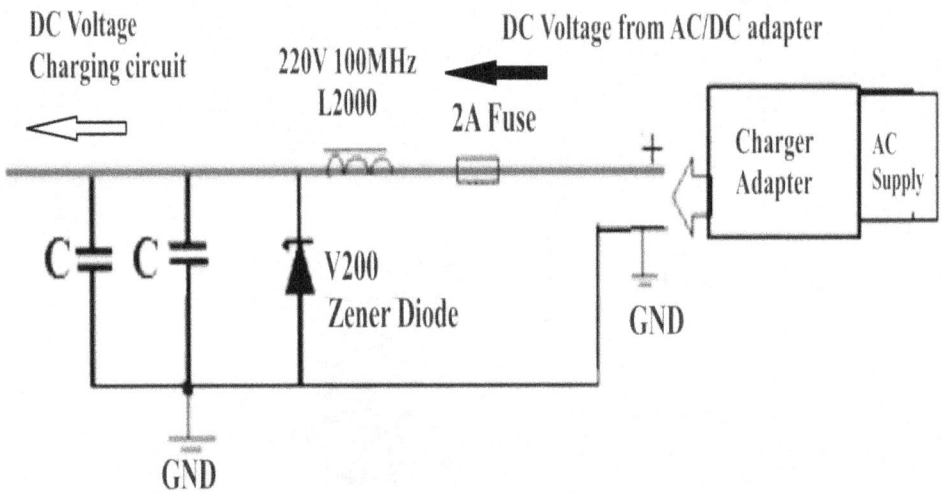

Figure 3.15c : Exemple de circuit de charge A

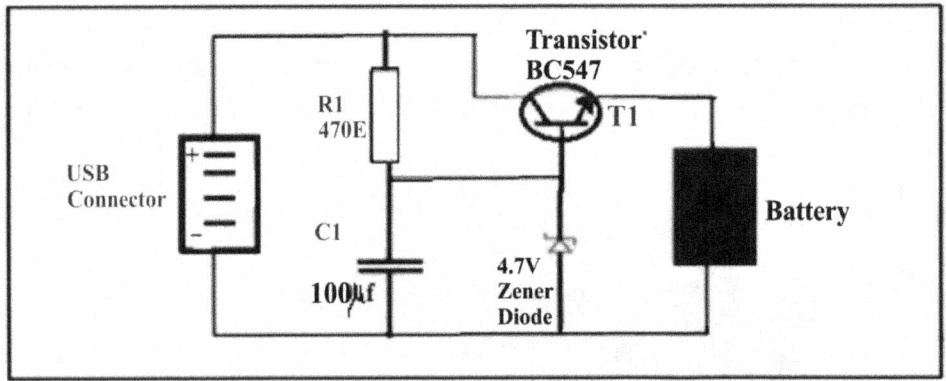

Figure 3.15c : Exemple de circuit de charge B

Comment Fonctionne le Circuit

Les systèmes d'alimentation électrique domestique fournissent entre 110V CA dans certains pays et 220-240V CA dans d'autres pays. Cette alimentation en énergie dans les prises de courant est captée par des adaptateurs de charge qui convertissent la tension CA en une tension continue (CC) désirée entre 5 et 5,5 volts CC. Les appareils électroniques n'utilisent que la tension et le courant CC, pas le CA. Les sorties de tension CC des chargeurs sont des tensions CC redressées "impures" qui sont alimentées en entrée vers le téléphone via les broches du chargeur qui se connectent au connecteur de charge du téléphone.

Le circuit de charge du téléphone portable est généralement composé d'un fusible, d'une inductance, de diodes (généralement un régulateur de tension à diode Zener) et de condensateurs de filtrage. Les éléments de protection dans cette section du circuit sont le fusible et la diode Zener. Avant que la tension CC n'atteigne les circuits de contrôle de la tension de charge, ce circuit de protection contrôle et maintient la tension à une valeur fixe déterminée par la diode Zener.

En supposant que la quantité désirée de tension CC soit seulement de 5,0 volts, lorsque la tension entrante dépasse 5,0V CC, la diode sera alors coupée ou deviendra court-circuitée, le courant circulera vers la terre et le fusible se coupera complètement en déconnectant la ligne de tension. Le rôle de l'inductance est de filtrer la saturation de tension indésirable en rejetant la modulation de tension anormale.

Au niveau du circuit de contrôle de tension du chargeur, la tension et le courant CC sont alors stabilisés, régulés et d'autres processus de purification de tension sont effectués avant d'être alimentés vers la batterie. Pendant tout ce temps, le processus de charge est surveillé par un circuit de contrôle de charge qui partage les informations avec soit la CPU de baseband analogique, soit le processeur d'application - selon le type de téléphone - pour démarrer ou arrêter le processus de charge. Cela fait partie du circuit de gestion de l'alimentation dans le CI de PUISSANCE (Gestionnaire d'énergie universel, UEM ou autre nomenclature de puce selon le fabricant).

Ce qui se passe, c'est qu'un signal provenant du circuit de contrôle de tension envoie des données au circuit de contrôle de charge. Ces données informent le circuit de contrôle de charge qu'une tension de charge est détectée. Le circuit de contrôle de charge analyse ensuite et convertit ces données en signal numérique avant de les transmettre au processeur d'application.

Circuits Audio des Smartphones

Les circuits audio des smartphones contrôlent les signaux sonores dans un appareil mobile. Il s'agit d'un type d'amplificateur audio, d'un mélangeur audio ou d'un amplificateur sonore. Pendant la transmission et la réception des appels téléphoniques, le signal de message vocal est converti en signal radiofréquence tandis que le signal radiofréquence entrant est converti en signaux sonores. Par conséquent, son circuit fonctionne à la fois pour les microphones et les haut-parleurs de l'appareil mobile, car le signal sonore du microphone est amplifié puis converti en radiofréquence avant d'être transmis au réseau. Le processus inverse se produit pour le haut-parleur. Ci-dessous, un schéma bloc typique des interfaces audio interconnectées avec le circuit de codec audio.

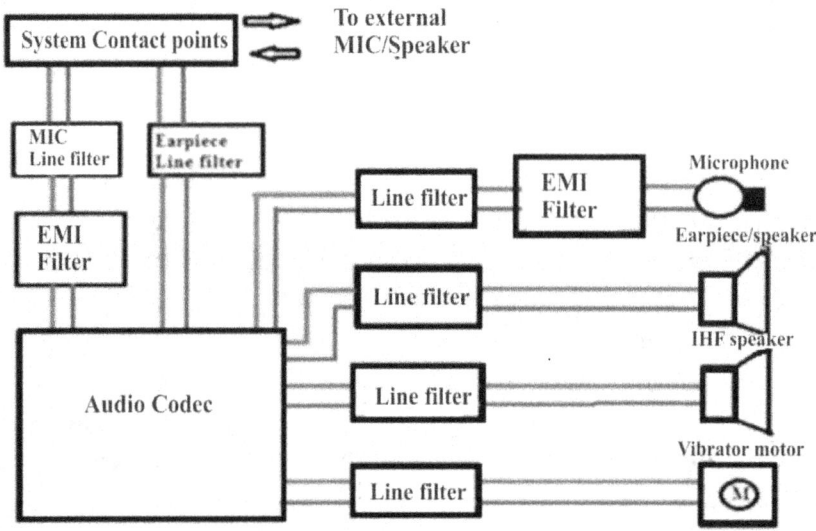

Block diagram of audio interfaces interconnection with audio codec chip

Figure 3.16a

Les schémas en blocs et les schémas de circuits électroniques mobiles pour les microphones, haut-parleurs, sonneries et circuits de vibrations sont là pour aider le lecteur à apprécier les interconnexions entre ces sous-circuits sur le circuit imprimé (PCB), les différentes relations et interdépendances entre eux et leurs puces de contrôle. Cela servira d'aide lors du dépannage, pour déterminer où se situe la panne d'un composant non fonctionnel - quelle puce nécessite une soudure par refusion lorsque le composant et ses composants électroniques discrets associés sont jugés en bon état, mais ne fonctionnent pas dans le système - et également pour suivre les chemins de trajectoire possibles.

Chapitre 3: Électronique de Base et Analyse des Circuits

À partir du diagramme en bloc audio ci-dessus, les filtres de ligne sont des condensateurs de filtrage pour réduire le bruit (le bruit est un signal analogique (AC), donc il est filtré à travers des condensateurs vers la terre) et bien sûr, vous trouverez également des résistances et des inducteurs. Le circuit du haut-parleur ci-dessous est filtré par une bobine d'induction pour réduire la saturation sonore causée par toute interruption de fréquence radio. On s'attend à ce que votre étude des composants électroniques discrets soit utile lors du dépannage et de la correction des pannes.

Note : Les circuits ne sont pas exactement comme indiqué dans tous les smartphones et tablettes disponibles sur le marché. Bien que le concept et la technologie sous-jacente restent les mêmes, les fabricants et les configurations de conception peuvent changer ou varier.

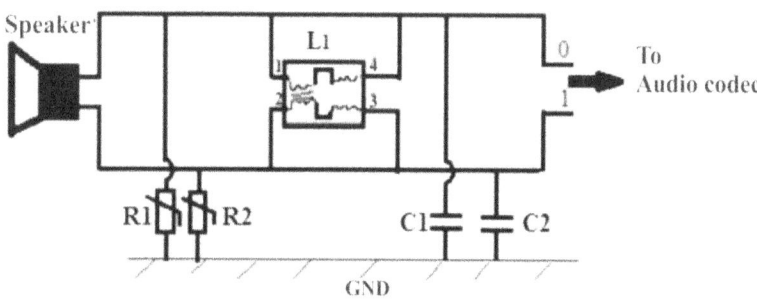

Figure 3.16b: Schéma de Circuit Exemple pour Haut-Parleurs

Étudiez le diagramme de blocs audio ci-dessus, le circuit du microphone est protégé par un filtre EMI (filtre d'interférence électromagnétique) pour éviter les interruptions audio avant que le circuit de codec audio ne reçoive un signal vocal. Il peut être incorporé ou non dans un circuit en fonction de la conception. Le signal du microphone est filtré par deux condensateurs après avoir été passé par un filtre EMI afin de supprimer le courant continu provenant du filtre EMI.

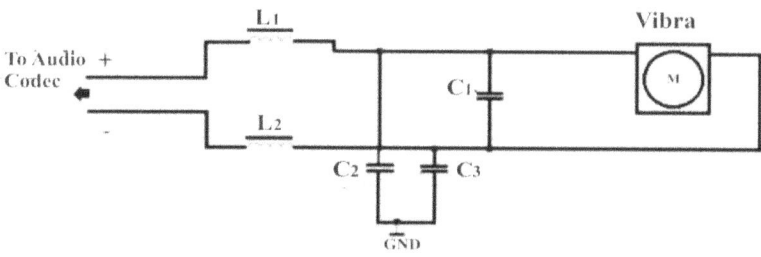

Figure 3.16c : Circuit de vibration type
*Il s'agit simplement d'une image illustrative

Circuits de Carte SIM

Une carte SIM est une carte intelligente qui peut stocker des données pour et depuis un téléphone cellulaire. Ces données comprennent l'autorisation réseau, l'authentification et le cryptage; le numéro d'identification de l'abonné, les clés de sécurité personnelles, les listes de contacts utilisateur et les messages texte stockés. Elle possède six contacts qui correspondent à six broches du connecteur SIM sur le PCB, bien qu'une des broches n'ait aucune connexion associée. Les voici :

SIM DATA : Cela concerne les données numériques stockées sur une mémoire

SIM SIM Clock : Cela concerne la synchronisation.

SIM Reset : Cela envoie un signal de fréquence qui déclenche ou réinitialise tout le processus de synchronisation.

VSIM B+ Alimentation : Cette broche fournit la tension d'alimentation utilisée pour activer le circuit SIM.

Broche de masse SIM : Cette broche est pour la ligne de tension de masse.

Une des broches n'est pas connectée (NC).

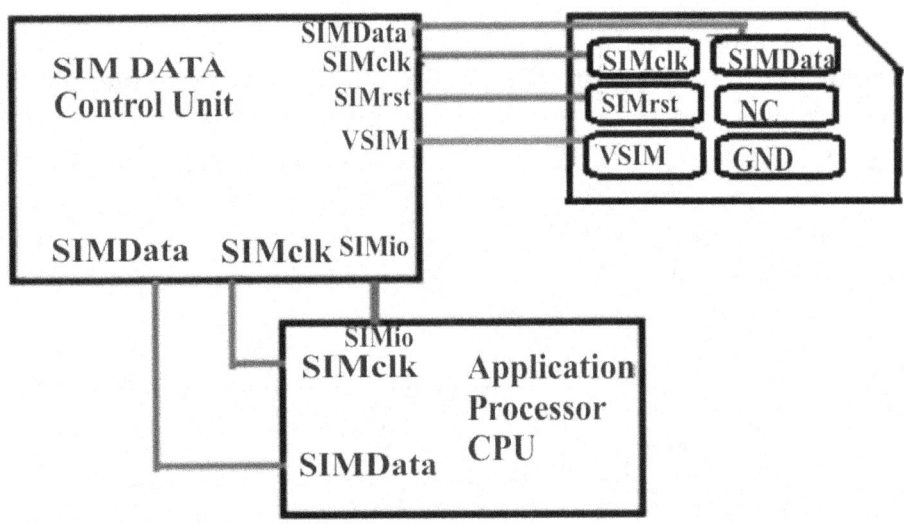

Figure 3.17 : Schéma bloc du circuit de la carte SIM

À partir de l'image illustrative de la figure 3.17, il est plus facile de faire correspondre les configurations des broches du connecteur SIM lors de la réparation d'un défaut de la SIM. Cela permet de tracer les pistes jusqu'aux composants discrets de référence. Par exemple, en examinant le schéma bloc ci-dessus, on peut confirmer la tension d'alimentation de référence de la SIM en mesurant entre les broches VSIM et GND. Sans carte SIM insérée, dès que le téléphone est allumé, la ligne BSI, mise à la masse par une résistance, toutes les interfaces SIM montent d'abord à 3V puis à 5V. Si vous n'obtenez aucune de ces tensions sur ces broches, alors l'unité de contrôle SIM (généralement une puce de contrôleur en verre séparée dans certains téléphones ou intégrée dans le microprocesseur dans d'autres) pourrait être la cause. Les billes de soudure sous l'une ou l'autre des IC peuvent être déconnectées et la refusion de la soudure utilisée pour corriger la défaillance dans la plupart des cas.

Systèmes de Tactile

Les écrans tactiles sont des unités remplaçables sur le terrain ; ils ne sont généralement pas réparés mais remplacés. Il peut être utile d'avoir simplement une compréhension de base de ce qu'ils sont.

Ils sont constitués d'un verre transparent ou d'une superposition d'écran sur les écrans LCD des appareils mobiles, utilisés pour fournir une entrée de clavier ou de commande utilisateur au système grâce à des gestes tactiles simples ou multi-touches utilisant un ou plusieurs doigts ou un stylet. Avec les écrans tactiles des appareils mobiles, les utilisateurs interagissent directement avec la sortie de l'écran LCD plutôt qu'en utilisant des touches de clavier. Cette technologie est devenue le système d'entrée prédominant pour les smartphones et les tablettes.

Deux types d'écrans tactiles ont été mis en œuvre dans les téléphones mobiles jusqu'à présent : le type résistif et le type capacitif.

Les Écrans Tactiles Résistifs

Les technologies d'écrans tactiles résistifs sont analogiques, nécessitent des pièces mobiles et une résistance électrique pour détecter le toucher tandis que la technologie d'écran tactile capacitif est numérique, nécessite des composants à semi-conducteurs et la présence de capacité électrique pour détecter le toucher.

L'image de la figure 3.17a illustre le concept des écrans tactiles résistifs. La conception est telle que deux couches électroconductrices se plient pour se toucher, avec les couches de panneau calculant la valeur de la résistance qui produit des changements de courant à travers elles au point touché.

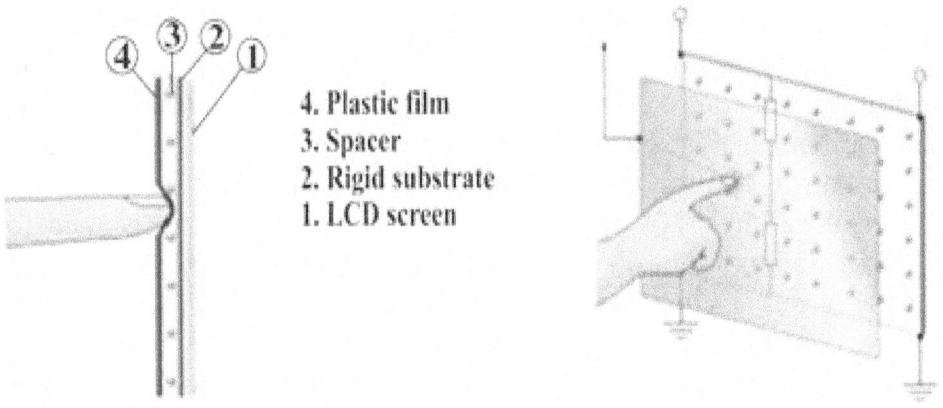

Fig. 3.17a : Illustration de l'écran tactile résistif

Avantages : Ils sont durables, peu coûteux et répondent à d'autres sources de toucher que le doigt.

Inconvénients : Ils sont mono-touches et ne peuvent donc pas effectuer des fonctions multi-touch. Une faible clarté visuelle est également un inconvénient.

Écrans Tactiles Capacitifs

Les écrans tactiles capacitifs sont les numériseurs prédominants utilisés aujourd'hui et peuvent être de types à surface ou de types projetés. Ils sont la norme de l'industrie pour le moment, car la plupart des appareils mobiles sont équipés d'écrans tactiles capacitifs. Les écrans tactiles de type surface ont des capteurs intégrés aux coins et un film mince et uniformément réparti sur toute la surface, tandis que le type capacitif projectif utilise une grille de lignes et de colonnes avec une puce séparée utilisée pour détecter le toucher. Les deux types sont conçus en fonction de la propriété conductrice de la peau humaine.

Avantages : Meilleure clarté de l'écran, sensibilité accrue au toucher et capacités multi-touch sont quelques-uns des principaux avantages.

Inconvénients : Ils sont sensibles aux interférences électriques, plus coûteux, consomment plus de puissance de traitement et sont limités au toucher à partir de surfaces conductrices.

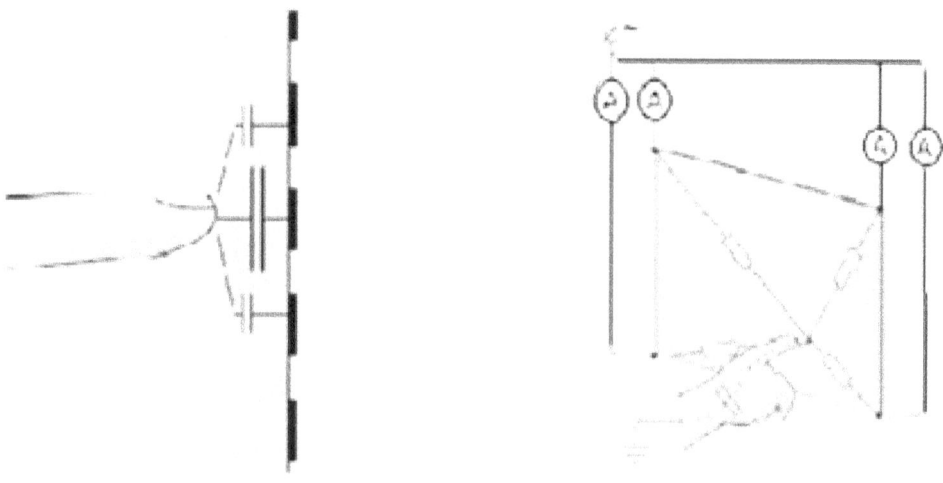

Fig. 3.17b : Illustration de l'écran tactile capacitif

Systèmes de clavier

Il est également important de comprendre, à un niveau de base, le fonctionnement du système de clavier matriciel. Cela sera d'une immense utilité pour le dépannage des pannes liées au clavier.

Fonctionnement de Base de la Matrice de Clavier Standard à 12 Touches

Actuellement, les fonctions de la matrice de clavier sont mises en œuvre avec un logiciel s'exécutant sur les systèmes d'affichage en synchronisation avec la puce matérielle du numériseur. Il est important de comprendre comment un appareil fonctionne pour le réparer. Permettez-moi donc d'expliquer brièvement comment fonctionne une matrice de clavier.

Prenons un téléphone mobile de base standard avec un clavier 4x3, qui comporte les chiffres de 0 à 9, * et #, chaque carré avec un chiffre ou une lettre sur le pavé hexadécimal est enfoncé pour établir un contact formant un interrupteur, qui relie les fils horizontaux (rangées) aux fils verticaux (colonnes).

Lorsque le bouton '*' est enfoncé par exemple, il va relier COL1 avec ROW4, ou si le bouton '6' est enfoncé, il va relier COL3 avec ROW2.

Description : La matrice de clavier est divisée en rangées et en colonnes. C'est une technique d'interface utilisée pour interfacer des entrées comme les claviers de téléphone mobile, les touches de clavier PC, et aussi pour contrôler de multiples sorties comme les LED.

Chapitre 3: Électronique de Base et Analyse des Circuits

Figure 6.19a : Boutons de clavier 3 x 4 et PCB du clavier

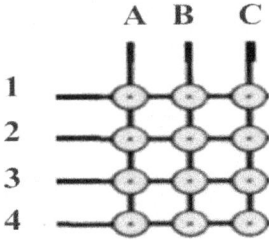

3 x 4 Keypad matrix

Figure 3.19b

Les lignes verticales représentent les colonnes tandis que les lignes horizontales représentent les rangées. Ces rangées et colonnes se croisent à 12 points ou jonctions bien que les colonnes et les rangées NE soient PAS en contact. Elles sont électriquement séparées mais ne peuvent être reliées ensemble qu'en tant que commutateur lorsque le doigt appuie sur le clavier. Ensuite, les contacts en forme de disque concave fusionnent avec les contacts concentriques en or. Le schéma de nommage des boutons suit la convention - "Colonne: Rangée" selon leur point d'intersection. Par exemple, le bouton en haut à gauche est nommé A1 et celui en bas à gauche est nommé A4, et ainsi de suite.

Opération : La matrice est contrôlée par un microcontrôleur. Pour la matrice 3x4 de 12 boutons ci-dessus, 7 broches du microcontrôleur seront utilisées. Les 3 premières broches seront des SORTIES et seront connectées aux fils des COLONNES, tandis que les 4 autres broches seront des ENTREES et seront connectées aux fils des RANGÉES. Les SORTIES du circuit intégré du microcontrôleur ne seront PAS alimentées simultanément. Les sorties passeront à l'état "haut" (logique "1") l'une après l'autre en cycles.

Cela se répète plusieurs fois par seconde. Le microcontrôleur surveille les entrées pour un signal. Lorsque toutes les entrées sont FAIBLES, le microcontrôleur ne prend aucune action. Mais si un utilisateur appuie sur le bouton 2B par exemple, il connecte la colonne "B" de la matrice avec la rangée 2. Lorsque la sortie "B" du microcontrôleur passe à l'état HAUT, le signal arrive également à l'entrée 2 du microcontrôleur, à travers le bouton pressé (entrée).

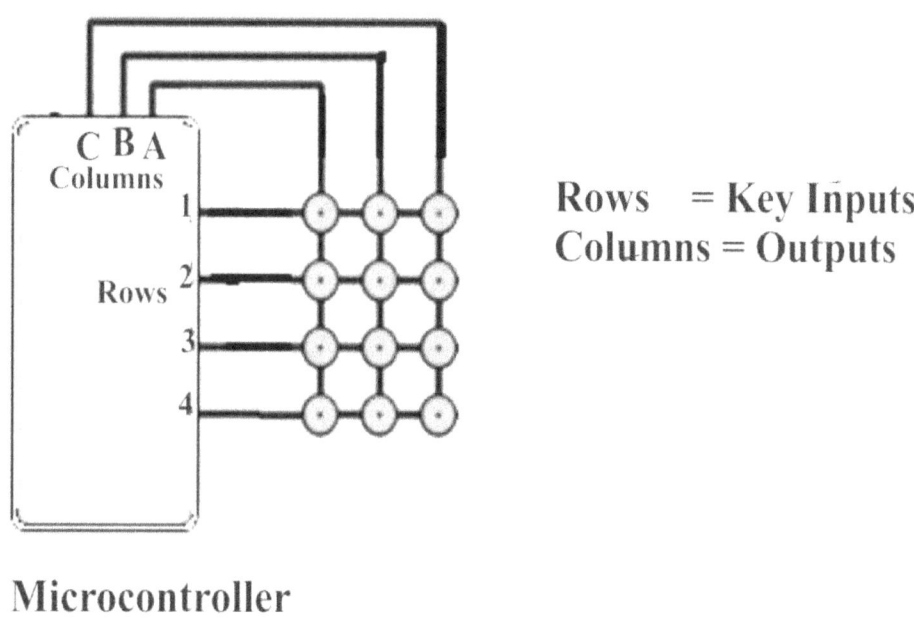

Figure 3.19c

Le microcontrôleur boucle généralement ses sorties et surveille les lignes d'entrée afin de détecter quand une sortie spécifique comme "B" dans ce cas est haute, avec un signal HAUT correspondant à la ligne d'entrée 2. Cela signifie donc que l'entrée B2 a été pressée.

Lorsque plusieurs boutons sont pressés simultanément sur une matrice, cela ne produira aucun affichage sur l'écran ou le premier bouton pressé sera affiché. Il existe des situations où la matrice fonctionne normalement, mais pas toujours. C'est pour de telles raisons que des diodes sont introduites dans le circuit pour empêcher le courant de circuler dans le sens inverse. Dans les appareils mobiles, les diodes ajoutent une fonctionnalité supplémentaire nécessaire en fournissant un éclairage du clavier en utilisant des LED (Diodes Électroluminescentes) dans les claviers traditionnels.

Les Interrupteurs

Un interrupteur est un dispositif utilisé pour diriger le flux de courant électrique à travers deux jonctions dans un circuit. Il peut s'agir d'un type mécanique, actionné manuellement, ou d'un type électronique automatique. Lorsqu'ils sont utilisés sur une ligne d'alimentation électrique d'un système, ils sont appelés des interrupteurs de type MARCHE/ARRÊT, qui servent à allumer ou éteindre un appareil.

Il existe plusieurs applications pour les interrupteurs. Cependant, dans toutes les applications, ils sont utilisés pour contrôler une ou plusieurs des différentes quantités électriques dans un circuit telles que le courant ALTERNATIF/COURANT CONTINU, la résistance, la tension, etc.

Principalement, un interrupteur est utilisé pour "fermer" un circuit à un point du circuit qui, par conception, est délibérément maintenu "ouvert". Les interrupteurs sont soit complètement allumés, soit complètement éteints.

Dans cette section, nous examinerons les différents interrupteurs actionnés manuellement avec des boutons physiques pour le contrôle de l'interface utilisateur dans les appareils mobiles.
Ils comprennent :

- Interrupteur MARCHE/ARRÊT
- Interrupteurs de contrôle de volume latéral
- Interrupteurs MARCHE/ARRÊT de la caméra

Les types courants d'interrupteurs utilisés dans les appareils mobiles pour contrôler les boutons d'interface utilisateur susmentionnés sont :

a. Interrupteur à bouton-poussoir
b. Interrupteurs à bascule
c. Interrupteurs à joystick
d. Interrupteur potentiomètre de résistance variable
e. Interrupteur de logique numérique

Le Fonctionnement de l'Interrupteur à Bouton-Poussoir

L'interrupteur à bouton-poussoir a deux bornes de contact à l'intérieur avec une barre de poussée depuis le haut. Lorsqu'il est enfoncé, la barre supérieure avec un ressort à double position (haut et bas) ferme les deux bornes et maintient cette position pendant que le courant passe à travers ses bornes. Lorsqu'il est à nouveau enfoncé, le ressort libère la barre supérieure et le circuit s'ouvre à nouveau. S'il est utilisé comme interrupteur d'alimentation, il contrôle deux états : marche et arrêt.

Chapitre 3: Électronique de Base et Analyse des Circuits

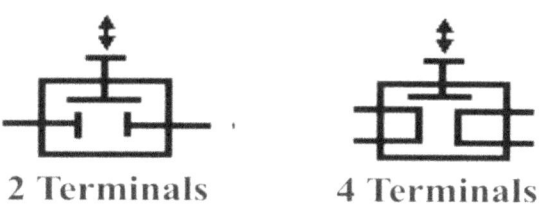

Figure 3.20a

Comment Fonctionne l'Interrupteur à Bascule

Les interrupteurs à bascule sont actionnés par un levier incliné dans l'une de deux positions ou plus. L'interrupteur de lumière classique utilisé dans le câblage domestique en est un exemple. La plupart des interrupteurs à bascule se fixeront dans l'une de leurs positions de levier, tandis que d'autres ont un mécanisme de ressort interne, ramenant le levier à une certaine position normale qui permet ce que l'on appelle une "opération momentanée"

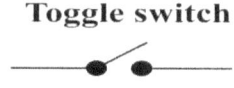

Figure 3.20c

Comment Fonctionne le Type de Commutateur à Joystick

Les commutateurs à joystick sont actionnés par un levier conçu pour se déplacer librement selon plus d'un axe de mouvement. La façon particulière dont le levier est poussé ou la distance sur laquelle il est poussé actionne un ou plusieurs des plusieurs terminaux de contact du commutateur. La direction du mouvement du levier du joystick nécessaire pour actionner le contact peut être dans le sens des aiguilles d'une montre ou dans le sens inverse. Les interrupteurs à main de joystick étaient utilisés dans les versions antérieures des smartphones.

Figure 3.20d

Chapitre 3: Électronique de Base et Analyse des Circuits

Comment Fonctionne le Type de Commutateur Potentiometer

Les commutateurs potentiomètre sont des composants électroniques qui fonctionnent comme des résistances variables. Le composant principal à l'intérieur du dispositif est une résistance, illustrée entre les bornes A et B ci-dessous. Il y a une troisième borne 'C' qui glisse le long de la résistance, sélectionnant une valeur entre la quantité la plus élevée et la plus basse. Lorsque le curseur se déplace, la résistance entre celui-ci et les extrémités de la résistance change, permettant à une valeur de courant spécifique de passer.

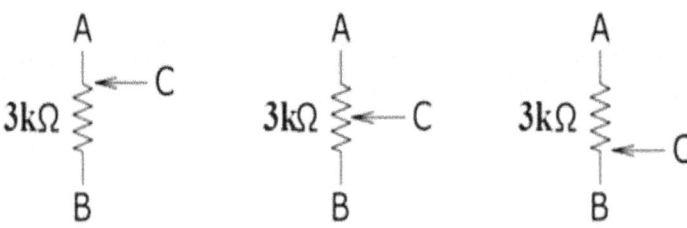

Figure 3.20e : Comment fonctionnent les résistances variables

Dans l'illustration ci-dessus, lorsque le curseur mobile est à l'extrémité supérieure de la résistance, il y aura très peu de résistance entre les bornes A et C, avec 3KΩ entre B et C. Dans l'image du milieu, le curseur est au centre de la résistance, donc nous aurons 1,5KΩ de la borne C à la fois A et B. Enfin, la borne mobile est à l'extrémité opposée de la résistance, avec 3KΩ de A à C et 0Ω de B à C. Les commutateurs basés sur ce concept existent sous différentes formes et tailles.

Action Recommandée

Je vous suggère de parcourir une fois de plus ce chapitre avant de plonger dans les procédures de réparation dans le chapitre suivant. La compréhension est importante pour maîtriser le processus de réparation.

Chapitre 4

Outils de Réparation et Instrumentation

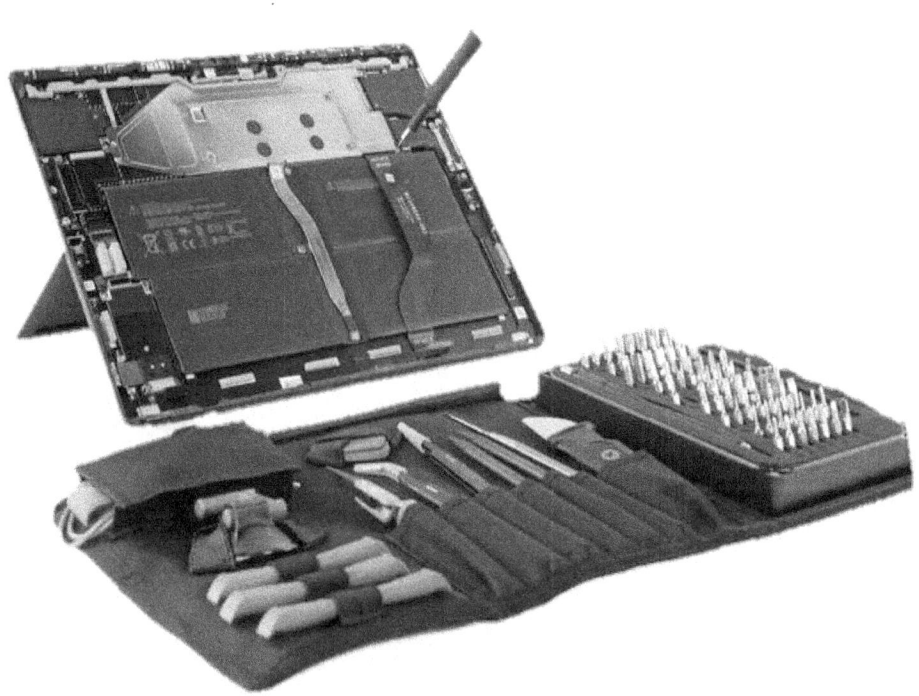

Outils de Réparation Matérielle

Comprendre les outils et l'instrumentation est la première chose que doit saisir une personne qui débute dans le support technique, car c'est la clé de l'efficacité sur le terrain. Il y a un dicton qui dit : "Un mauvais ouvrier blâme toujours ses outils". Nous commencerons donc par là pour que vous ne deveniez pas un mauvais ouvrier.

Chapitre 4: Outils de Réparation et Instrumentation

En tant que technicien débutant, gardez à l'esprit qu'il existe des outils très coûteux que vous pourriez ne pas pouvoir vous permettre au début. La plupart des outils de base sont moins chers et faciles à obtenir, et si vous êtes équipé des bonnes compétences et des connaissances sur les réparations de smartphones telles que décrites dans ce livre, les outils de base peuvent rapidement générer suffisamment d'argent pour réaliser ces achats de gros budget. Vous trouverez ci-dessous la liste des outils et équipements avec des images.

1. Fer à Souder et Station de Soudage : Utilisés pour le soudage. Le fer à souder autonome sur la gauche est l'outil le moins cher pour les débutants si vous ne pouvez pas encore vous permettre la station de réparation. Le défi est d'obtenir la bonne pointe de quelques millimètres requise. Limez la pointe et utilisez-la pour vous exercer sur des cartes électroniques factices jusqu'à ce que la maîtrise soit acquise. La station de réparation à air chaud, quant à elle, est bonne pour la micro-soudure, où des jets d'air chaud contrôlés sont dirigés vers des composants microélectroniques lors des procédures de retrait, de remplacement ou de réparation.

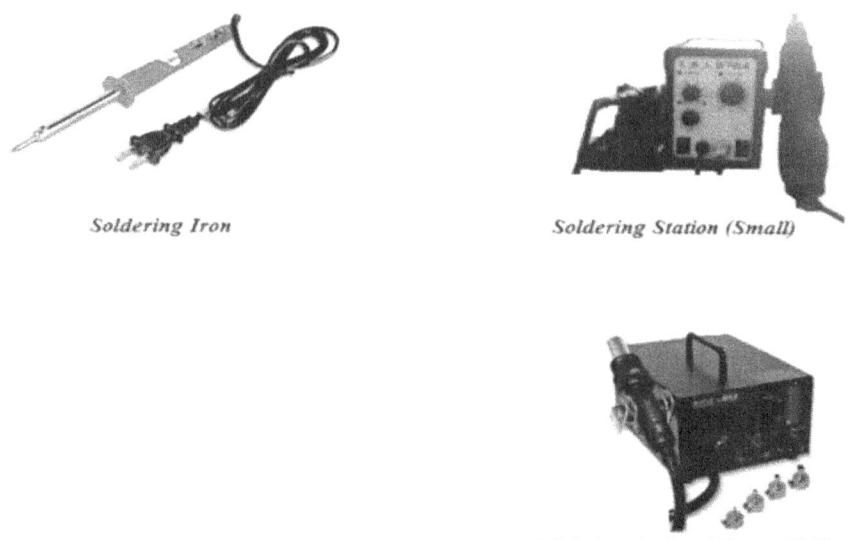

Soldering Iron *Soldering Station (Small)*

Soldering Station (Bigger SMD Rework Station)

Figure 4.1: Fer à souder et stations de réparation

Chapitre 4: Outils de Réparation et Instrumentation

2. Pincettes : Les composants des cartes électroniques sont généralement minuscules et nécessitent l'utilisation de pincettes pour les retirer, les placer ou les maintenir en place pendant le soudage. Ce sont des outils très pratiques pendant le processus de réparation.

Figure 4.2: Pincettes

3. Brosse douce est utilisée pour nettoyer la carte électronique avec de l'alcool isopropylique (IPA).

Figure 4.3: Brosse douce

4. Multimètre Numérique de Poche : Dispositif d'instrumentation de base utilisé pour les mesures électriques lors du dépannage des pannes en mesurant les valeurs de tension d'alimentation et de courant, les tests de résistance, les vérifications de continuité du câblage de la carte mère, etc. Il existe différents types de ce produit sur le marché. Ci-dessous se trouve un simple multimètre numérique de base dans la figure 3.4 ;

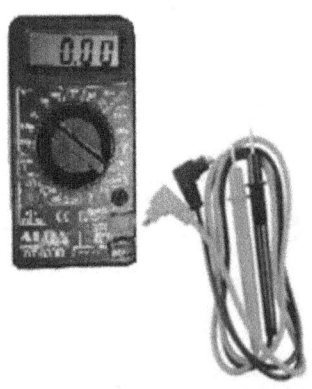

Figure 4.4: Multimètre Numérique

Chapitre 4: Outils de Réparation et Instrumentation

5. Pince coupante pour couper les fils.

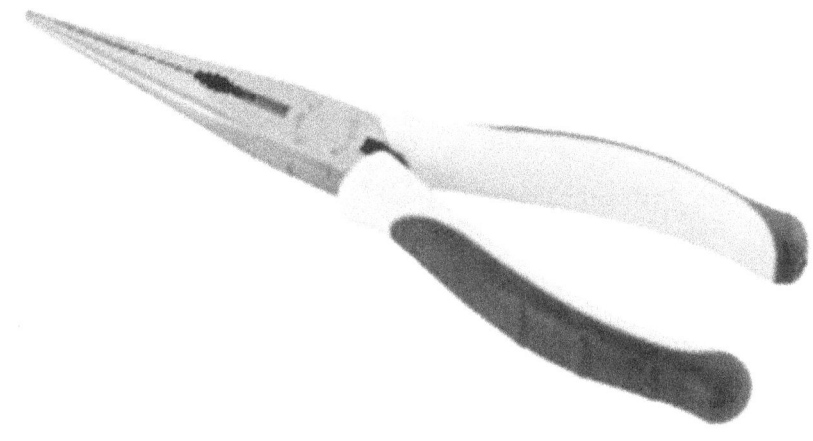

Figure 4.5: Pince Coupante

6. Jeu de tournevis utilisé pour le démontage et le remontage des téléphones portables en retirant et resserrant les vis dans le téléphone portable. Voir l'image en fig. 3.6 ;

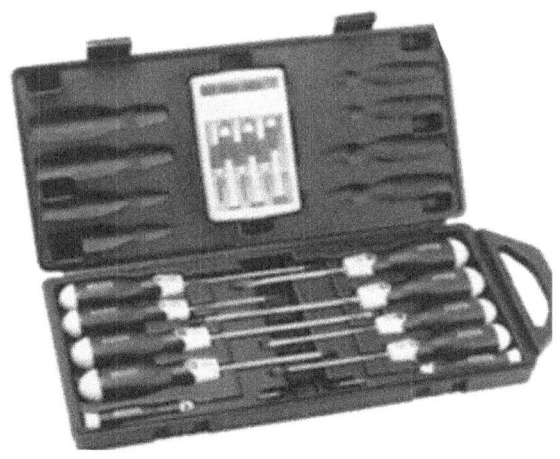

Figure 4.6: Ensemble de tournevis

7. Fils à souder utilisés avec le fer à souder lors du soudage ;

Figure 4.7: Fil de soudure

8. Support de carte de circuit imprimé (PCI) ou pince-support de carte mère utilisé pour maintenir la carte électronique en place pendant les réparations. Il n'est pas obligatoire d'en posséder un, mais cela peut être utile.

Figure 4.8: Support de fixation de carte de circuit imprimé (PCB)

Chapitre 4: Outils de Réparation et Instrumentation

9. Flux de soudure utilisé pendant le processus de soudage pour un transfert de chaleur efficace et pour prévenir l'oxydation. Ils se présentent sous forme liquide et pâteuse.

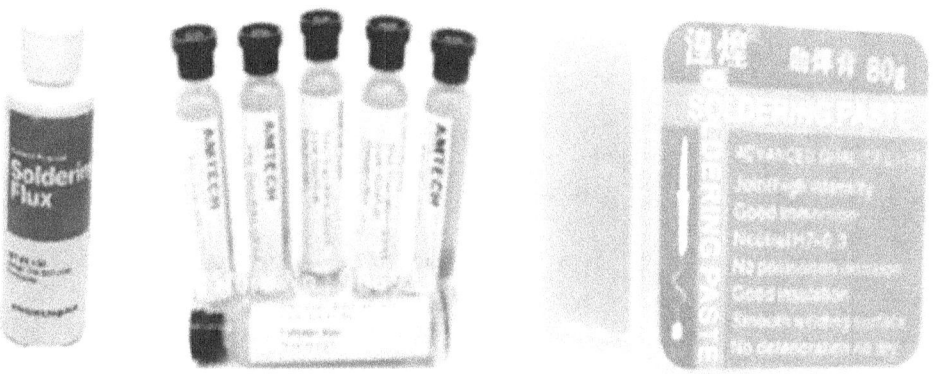

Figure 4.9: Pâtes à souder

10. Loupe et lampe sont utilisées pour agrandir la vue de la carte électronique afin de voir correctement les petits composants. Pour une précision visuelle plus élevée, lorsqu'un microscope est abordable, il est nécessaire pour le travail.

Figure 4.10: Outils de grossissement

Chapitre 4: Outils de Réparation et Instrumentation

11. Ouvre-boîtiers de boîtiers de téléphone portable utilisés pour ouvrir la façade avant et arrière jointe des téléphones portables. Ils existent sous différentes formes et tailles et un technicien peut également improviser un moyen pour un démontage sécurisé.

Figure 4.11: Ouvre-boîtiers de boîtiers

12. Unité d'alimentation électrique en courant continu utilisée pour fournir une alimentation électrique continue alternative.

Figure 4.12: Unité d'alimentation électrique en courant continu
Source de l'image: www.alibaba.com

13. Les agents de nettoyage pour carte électronique sont utilisés pour nettoyer le PCB après un dégât liquide ou pendant l'entretien des téléphones portables. De nombreux techniciens utilisent de l'alcool méthylique. Ce n'est pas un bon agent de nettoyage standard pour les cartes car il contient des huiles toxiques.

Recherchez et obtenez auprès de tout fournisseur de produits chimiques de l'alcool isopropylique (IPA), qui est un meilleur agent de nettoyage sans huile pour les téléphones portables. Le diluant sert également de bon agent de nettoyage pour les PCB. Cependant, les unités de composants périphériques doivent d'abord être retirées de la carte principale avant son application.

14. Les fils cavaliers sont également importants pour les connexions électriques entre les points de terminaison. Il est conseillé d'acheter ceux disponibles dans le commerce, enduits comme on peut le voir sur l'image ci-dessous, bien que l'on puisse aussi utiliser des brins provenant de faisceaux de fils électriques flexibles.

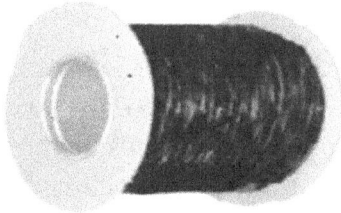

Figure 4.13: Rouleau de fils cavaliers

15. La machine séparatrice LCD/écran tactile est un appareil utilisé pour séparer facilement les numériseurs d'écran tactile endommagés du LCD.

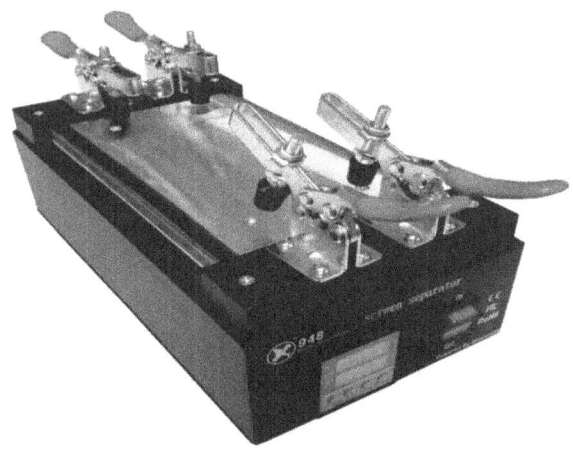

Figure 4.14: Machine séparatrice LCD/écran tactile

Chapitre 4: Outils de Réparation et Instrumentation

16. Ventouse : Utilisée pour soulever les écrans du châssis d'un smartphone ou d'une tablette lors du processus de retrait de l'écran.

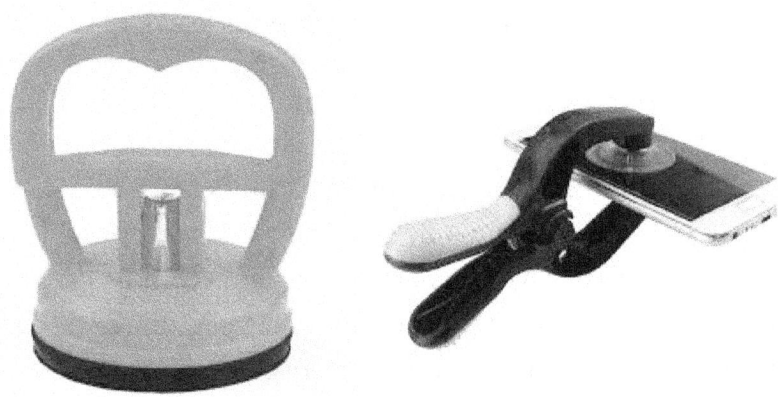

Figure 4.15: Ventouses pour écran tactile

17. Outil de dessin facile de schémas de smartphones : Il s'agit d'un logiciel qui aide les techniciens à accéder aux diagrammes de disposition des composants des cartes électroniques des smartphones. Avec l'outil Easy Draw, vous pouvez consulter simultanément des diagrammes bitmaps et schématiques pour différents modèles comme les iPhones, iPad, Samsung, Xiaomi, Huawei, Gionee, Lenovo, et ainsi de suite.

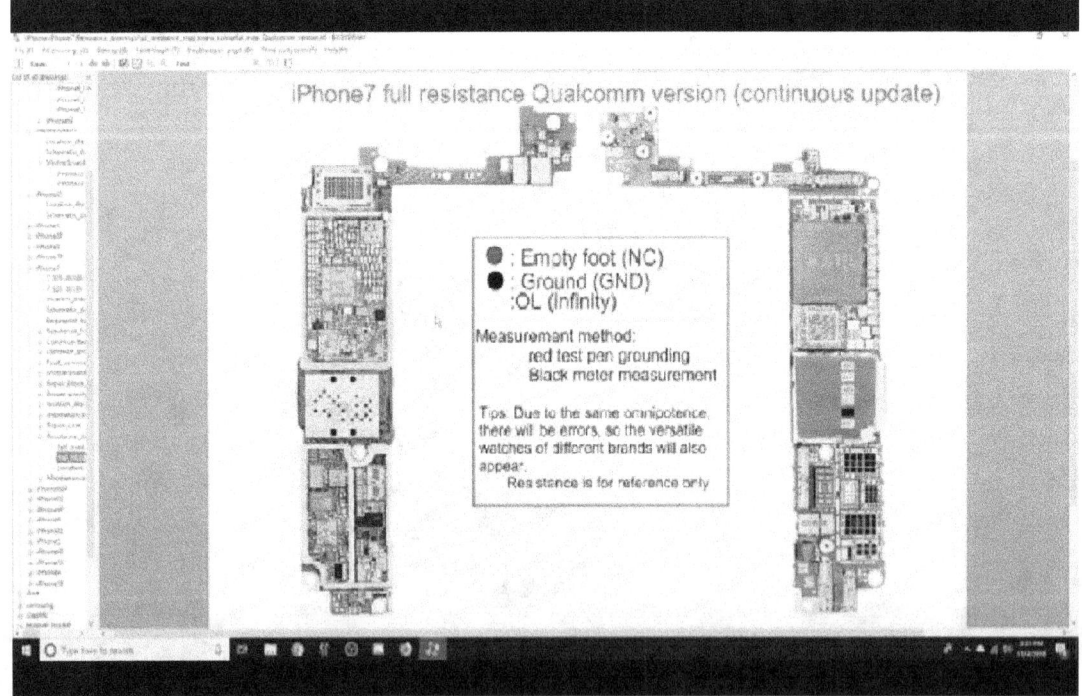

Chapitre 4: Outils de Réparation et Instrumentation

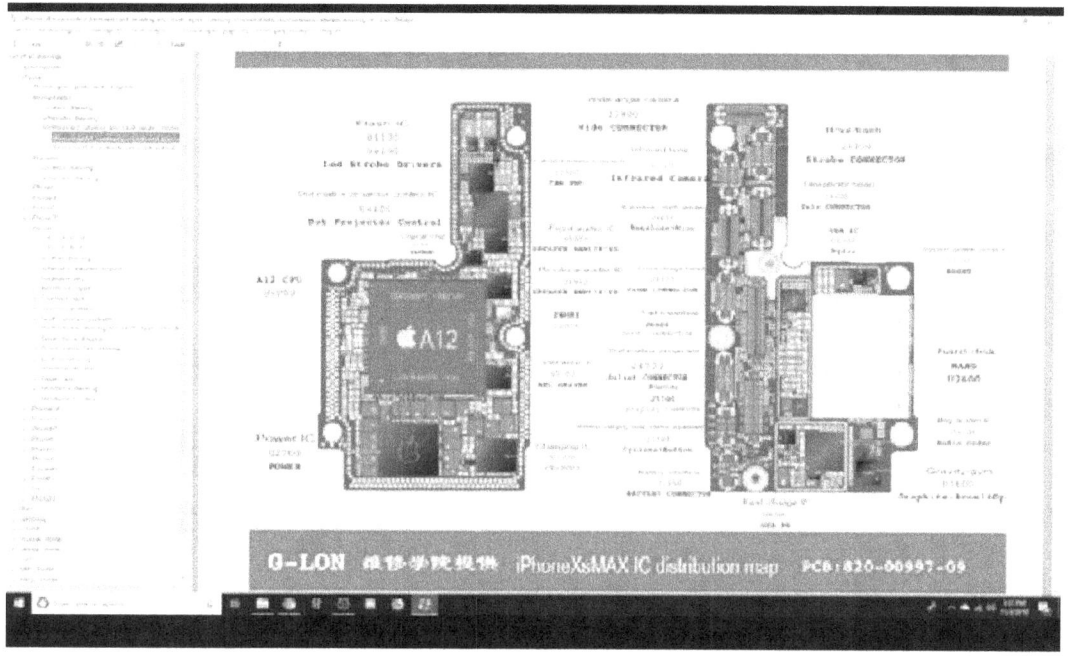

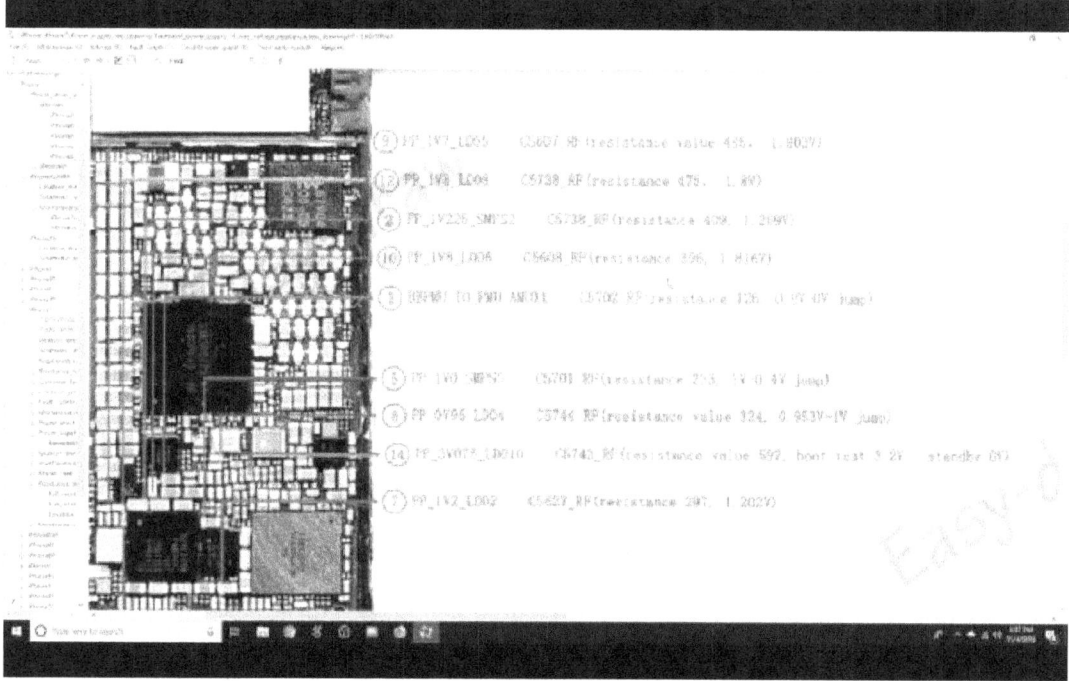

Avec cet outil, la position des composants, les valeurs de tension et de courant, les valeurs de résistance, et même les diagrammes de pannes pour les pannes courantes sont disposés pour un diagnostic et une correction faciles des pannes. Les interconnexions entre tous les composants sont mises à nu pour que chacun puisse les voir. Voici quelques captures d'écran ci-dessous :

Chapitre 4: Outils de Réparation et Instrumentation

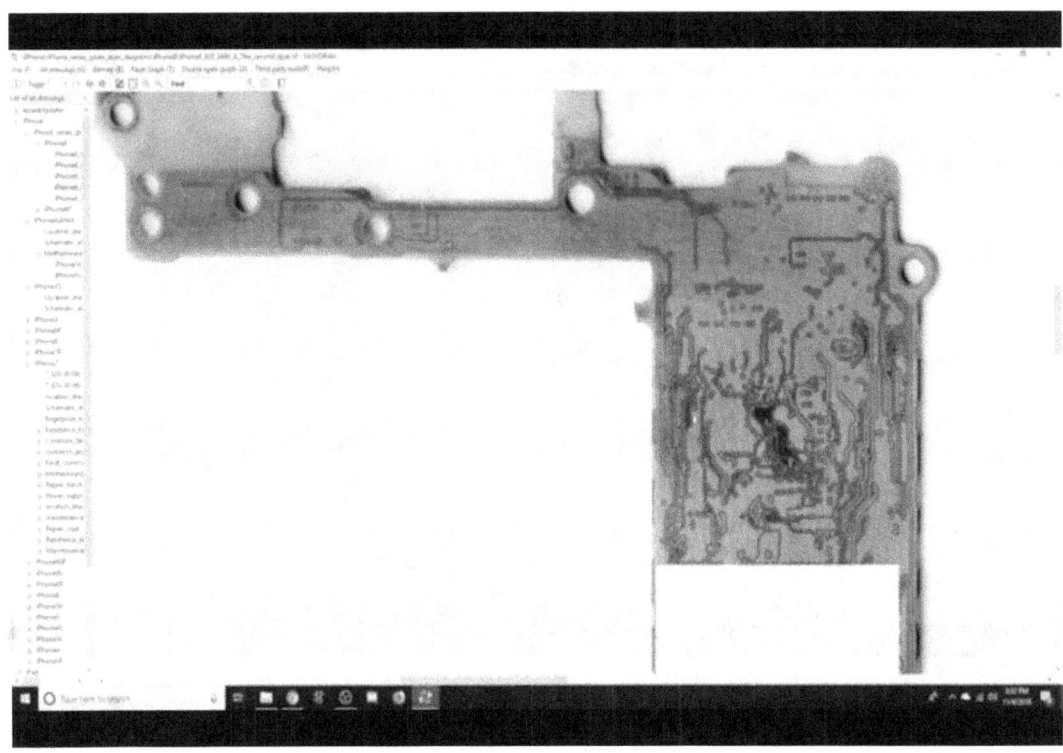

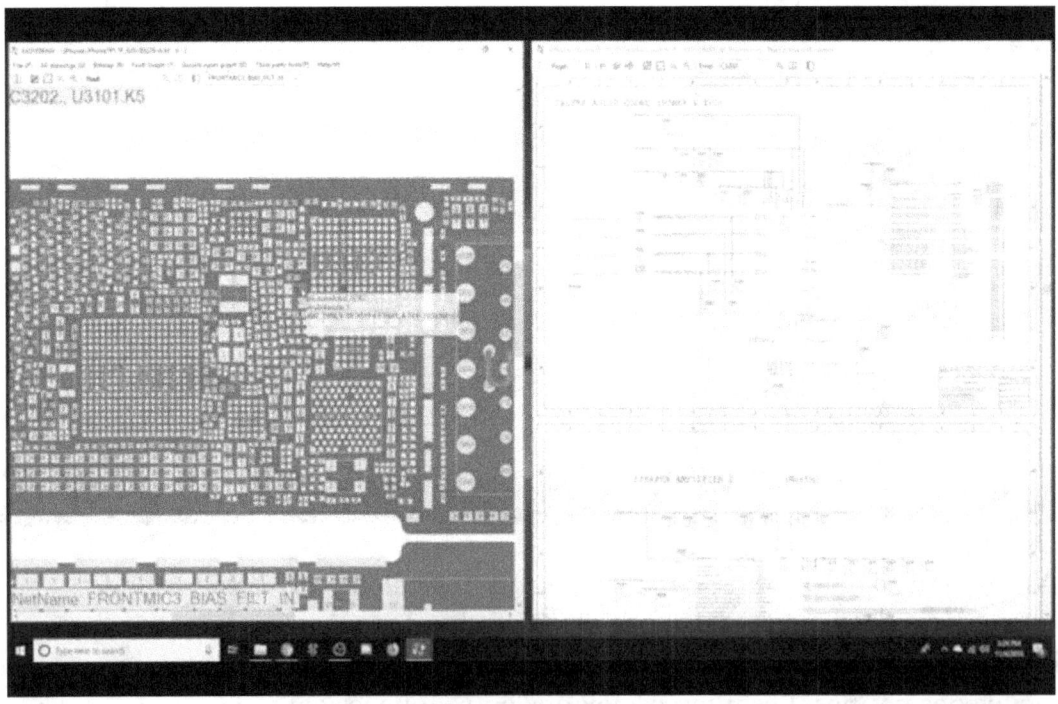

Chapitre 4: Outils de Réparation et Instrumentation

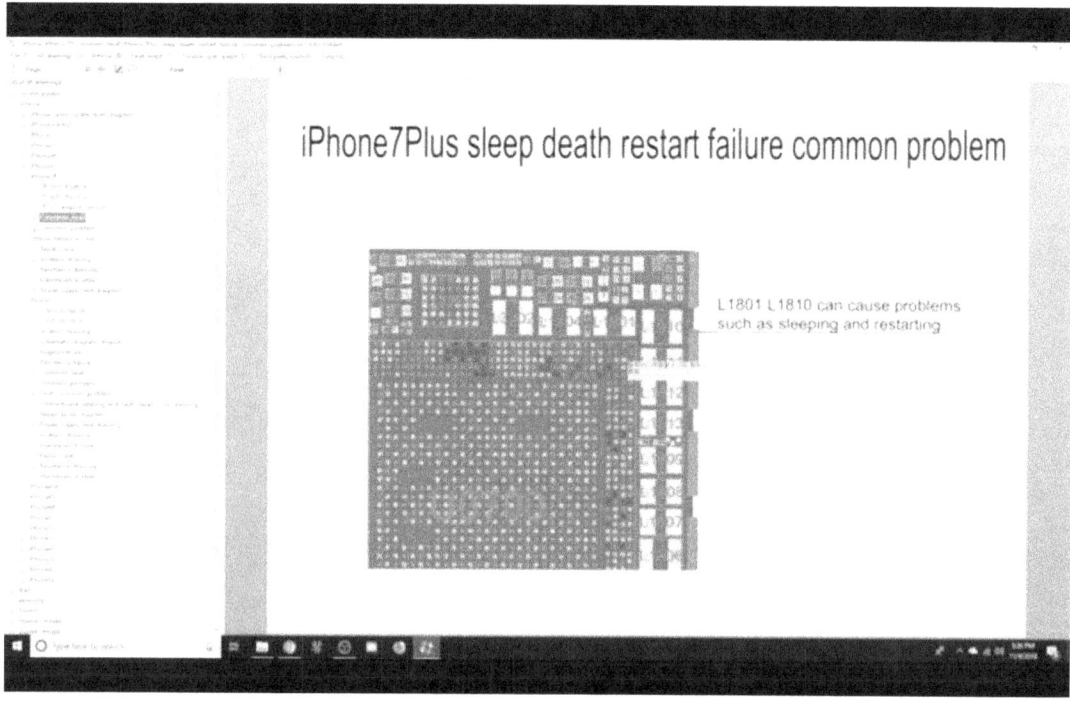

Ce ne sont que quelques instantanés pour donner un aperçu des fonctionnalités et des types de dessins ou de schémas que Easy Draw fournit.

Enfin, je voudrais encourager un débutant à ne pas se sentir découragé en pensant qu'il doit acheter tous les outils ou équipements avant de commencer l'activité de réparation. Le seul besoin fondamental est d'avoir les connaissances et les compétences techniques.

Tip

> *Les outils nécessaires pour les « Réparations Matérielles », tout comme les réparations de PC, sont assez simples et peu coûteux. Vous pouvez transporter la plupart de ces outils dans un petit sac à outils ou un conteneur de la taille d'une mallette, à l'exception d'une station de réparation SMD et d'un ordinateur (de bureau ou portable pour les réparations logicielles). Le coût total de ces ensembles d'outils plus petits varie entre 3000 et 5000 Naira (20 à 30 $), ce qui est très abordable. La meilleure façon de maximiser l'utilisation de ce livre pour apprendre est d'acheter ces outils et d'essayer ce que vous apprenez au fur et à mesure que vous progressez dans ce livre.*

Chapitre 5

Procédures de Remplacement d'Écran

Les smartphones et les tablettes d'aujourd'hui disposent de plus de puissance de calcul que les ordinateurs plus anciens qui étaient plus grands en taille. Alors que la technologie continue de progresser, les composants de ces appareils mobiles portables deviennent de plus en plus petits.

Avant d'effectuer des réparations, il est important d'identifier d'abord le fabricant et le numéro de modèle du dispositif mobile. Cela est très important. Déterminer la version authentique d'un appareil et son fabricant est un facteur clé nécessaire pour un remplacement réussi avec les bonnes pièces. Les informations sur un appareil étaient généralement écrites sur l'étiquette arrière sous la batterie dans les modèles précédents, mais avec la conception scellée récente pour la plupart des smartphones et des tablettes aujourd'hui, seul le logo de la marque est imprimé à l'arrière de l'appareil tandis que d'autres informations techniques sur l'appareil peuvent être trouvées dans les paramètres de l'appareil.

Désassembler et Réassembler un Appareil

Avec les avancées dans la technologie des écrans et étant devenus une caractéristique majeure ainsi que la partie la plus précieuse et la plus chère de tout smartphone ou tablette, perfectionner la compétence pour un retrait et un remplacement efficaces, propres et sûrs des écrans est une compétence majeure.

En plus de remplacer les écrans endommagés, le retrait et le remplacement de la grande superposition d'écran frontal des smartphones et des tablettes d'aujourd'hui est un must avant tout autre type de réparation à effectuer sur la carte mère électronique.

C'est principalement en raison de ce domaine de compétence qu'il est devenu nécessaire d'écrire une version mise à jour du premier livre, "*Réparations de téléphones portables et de tablettes : Un guide complet pour les débutants et les professionnels*". Par conséquent, ce chapitre explorera toutes les voies pour enseigner, coacher, guider et aider l'apprenant à naviguer à travers cette tâche herculéenne qui serait une routine quotidienne déterminant le succès ou l'échec sur le terrain. Avant d'aller plus loin, gardez à l'esprit que tout ce que vous apprenez dans ce livre est applicable aussi bien aux smartphones qu'aux tablettes.

Figure 5.1: Démontage d'un Appareil Exemple

Comme le montre l'image d'exemple ci-dessus, tant que vous n'êtes pas capable de démonter entièrement l'ensemble d'un smartphone, séparant chaque composant attaché à la carte mère et de réattacher tout dans un appareil entièrement assemblé et fonctionnel sans erreurs, dommages ou déformations, vous n'êtes pas prêt à cinquante pour cent.

Outils Requis : un ensemble de tournevis de précision, des ouvre-boîtiers, une station de soudage à air chaud ou un sèche-cheveux, un couteau tranchant ou une lame de rasoir.

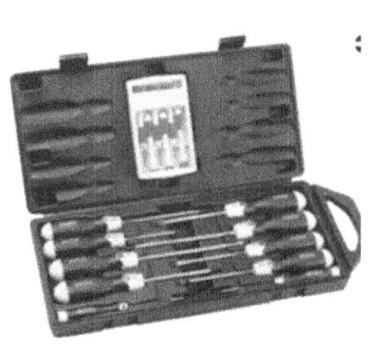 

Figure 5.2: Ensembles de tournevis de précision

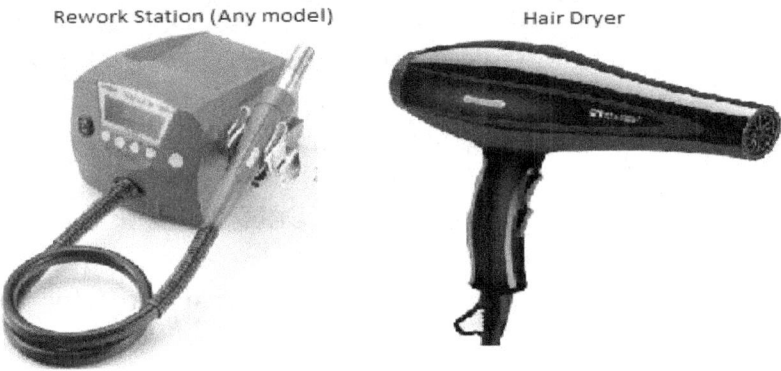

Procédures de Démontage

Chaque smartphone ou tablette est unique dans la façon dont il est assemblé et dans le logiciel qu'il exécute. Ce qui suit est un guide général pour le démontage des anciens téléphones mobiles, smartphones ou tablettes. Turn the mobile device off as a first step.

1. Éteignez le périphérique mobile en premier lieu.
2. Retirez le capot arrière (pour les téléphones mobiles basiques ou à fonctions) du téléphone que vous souhaitez démonter.
3. Retirez la batterie, la carte SIM et, si présente, une carte mémoire. Soyez prudent, surtout pour les modèles qui ont des emplacements de carte mémoire coulissants sur le côté. Les smartphones et les tablettes ont des emplacements de carte SIM coulissants sur le côté. Retirez-les également.
4. Prenez maintenant quelques instants pour étudier le design de l'appareil. Observez attentivement l'arrière de l'appareil pour les vis, les trous de vis (généralement soigneusement garnis de rembourrages en caoutchouc cylindriques). S'il s'agit d'un smartphone ou d'une tablette, il y a 99% de chances que l'écran avant doive être retiré pour démonter l'appareil. Dans ce cas, de la chaleur est nécessaire.
5. Ensuite, observez la fente de démarcation qui relie fermement les parties avant et arrière du boîtier de l'appareil ensemble. C'est une caractéristique définie sur chaque téléphone mobile, mais les smartphones et les tablettes ont leur écran entier (pas de boîtier supérieur) collé sur le boîtier ou le cadre arrière, formant ainsi un design modulaire et scellé.
6. Utilisez le tournevis (pour les téléphones mobiles), observez le type de tête de vis Phillips utilisée. Il pourrait s'agir d'une étoile à 3, 4 ou 5

branches ou d'une pentalobe. Choisissez l'embout de vis qui convient et retirez les écrous un par un en les plaçant soigneusement dans un support sur votre table de travail. Faites attention à ne pas égarer ces écrous. La plupart des tournevis ont généralement des propriétés électromagnétiques intrinsèques qui magnétisent les écrous sur leur corps jusqu'à ce qu'ils soient retirés pour être rangés en toute sécurité.

7. Si l'appareil pour lequel un écran est remplacé a un écran fissuré, il est préférable d'éviter de nouvelles fissures ou même des blessures personnelles en recouvrant le verre de bandes de ruban adhésif qui se chevauchent.

8. Lorsque vous utilisez la ventouse pour soulever l'écran, ne levez pas complètement. Créez une ouverture où l'ouvre-boîtier en plastique peut glisser. Utilisez progressivement l'ouvre-boîtier pour faire glisser autour des bords de l'appareil tout en soulevant l'écran progressivement.

Précaution

Si vous travaillez avec un produit iPhone, marquez soigneusement les vis et leurs emplacements dès que vous les retirez. Si vous replacez un écrou dans un emplacement différent de celui d'où il a été retiré, l'écran risque d'être endommagé, ce qui pourrait entraîner un écran bleu.

Figure 5.3a : Trous des vis du couvercle arrière

Observez que lorsque vous tenez l'appareil, votre main devrait saisir les côtés du téléphone tandis que l'autre tient le tournevis. Évitez les contacts directs avec la paume sur la carte, car la décharge électrique statique de vos paumes peut endommager la carte mère. La pratique standard consiste à acheter et à utiliser des bracelets antistatiques.

Les quatre emplacements de vis peuvent être vus au-dessus de la batterie et deux à côté, à gauche et à droite, ce qui en fait un total de six. Dans certains cas, il peut y avoir quatre vis aux quatre coins de la section carrée au-dessus de la zone de la batterie, recouverte d'un couvercle arrière fixé par une pince, qui doit d'abord être retiré avant de trouver les vis, avec quatre autres vis vers le bas. L'objectif est de localiser les vis discrètement cachées qui maintiennent le boîtier du téléphone ensemble.

Si vous travaillez sur des téléphones mobiles anciens, gardez toujours à l'esprit que ces vis existent, dissimulées de manière à éviter d'être visibles pour un œil non averti tout en assurant un design esthétique moins mécanique. Dans les cas où l'on ne parvient pas à trouver de vis à l'arrière, en particulier pour la section carrée ou rectangulaire au-dessus du compartiment de la batterie, sachez que les vis sont probablement cachées à l'intérieur du couvercle du châssis avant, juste derrière l'écran ou le boîtier de couverture avant de l'appareil. Pour de tels designs, le boîtier de couverture avant doit être retiré en le faisant glisser (en utilisant l'ouvre-boîtier en plastique) des clips le maintenant au châssis et au boîtier arrière.

Mais pour les conceptions plus récentes de smartphones et de tablettes, le retrait de l'écran avant pose un défi. Les iPhone sont sécurisés avec des clips latéraux et deux vis pentalobes P2 en bas près du port de chargement. Avec un bon outil de succion, vous pouvez soulever les écrans hors du cadre arrière après avoir appliqué une légère chaleur pour ramollir la colle adhésive sous l'écran. Cependant, Samsung et la plupart des smartphones utilisent de la colle. Nous y arriverons bientôt.

Veuillez également noter que le retrait des écrans d'iPhone compromet les joints d'étanchéité imperméables. Par conséquent, assurez-vous d'avoir un joint de rechange avant de commencer le processus de retrait et de remplacement.

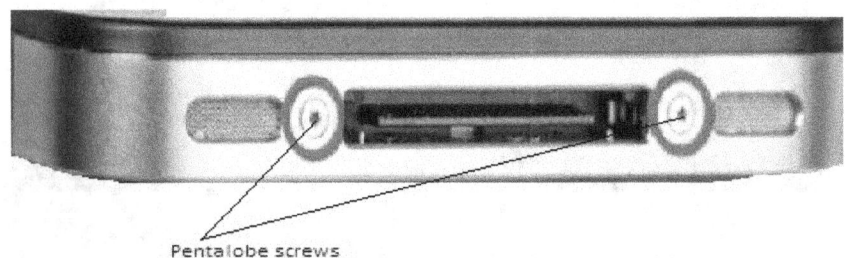

Jetez un œil ci-dessous à un échantillon de boîtier avant avec des clips pour comprendre à quoi ils ressemblent.

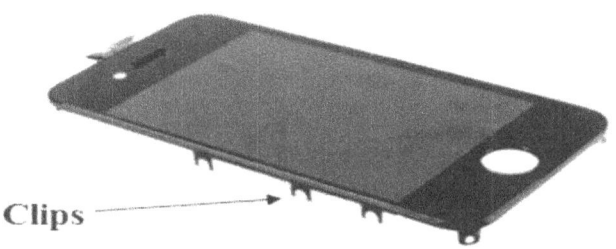

Figure 5.4 : Échantillon de clips de fixation latérale du boîtier

La figure 5.5 montre quelques spécimens courants de têtes de vis ;

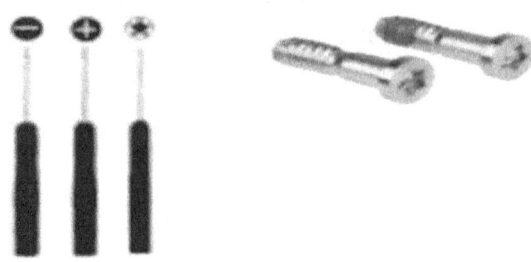

La figure 5.5 : Têtes de vis

9. Après avoir disséqué le boîtier supérieur ou inférieur du châssis ou de l'écran, faites attention aux connecteurs de câbles à ruban flexibles qui peuvent être collés au corps du boîtier ; ils peuvent nécessiter un détachement immédiat ; ils sont probablement attachés aux touches latérales (pour l'écran, les boutons latéraux de contrôle du volume, l'appareil photo, etc.). Il faut faire preuve de tact et d'observation attentive lors de la manipulation de téléphones que vous n'avez jamais démontés auparavant.

10. Ramassez soigneusement toute pièce (en plastique ou autre) qui tombe sur la table et faites une note d'observation de l'endroit d'où cette pièce est tombée. Comme pour les écrous Phillips, placez chaque élément soigneusement dans un conteneur sûr.

11. Ensuite, examinez de près le châssis avec les composants périphériques intégrés tels que les haut-parleurs, le microphone, etc. Y a-t-il d'autres vis Phillips solidement fixées ? Retirez-les séquentiellement, en notant quelle partie est maintenue dans quelle position. Cela devient plus facile au fur et à mesure que vous avancez étape par étape. Ne forcez rien - vous devez observer attentivement et vous finirez par comprendre ce qui le maintient dans cette position, que ce soit de la colle ou des écrous. S'il est collé, appliquez une légère chaleur pour le libérer.

12. Notez que les connecteurs de câble à ruban flexible qui relient certains composants à la carte mère du smartphone ou de la tablette sont de différents types. La pratique avec des téléphones factices permettra de perfectionner les compétences sur certains modèles tout en les découvrant personnellement.

Les étapes ci-dessus résument les étapes générales à suivre pour désassembler n'importe quel appareil mobile, avec des conseils spécifiques pour les smartphones et les tablettes. Pour réassembler les composants, il suffit de suivre l'ordre inverse des étapes similaires prises lors du processus de démontage.

Utilisation de la Machine de Séparation LCD Manuelle

Une machine facile à utiliser, la machine de séparation LCD à aspiration répartit uniformément la chaleur contrôlée sur toute la longueur et la largeur du smartphone ou de la tablette, asséchant la colle qui maintient fermement l'écran au châssis.

Pour l'utiliser afin de séparer le digitaliseur de l'écran LCD, suivez ces étapes simples :

1. Allumez la machine de séparation LCD pour initier le processus de chauffage.

2. Ajustez la température en utilisant les boutons de réglage de température (haut et bas), en la réglant à 110 degrés Celsius. Cette température est optimale pour ramollir l'adhésif sans endommager l'écran LCD ni les composants de l'appareil.

3. Préparez et alignez le tampon perforé fourni avec la machine sur la matrice de petits trous sur la surface plane. Ensuite, placez l'écran dessus, en veillant à ce qu'il soit correctement aligné avec le tampon pour éviter tout déplacement ou mouvement pendant le processus de séparation.
4. Laissez la chaleur circuler uniformément, ramollissant l'adhésif entre le verre et l'écran LCD. Cela peut prendre quelques minutes en fonction des réglages de température et de l'épaisseur de l'adhésif.
5. Une fois que la chaleur a circulé suffisamment, utilisez un fil métallique ou un outil de séparation pour glisser entre la démarcation du verre et de l'écran LCD de haut en bas. Faites glisser l'outil doucement mais fermement, en évitant de le soulever vers le haut pour éviter d'endommager l'écran LCD.
6. Répétez le mouvement de glissement jusqu'à ce que le verre commence à se soulever de lui-même, indiquant que l'adhésif s'est suffisamment ramolli. Cette étape peut nécessiter de la patience et une observation attentive pour éviter d'endommager l'écran LCD ou l'appareil.

Note : *Cette même procédure peut être réalisée en utilisant d'autres sources de chaleur telles qu'un sèche-cheveux, une station de reprise ou toute autre source de chaleur. Cependant, la machine de séparation LCD offre un contrôle précis de la température et des outils spécialisés pour un processus de séparation plus contrôlé et efficace.*

7. Après avoir séparé l'écran LCD de l'appareil, nettoyez tout résidu d'adhésif des deux surfaces à l'aide de solutions de nettoyage appropriées et d'outils. Assurez-vous que toutes les surfaces sont débarrassées de tout débris avant de procéder à des réparations ou au réassemblage.
8. Suivez les étapes de réassemblage décrites précédemment, en vous assurant que tous les composants sont correctement alignés et connectés. Testez l'appareil pour vous assurer que l'écran LCD fonctionne correctement et que tous les composants sont opérationnels avant de finaliser la réparation.

N'oubliez pas de vous référer au manuel d'utilisation spécifique ou aux instructions fournies par le fabricant de votre machine de séparation LCD pour des conseils détaillés sur son fonctionnement et les précautions de sécurité. Notez également que cette même procédure est réalisée par certains en utilisant soit un sèche-cheveux, une station de reprise ou toute autre source de chaleur.

Chapitre 6

Réparations au Niveau de la Carte et Micro-soudure

Un bon technicien doit maîtriser certaines compétences clés avant de commencer à appliquer ses connaissances à la correction des pannes techniques. La principale différence entre un technicien de téléphone portable ou la plupart des techniciens et leurs clients n'est pas seulement la connaissance de comment un système fonctionne ou ce qu'il faut faire, mais en fait faire ce que vous savez. La plupart du temps, même certains utilisateurs "savent" déjà ce qui aurait pu mal tourner et dans certains cas, probablement ce qu'il faut faire pour corriger la panne, MAIS ILS NE PEUVENT PAS LE FAIRE.

Faire les choses et bien les faire est donc la seule raison pour laquelle un client paie. Par exemple, un client apporte son smartphone et se plaint que les gens ne peuvent pas l'entendre à l'autre bout. Le client va même jusqu'à dire que son microphone ou son haut-parleur est défectueux et doit être changé ! (Peut-être qu'il a acquis cette connaissance quelque part et peut-être qu'il a partiellement raison car le changer pourrait ne pas être la seule solution). Alors vous pensez 'Hein ? Attendez une minute, pourquoi êtes-vous venu me voir avec ça alors ? Vous auriez aussi bien pu le réparer vous-même !'

La vérité est qu'il/elle ne peut pas le faire (le réparer). Votre compétence technique dans le domaine du démontage et du remontage des smartphones vous rapportera son argent. Vous savez quoi ? C'est une compétence importante et tellement délicate que d'autres techniciens électroniques (pour des appareils plus gros comme la télévision, la radio, etc.) font encore appel aux techniciens de téléphones portables lorsque leurs téléphones développent des pannes.

Cela nous amène à la deuxième compétence - la soudure. La plupart des techniciens qui travaillent sur des cartes mères plus grandes comme les techniciens en électronique domestique font un travail médiocre lorsqu'ils sont confrontés aux cartes mères de smartphones plus petites.

Par conséquent, la soudure des dispositifs BGA et microélectroniques est une compétence très importante dans laquelle il est recommandé d'être compétent et de pratiquer constamment avec des cartes factices.

La troisième compétence qu'un technicien ne peut pas se passer est l'utilisation de multimètres. Tout personnel de support technique électronique ou électrique doit être compétent dans ce domaine pour être distinctement plus efficace. C'est une compétence qui doit être appliquée dans leurs opérations quotidiennes en tant que fournisseurs de solutions techniques, surtout si l'on comprend très bien les circuits et les systèmes électroniques.

Comprendre les circuits électroniques et la lecture des schémas de circuit est un autre domaine de compétence auquel les techniciens doivent accorder une attention particulière. Bien que ce qui pourrait poser un défi à certaines personnes intéressées par l'acquisition d'une appréciation approfondie de ce domaine de compétence soit soit le manque de formation technique, soit un passé dans une étude qui n'a jamais inclus la science. J'encourage le lecteur à ne pas perdre courage à ce sujet. Ce n'est pas obligatoire mais essentiel pour un niveau de professionnalisme plus élevé.

Utilisation d'un Multimètre pour le Dépannage

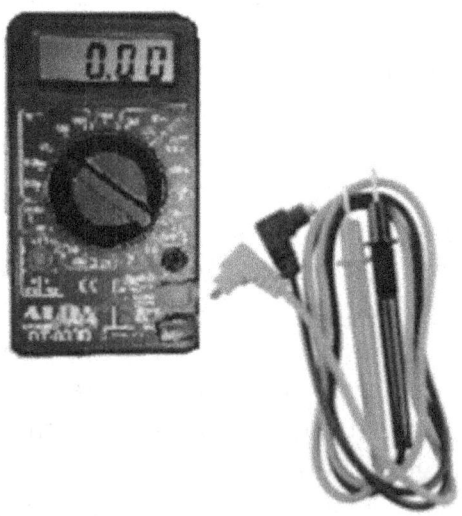

Figure 6.1: Multimètre Numérique

Qu'est-ce qu'un Multimètre ?

Un multimètre est un appareil utilisé couramment pour le traçage diagnostique dans les circuits électriques ou électroniques afin de confirmer que les tensions et courants attendus sont présents aux bons points du circuit ainsi que la résistance entre les bornes des composants. Il est donc utilisé pour la mesure de la tension, de la résistance et du courant dans les équipements électroniques ou électriques ainsi que pour tester la continuité entre deux points afin de vérifier s'il y a des interruptions dans le circuit ou la ligne.

Il existe deux types de multimètres :

- Le multimètre analogique qui possède une jauge à aiguille.

- Le multimètre numérique qui possède un écran LCD avec une lecture numérique.

Nous allons plutôt nous concentrer sur les multimètres numériques, en particulier en utilisant le type spécimen dans les images ci-dessous. Il existe d'autres types sur le marché.

Sondes ou Câbles de Mesure

- Les sondes sont les poignées utilisées pour tenir la pointe sur n'importe quel point de test choisi. L'extrémité effilée de la sonde est appelée la pointe et fournit une connexion au point de test.

- Le câble rouge du multimètre est connecté au port de tension, de résistance ou d'intensité et est considéré comme la sonde de connexion positive. Il y a généralement deux ports, l'un pour les courants plus faibles et l'autre pour les mesures de courant élevées à partir de 10 ampères et plus.

- Le câble noir du multimètre est toujours connecté au port commun et est considéré comme la sonde de connexion négative.

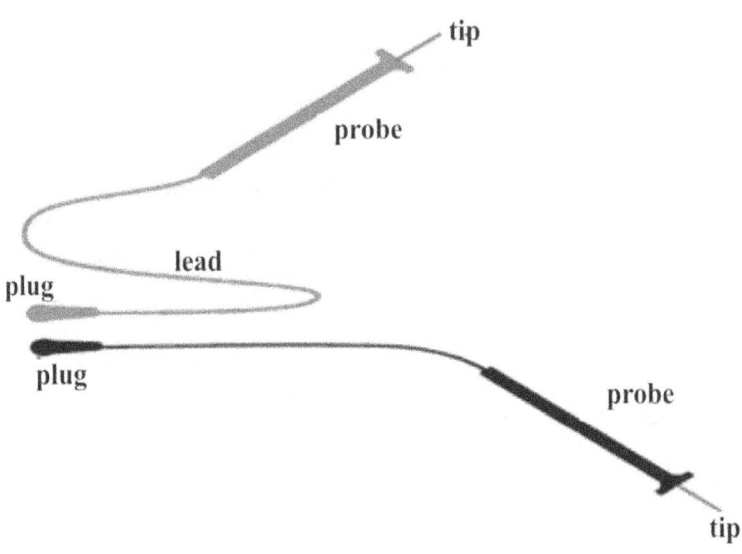

Figure 6.2: Sondes de Multimètre Numérique

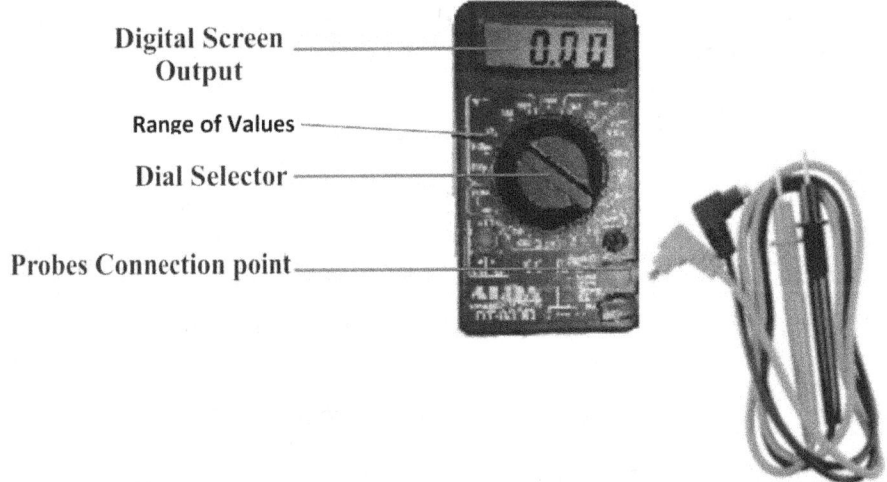

Figure 6.3: Multimètre Numérique

Compréhension des Paramètres de Calibration du Multimètre

Avant d'apprendre comment mesurer les différentes quantités électriques, il est important pour l'apprenant de connaître la signification des nombres sélectionnés par le commutateur de sélection du cadran pour toute quantité mesurée. Ci-dessous se trouve une image agrandie de la surface calibrée du compteur.

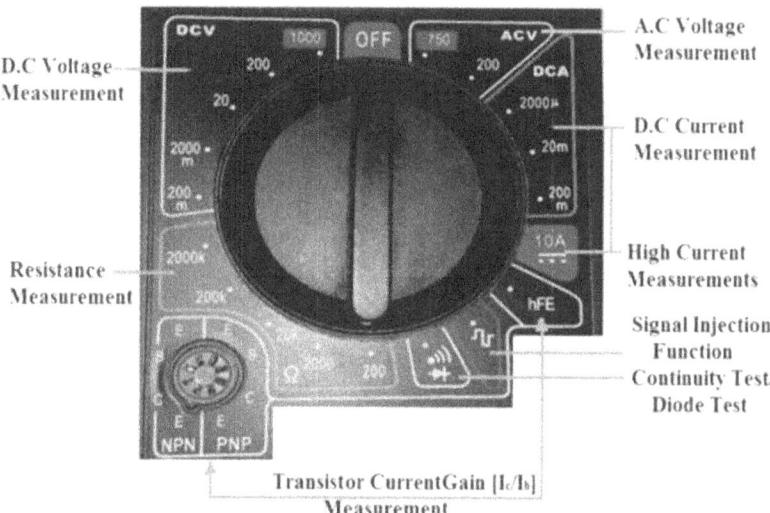

Chaque section présente une gamme de valeurs similaire aux préfixes utilisés dans le système métrique tels que millimètre, kilomètre, etc. Ces préfixes sont utilisés de la même manière pour les volts, les ohms et les ampères - les unités de mesure de l'électricité. En regardant l'image ci-dessus, vous remarquerez ce qui suit :

m = milli
k = kilo
µ = micro

Symboles	Nom du Préfixe	Equivalent Numérique	Expression Mathématique
m	milli	0.001	10^{-3}
µ	micro	0.000001	10^{-6}
k	kilo	1, 000	10^{3}
M	Mega	1, 000, 000	10^{6}
G	Giga	1, 000, 000, 000	10^{9}

Tableau 6.1 : Système métrique et unités

Il existe d'autres, mais je vais me concentrer sur le multimètre devant nous. Certains multimètres ont une fonction de plage "auto" qui sélectionne automatiquement la plage, éliminant ainsi la difficulté mentale de déterminer manuellement le point de sélection du cadran. Permettez-moi d'expliquer chaque plage de calibrage ci-dessous, spécifiquement pour le petit multimètre numérique sur l'image ici. D'autres multimètres peuvent avoir d'autres plages de valeurs dans leur seuil de tolérance.

Bloc de Mesure de la Tension en Courant Continu (C.C.) : La plage de valeurs ici va de 200 millivolts à 1000 volts en courant continu, comparable à une échelle linéaire de l'axe (-x) à (0) à l'axe (+x) sur un système de coordonnées cartésiennes. Lors de la mesure des tensions de batterie, le commutateur de sélection du cadran doit pointer vers ce bloc. Pour une résolution précise des valeurs, pointez vers la plage de valeurs la plus proche de la valeur attendue à mesurer. Par exemple, une batterie de smartphone a une plage de tension comprise entre 3,6 V et 4,2 V maximum. La valeur la plus proche de cette valeur est "20" (20 V en courant continu) sur le bloc DCV du multimètre. Pointez le sélecteur de cadran sur '20' pour mesurer la tension de la batterie. La plupart des multimètres numériques sont des dispositifs à détection automatique de polarité. Cela signifie que pour ce type, vous n'avez pas à vous soucier de placer la sonde rouge sur le positif et la sonde noire sur le neutre ou le négatif de la batterie ou d'autres bornes. Il vous donne simplement la lecture précise.

Bloc de Mesure de la Tension en Courant Alternatif (A.C.) : La plage de valeurs ici se situe entre 0V et 750V en courant alternatif (avec subdivision en 0-200 et 201-750). Pour toute valeur entre 0 et 200, il y aura une sortie ou l'affichage sera "1" ou hors plage, indiqué par "OL" (surchargé) dans d'autres cas. Lorsque cela se produit, déplacez le cadran vers le haut dans la plage (dans ce cas jusqu'à 750) et testez. Pour mesurer la tension alternative, nous plaçons la sonde rouge dans le port "VΩmA" et la sonde noire dans le port "COM". Tournez le sélecteur de cadran sur ACV ou V~ dans certains modèles. S'il s'agit d'un multimètre à sélection manuelle de la plage, réglez-le sur la plage appropriée. Par exemple, le multimètre serait réglé sur la plage 200V si 110V doit être mesuré, mais réglé sur la plage 750V pour mesurer une prise de courant alternatif de 220V. Si vous avez un multimètre à sélection automatique de la plage, vous n'avez besoin que de régler la fonction sur

ACV. Il est toujours bon de connecter en premier la sonde noire, suivie de la sonde rouge.

Bloc de Mesure du Courant en Courant Continu (C.C.) : Cette fonction mesure également le courant continu et est donc sélectionnée pour mesurer les valeurs de courant. Il existe deux plages de valeurs pour mesurer jusqu'à un maximum de 200 milliampères et jusqu'à un maximum de 10 A. Lors de la mesure de valeurs de courant plus élevées, la sonde rouge doit être déplacée vers le port 1. Voir l'image dans la figure 4.8 ci-dessous :

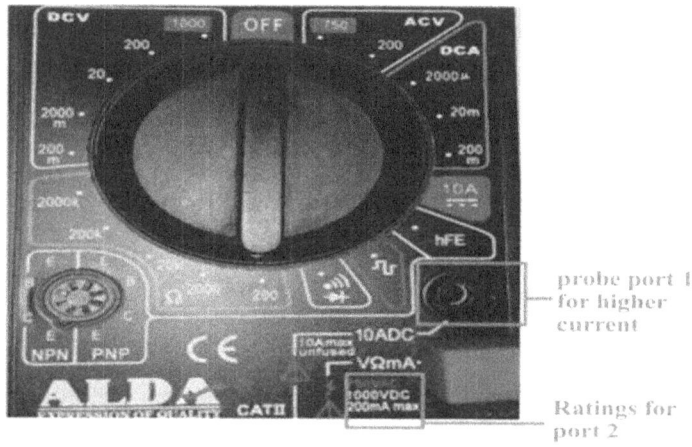

Figure 6.4: Connexion des sondes du multimètre numérique

Bloc de Mesure de la Résistance : La calibration de la résistance suit une plage de valeurs de 0 à 200 ohms jusqu'à un maximum de 2 000 k (2 000 000 ohms) ou 2MΩ. K représente kilo, qui équivaut à mille. 2000k est équivalent à 2000 x k (1000), soit 2 000 000. Lors de la mesure, il est conseillé de commencer par la plage la plus basse et de passer à la suivante si le résultat est "1" ou "OL", indiquant une valeur hors plage.

Test de Continuité/Test de Diode : Ce point de sélection est pour le test de continuité avec une alarme audible pour aider au dépannage sans détourner les yeux du circuit imprimé. Il sert également à tester la résistance directe des diodes.

Test du Gain de Courant des Transistors : Ce bloc de fonction est utilisé pour mesurer le gain de courant d'un transistor, qui est le rapport entre son courant collecteur de sortie Ic et le courant de base d'entrée Ib. Sur le côté gauche se trouvent des fentes pour insérer les trois broches d'un transistor, soit un NPN ou un PNP, marquées EBC (de haut en bas) ; ECB (de bas en haut) pour tout type de test de transistor. Il peut donc également servir à détecter les bonnes combinaisons de broches ou le type de transistor, car une sortie de gain ne peut apparaître sur l'affichage que lorsque le transistor est correctement positionné.

Fonction d'Injection de Signal : Cette fonction, lorsqu'elle est sélectionnée, est utilisée pour injecter une onde carrée d'environ 2V de crête à une fréquence comprise entre 30 et 40 Hz dans un dispositif audio. Principalement utilisé pour tester si un amplificateur fonctionne ou non. Pour utiliser cette fonction :

- Tournez le sélecteur de cadran sur la Fonction d'Injection de Signal
- À l'aide de la sonde noire négative du multimètre, touchez la masse du circuit en cours de mesure.
- Au point du circuit où le signal de test doit être injecté, touchez la pointe de la sonde rouge.

Prise de Mesures et de Lectures Réelles

Mesure de la Tension

La tension (V) est l'unité de force de pression électrique. Un volt est défini comme la différence de potentiel nécessaire pour faire passer un ampère de courant à travers un ohm de résistance. La tension est divisée en 2 classes - CA et CC. Le courant alternatif (CA) est la tension d'alimentation utilitaire (220-240 V CA) au Nigeria, tandis que le courant continu (CC) est la tension de la batterie. Pour effectuer la mesure :

- Tout d'abord, faites attention à ne pas toucher à tout autre composant électronique à l'intérieur de l'équipement et ne court-circuitez pas les pointes ensemble pendant qu'elles sont connectées à autre chose.
- Pour mesurer la tension, connectez les sondes en parallèle entre les deux points où la mesure doit être effectuée. Le multimètre fournit un chemin parallèle, il doit donc avoir une haute résistance pour permettre le passage du courant le plus faible possible.

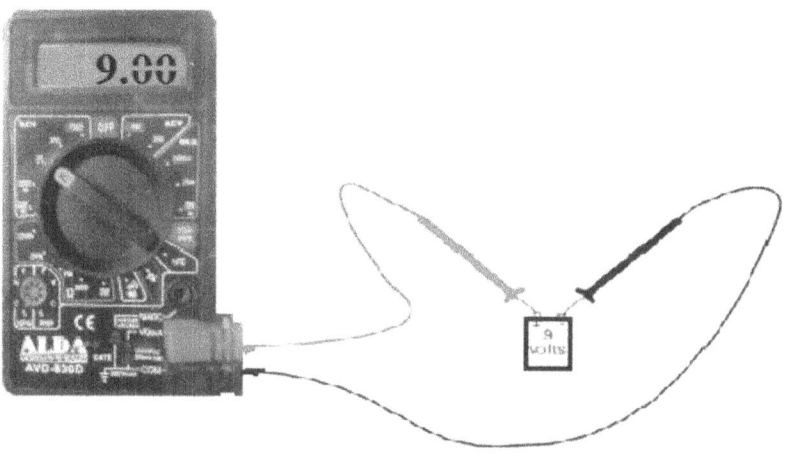

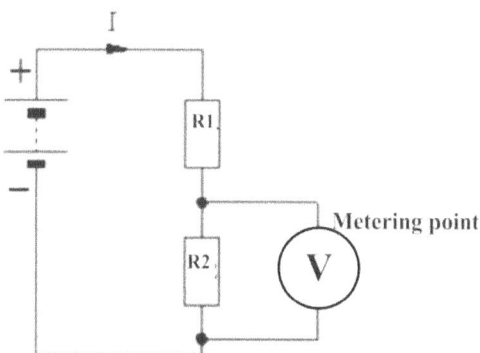

Figure 6.5: Mesure de la Tension

Mesure de la Résistance et Continuité

La résistance est l'opposition au flux de courant et est mesurée en ohms. Pour effectuer une mesure de résistance :

- Déconnectez la source d'alimentation avant de faire le test.
- Retirez le composant ou la pièce du système (carte de circuit imprimé) avant de faire le test.
- Mesurez en utilisant le point de calibrage le plus bas ; si cela indique 0Ω, passez au point de calibrage suivant.

- Le test de continuité est utilisé pour vérifier si un circuit, un fil ou un fusible est "fermé" ou "ouvert" (coupé).
- Un son audible est entendu si le circuit, le fil ou le fusible est complet (continu d'une extrémité à l'autre), mais silencieux s'il y a une rupture dans le circuit, le fil ou le fusible. Dans les multimètres analogiques, la plage est comprise entre 0 et ∞ (l'infini représente une résistance élevée). "Fermé" c'est-à-dire 0Ω tandis que "ouvert" est ∞.

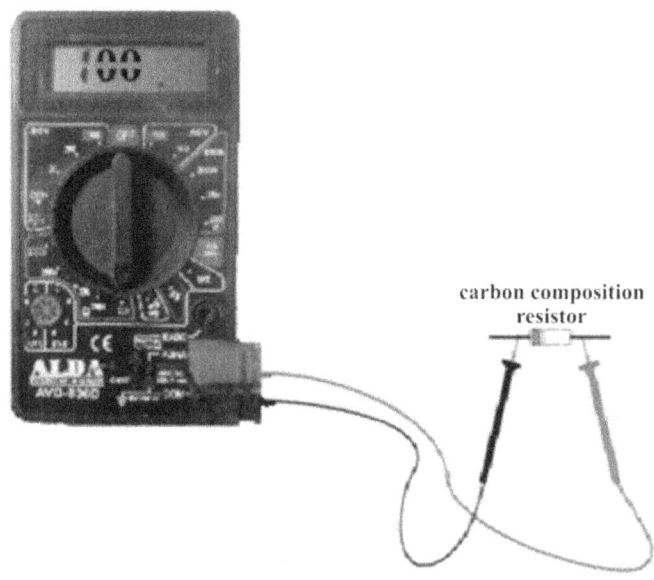

Figure 6.6: Mesure de la Résistance

Mesure du Courant

Le courant est le flux de charge à travers un composant ou un conducteur, et l'unité de mesure est l'Ampère (Ampères), A. Pour mesurer le courant :

- Tout d'abord, déconnectez la source d'alimentation avant la mesure.
- Déconnectez le système de circuit complet à l'une de ses extrémités.
- Placez le multimètre en série avec le circuit (voir l'image ci-dessous).
- Reconnectez la source d'alimentation et mettez-la sous tension.
- Sélectionnez le réglage de calibrage du courant le plus élevé et descendez progressivement.

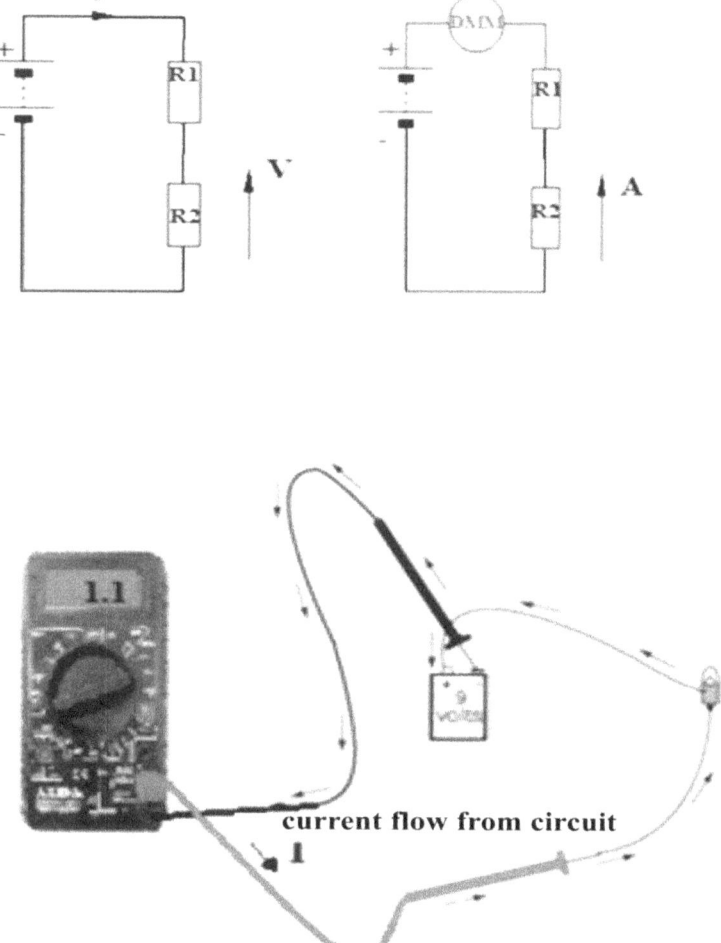

Figure 6.7: Mesure du Courant

Revue

- ❖ Un appareil capable de tester ou de mesurer la tension, le courant et la résistance est appelé un *multimètre*.
- ❖ Lors de la mesure de la tension, le multimètre doit être connecté à deux points de référence dans un circuit afin d'obtenir une bonne lecture. Faites attention à ne pas relier les pointes de la sonde lors de la mesure de la tension, car cela créerait des courts-circuits !
- ❖ Ne jamais effectuer de mesure de résistance ou de test de continuité avec un multimètre sur un circuit sous tension.

❖ Lors de la mesure du courant, le multimètre doit être connecté dans un circuit de telle manière que les électrons doivent passer à travers le compteur.

❖ Les multimètres n'ont pratiquement aucune résistance entre leurs fils. Cela est destiné à permettre aux électrons de circuler à travers le compteur avec le moins de difficulté possible. Sinon, le compteur ajouterait une résistance supplémentaire dans le circuit, ce qui affecterait le courant ou les valeurs.

Symbols	Terms	Symbols	Terms
~	AC Voltage	+	Positice
...	DC Voltage	−	Negative
Hz	Hertz	μF	MicroFarad
⏚	Ground	μ	Micro
⊣⊢	Capacitor	m	Milli
Ω	Ohms	K	Kilo
▶⊢	Diode	M	Mega
•)))	Audible Continuity	OL or "1"	Overload/Infinity

Table 6.2: Symboles et leurs significations

Valeurs Standard Pour Certains Composants Périphériques

Les composants périphériques suivants, attachés à la carte mère des smartphones et des tablettes, ont été prouvés avoir une gamme de valeurs de résistance pendant leur cycle de vie de performance optimale.

1. Microphone (Bec) - 700 – 1700 Ω ± 100
2. Haut-parleurs (Écouteurs) - 30 – 33 Ω ± 3
3. Sonneries - 8 – 10 Ω ± 1
4. Vibrations - 8-16 Ω ± 1

Ce sont des valeurs de performance optimale. Toute valeur en dessous du minimum ou au-dessus du maximum signifierait que le composant est soit défaillant, soit en train de se détériorer vers un état non fonctionnel ou non optimal même s'il est toujours utilisé et fonctionnel.

Comment Tester Différents Composants

Il existe des analyseurs pour effectuer la tâche de test des différents composants électroniques, mais les dépenses peuvent être difficiles à justifier pour le technicien moyen, surtout pour un débutant. Si vous menez une enquête à l'échelle mondiale, des techniciens sur le terrain ou de banc d'essai, vous découvrirez que leur équipement de test le plus utilisé est un multimètre numérique (multimètre analogique pour certains). Ces dispositifs polyvalents peuvent être utilisés pour tester et diagnostiquer une large gamme de circuits et de composants. Comme ce livre encourage l'entrepreneuriat technique, nous discuterons en détail de l'utilisation d'un multimètre numérique.

Interrupteurs

Pour tester les interrupteurs :

i. Déterminez le type d'interrupteur auquel vous êtes confronté.
ii. Mettez le multimètre en mode test de continuité (symbole de diode) avec une alerte sonore (bip).
iii. Identifiez les bornes de la carte de circuit imprimé (PCB, également appelée carte mère) de l'interrupteur.
iv. Pour un interrupteur à deux bornes en état normal (OFF), testez la continuité entre les deux bornes. Si un bip confirme la continuité, remplacez l'interrupteur.
v. S'il n'y a pas de continuité en position OFF, placez chaque sonde sur chaque borne et appuyez ou actionnez l'interrupteur.
vi. S'il y a un bip (indicateur de continuité) lorsque l'interrupteur est actionné, l'interrupteur est OK. S'il n'y a pas de bip (pas de continuité), l'interrupteur est endommagé. Remplacez l'interrupteur.
vii. Pour un interrupteur à quatre bornes, notez qu'il n'y a que deux polarités issues de l'alimentation électrique. Par conséquent, il n'y a que 2 points de test. Les deux bornes supplémentaires sont généralement utilisées pour l'équilibrage ou en raison d'autres considérations de conception de l'interrupteur. Identifiez les bornes de test (une paire est continue l'une avec l'autre mais séparée de l'autre paire) et répétez la procédure (iv) à (vi) ci-dessus.

Microphones

Pour tester les microphones :

i. Mettez le multimètre en mode test de continuité (symbole de diode) avec une alerte sonore (bip).
ii. Les microphones sont des composants à deux bornes. Placez la sonde positive (+) sur la borne connectée au pad positif (+) du PCB. Il est généralement marqué sur le PCB. Placez également la sonde négative (-) sur sa borne négative (-).
iii. La valeur affichée doit se situer entre 700 et 1700 Ω ± 100.
iv. Pour toute valeur inférieure à 600 Ω ou supérieure à 1800 Ω, remplacez.

Haut-parleurs

Pour tester les haut-parleurs :

i. Mettez le multimètre en mode test de continuité (symbole de diode) avec une alerte sonore (bip).
ii. Les haut-parleurs sont des composants à 2 bornes. Placez la sonde positive (+) sur la borne connectée au pad positif (+) du PCB. Il est généralement marqué sur le PCB. Dans certains cas, les bornes sont des fils rouges (+) et noirs (-) enduits de PVC. Placez également la sonde négative (-) sur la borne négative (-) des haut-parleurs.
iii. La valeur affichée doit se situer entre 30 et 33 Ω ± 3.
iv. Pour toute valeur inférieure à 27 Ω ou supérieure à 36 Ω, remplacez.

Sonneries

Pour tester les sonneries :

i. Placez le multimètre en mode test de continuité (test de diode) avec une alerte sonore (bip).
ii. Les sonneries sont des composants à deux bornes. Placez la sonde positive (+) sur la borne connectée au pad positif (+) du PCB. Il est généralement marqué sur le PCB. Dans certains cas, les bornes sont des

fils rouges (+) et noirs (-) enduits de PVC. Placez également la sonde négative (-) sur sa borne négative (-).

iii. La valeur affichée sur le multimètre doit se situer entre 9 et 10 Ω ± 1.
iv. Pour toute valeur inférieure à 8 Ω ou supérieure à 11 Ω, remplacez.

Vibrateurs

Pour tester les vibrateurs :

i. Placez le multimètre en mode test de continuité (symbole de diode) avec une alerte sonore (bip).
ii. Les vibrateurs sont des composants à 2 bornes. Placez la sonde positive (+) sur la borne connectée au pad positif (+) du PCB. Il est généralement marqué sur le PCB. Dans certains cas, les bornes sont des fils rouges (+) et noirs (-) enduits de PVC. Placez également la sonde négative (-) sur sa borne négative (-).
iii. La valeur affichée sur le multimètre doit se situer entre 9 et 15 Ω ± 1.
iv. Pour toute valeur inférieure à 8 Ω ou supérieure à 16 Ω, remplacez.

Résistances

Les résistances sont des composants électriques passifs à deux bornes qui fournissent une résistance électrique en tant qu'élément de circuit. Dans une section précédente, nous avons examiné comment mesurer les résistances.

Pour tester les résistances :

i. Mettez le multimètre en mode de test de résistance.
ii. Les bornes de la résistance n'ont pas de polarité. Les sondes peuvent être placées dans n'importe quel sens sur chacune des bornes. Le PCB doit être déconnecté du réseau électrique.
iii. Placez la sonde positive (+) sur l'une de ses bornes connectées au PCB. Placez la sonde négative (-) sur son autre borne et prenez les mesures.
iv. Le sélecteur de cadran doit être tourné vers l'échelle la plus basse sur le calibrateur de résistance avant de commencer la mesure.
v. Avant de tester une résistance, il est préférable de déterminer quelle devrait être la valeur précise pour une résistance spécifique, soit à

vi. partir d'un schéma de circuit, soit comme indiqué sur la carte.
vii. Continuez à augmenter l'échelle jusqu'à obtenir une valeur unitaire.
viii. Les résultats du test ne doivent pas être trop bas, de sorte que la valeur se rapproche de zéro ohm. Cela indiquerait une valeur équivalente à un court-circuit (comme un cavalier). L'exception concerne les résistances utilisées comme fusibles. De plus, si les résultats sont trop élevés, cela peut indiquer une résistance en circuit ouvert (cassée) ou une résistance ayant acquis une valeur plus élevée. Cela peut être un signe possible d'un défaut.

Diodes

Les diodes sont des dispositifs électroniques à deux bornes qui permettent le passage du courant à travers elles UNIQUEMENT dans une direction (anode vers cathode), mais bloquent le flux de courant à travers elles dans l'autre direction (cathode vers anode). Cela signifie simplement qu'elles ont une faible résistance au passage du courant dans une direction et une résistance élevée (ou infinie) dans l'autre direction.

Les diodes de signal semi-conductrices sont les types les plus courants dans les cartes de circuits imprimés des smartphones. Il est également pertinent de noter la différence entre le courant conventionnel et le flux d'électrons. Cela est expliqué plus tard dans le chapitre 6 "Fondamentaux électroniques".

Le courant conventionnel est le flux de courant du terminal positif (+) au terminal négatif (-), tandis que les électrons circulent de la cathode négative (-) vers l'anode positive (+) dans une diode.

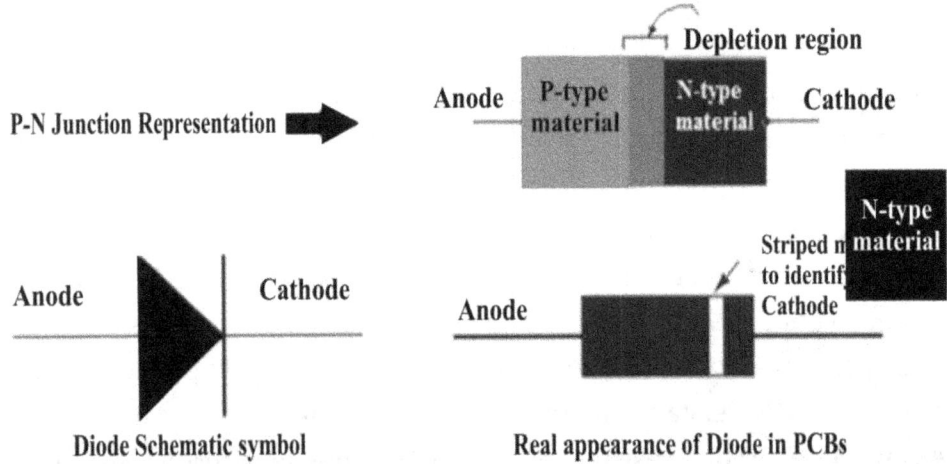

Figure 6.8: Diode Symbols

Pour tester les diodes pour les défauts :

i. Mettez le multimètre en mode de test de continuité (symbole de la diode) avec une alerte sonore (bip).
ii. Placez la sonde positive (+) sur la borne Anode connectée au pad de la carte de circuit imprimé (PCB) et placez la sonde négative (-) sur la borne Cathode (-) marquée d'une bande.
iii. **Remarque :** La valeur affichée sur l'écran du multimètre devrait différer pour diverses diodes en fonction de la résistance directe nominale de la diode. Ce test n'est pas destiné à prendre des lectures de valeur. C'est simplement un test de RÉUSSI ou ÉCHOUÉ.
iv. S'il y a une valeur de sortie dans cette direction, inversez les sondes sur les bornes opposées et il ne devrait y avoir aucune lecture (résistance infinie) dans cet état pour une bonne diode.
v. S'il y a des valeurs de sortie dans les deux cas, la diode est en court-circuit.
vi. S'il n'y avait aucune lecture (résistance infinie) dans les deux cas, la diode est en circuit ouvert (donc défectueuse).
vii. Une bonne diode devrait lire uniquement la résistance directe lorsque la sonde positive (+) est sur l'ANODE et que la sonde négative (-) est sur la Cathode, et aucune lecture lorsque les sondes sont inversées.

Transistors

Les transistors sont composés de matériaux semi-conducteurs avec au moins trois bornes pour la connexion à un circuit externe. Selon la substance de dopage interne, un transistor peut être un transistor bipolaire à jonction (BJT) ou un transistor à effet de champ à oxyde métallique de silicium (MOSFET).

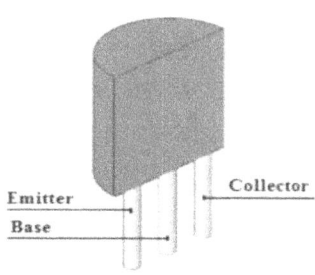

Figure 6.9: Transistor

Les Transistors Bipolaires à Jonction (BJT) se présentent sous deux types :

- Transistors NPN
- Transistors PNP

Pour tester un transistor BJT, nous devons considérer le composant comme deux diodes connectées dos à dos de l'une des manières suivantes :

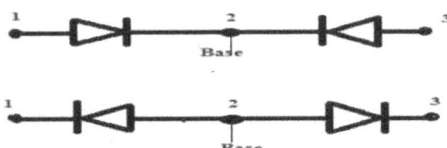

Figure 6.10: Équivalent de transistor utilisant 2 diodes dos à dos

L'un des côtés (gauche ou droite) pourrait être déterminé comme le Collecteur ou l'Émetteur respectivement.

Méthode 1

En utilisant le multimètre numérique, identifiez les trois broches dans l'image du transistor ci-dessus numérotées un, deux et trois. Ce test est destiné aux transistors bipolaires à jonction (BJT) :

i. Sélectionnez le test de continuité (test de diode) sur le multimètre avec une alerte sonore.
ii. **Remarque :** La lecture sur l'affichage du multimètre différerait pour diverses diodes en fonction de la résistance avant nominale de la diode. Ce test n'est pas destiné à prendre des `lectures de la valeur de résistance de la diode. C'est simplement un test PASS ou FAIL.
iii. Placez la sonde positive (+) sur la broche 2 du transistor. Ne supposez pas que la broche centrale (2) est la "Base" par défaut.
iv. Placez alternativement la sonde négative (-) sur les deux broches latérales - 1 et 3. Vérifiez s'il y a une valeur affichée sur le multimètre. Si la combinaison de polarité de la sonde [broches 2 (+)/1 (-)] affiche une valeur et [broches 2 (+)/3 (-)] affiche également une valeur, alors les deux jonctions ont des résistances avant pour les deux bras gauche et droit des deux diodes.

v. Alternez en remplaçant la sonde positive sur la broche 2 par la sonde négative. La broche 2(-)/1(+) et 2(-)/3(+) ont-elles donné une lecture ou une résistance infinie ? Si les deux bras (gauche et droit) n'ont donné aucune lecture, le transistor est en bon état. Ensuite, déterminez quel type de transistor est testé (NPN ou PNP). Si une valeur a été affichée (résistance avant) uniquement lorsque la sonde positive était sur une broche particulière (point commun, "Base"), tandis que la sonde négative était alternée entre les deux autres broches, alors c'est NPN. Lorsqu'il est inversé et qu'une résistance avant est affichée uniquement lorsque la sonde négative est placée sur une broche commune (Base), et que la sonde positive est alternée entre les deux autres broches, alors c'est PNP.

vi. Après avoir vérifié avec la sonde positive sur la broche 2, vérifiez toujours en sens inverse avec la sonde négative sur la même broche 2. La broche 2 ne sera pas toujours la Base (commune). La "Base" pourrait être l'une des broches et est la broche qui, lorsqu'elle est utilisée comme point de test de départ (sonde + ou -), donnera une lecture de résistance avant lorsque l'autre polarité (sonde + ou -) est placée alternativement sur les deux autres broches.

vii. Répétez la même procédure avec chacune des trois broches en focus (référence + ou -), pour déterminer quelle broche fournit un point commun à partir duquel les autres broches enregistrent une résistance avant avec l'autre polarité.

Méthode 2

Une autre méthode pour tester un transistor consiste à lire la tension de sortie. Toute lecture contraire aux valeurs suivantes indiquerait que le transistor testé est défectueux. Suivez la procédure ci-dessous.

i. Retirez le transistor du circuit imprimé pour des résultats de test précis.

ii. La jonction Émetteur-Base a généralement une chute de tension légèrement plus élevée que la jonction Collecteur-Base. C'est un moyen de les distinguer.

iii. Commencez par tester la jonction Base-Émetteur. Placez la sonde positive du multimètre sur la BASE (B) du transistor. Placez la sonde négative sur l'ÉMETTEUR (E) du transistor. Pour un bon transistor NPN, le multimètre devrait afficher une chute de tension entre 0,45 V et 0,9 V. Si vous testez un transistor PNP, vous devriez voir "1" (Résistance infinie).

iv. Testez la jonction Base-Collecteur. Placez la sonde positive sur la BASE (B) et placez la sonde négative sur le COLLECTEUR (C). Pour un bon transistor NPN, le multimètre devrait afficher une chute de tension entre 0,45 V et 0,9 V. Si vous testez un transistor PNP, vous devriez voir "1" (Résistance infinie).

v. Testez la jonction Émetteur-Base. Placez la sonde positive sur l'ÉMETTEUR (E) et la sonde négative sur la BASE (B) du transistor. Pour un bon transistor NPN, vous devriez voir une résistance infinie. Si vous testez un transistor PNP, le multimètre devrait afficher une chute de tension entre 0,45 V et 0,9 V.

vi. Ensuite, testez la jonction Collecteur-Base. Placez la sonde positive sur le COLLECTEUR (C) du transistor et la sonde négative sur la BASE (B) du transistor. Pour un bon transistor NPN, vous devriez voir "1" (Résistance infinie). Si vous testez un transistor PNP, le multimètre devrait afficher une chute de tension entre 0,45 V et 0,9 V.

vii. Ensuite, testez la jonction Collecteur-Émetteur. Placez la sonde positive sur le COLLECTEUR (C) et la sonde négative sur l'ÉMETTEUR (E). Un bon transistor NPN ou PNP affichera "1" (Résistance infinie). Inversez la polarité (Positive sur la borne Émetteur et Négative sur la borne Collecteur). Un bon transistor NPN ou PNP devrait afficher "1" ou une résistance infinie.

Les condensateurs

Pour effectuer des tests sur les condensateurs dans les PCB (circuits imprimés) des smartphones, nous devons d'abord considérer leur propriété. Les condensateurs stockent de l'énergie sous forme de champ électrostatique. Ils se trouvent dans les appareils mobiles, sous différentes couleurs, formes et types. Ils comprennent :

- Condensateurs non électrolytiques - ils sont de couleur noire légère (gris foncé), jaune ou marron. Ils ne sont pas polarisés (aucun marquage de terminal positif (+) ou négatif (-)).
- Condensateurs électrolytiques - ils sont généralement orange avec une bande marron à une extrémité ou noirs avec une bande blanche à une extrémité dans les smartphones. Le côté avec la bande est le positif (+) tandis que l'autre côté est le négatif (-).

La raison de la description ci-dessus est la suivante ; le test de défaillance du condensateur dans les smartphones ou les tablettes comprend l'observation de la coloration qui se produit lorsqu'ils brûlent. Les condensateurs deviennent défectueux de deux manières :

- Court-circuit
- Circuit ouvert

Pour effectuer un test de défaut de court-circuit :

i. Réglez le multimètre sur son échelle de résistance minimale.
ii. Pour les condensateurs électrolytiques, connectez la sonde négative (-) au terminal positif (+) du condensateur et la sonde positive (+) au terminal négatif (-).
iii. Si le multimètre lit initialement zéro ohm et passe à l'infini ('1' sur certains multimètres numériques), alors il n'est pas court-circuité (court-circuité).
iv. Pour les condensateurs non électrolytiques comme les céramiques et les autres types de condensateurs d'une capacité inférieure à 1,0 µF, la lecture du multimètre restera immobile, c'est-à-dire une résistance infinie.
v. S'il est court-circuité, la lecture du multimètre tendra vers zéro ohm.
vi. Pour les condensateurs plus gros, la chose standard à faire est de retirer une des bornes de ses bornes du circuit de la carte PCB. Mais pour les appareils mobiles, ne faites pas cela. L'idée est de tester la capacité du condensateur en cours de test ; pour qu'il se comporte conformément à sa capacité de stockage de charge. Lorsqu'une alimentation CC est appliquée à ses bornes, la sortie du voltmètre

reflétera simplement la sortie de tension de l'alimentation après un certain temps. Mais si le condensateur fuit ou s'il est court-circuité, la lecture du voltmètre augmentera fortement puis diminuera à nouveau bien que pas à zéro. Cependant, si le multimètre ne montre aucune augmentation de valeur ou de saut du tout, alors le condensateur est soit ouvert, soit la capacité est trop faible pour enregistrer un résultat.

vii. Pour les condensateurs de smartphone ou de tablette, nettoyez la PCB pour mettre à la terre les condensateurs et neutraliser toute charge résiduelle. Si la cible pour le test a une quelconque charge, pontez les bornes pour la décharger. Ensuite, appliquez une tension de l'alimentation pendant 20 secondes à la carte PCB. Testez à nouveau pour confirmer s'il acquiert une charge de l'alimentation comme indiqué dans le point (vi) ci-dessus.

Inducteurs

Les inducteurs sont simplement constitués d'une bobine de fil enroulée sur un armature ou un noyau en fer doux. Le meilleur test pour vérifier si un inducteur est bon ou non est de tester la résistance de l'inducteur avec votre multimètre ;

i. Réglez le sélecteur de cadran du multimètre sur l'ohmmètre (résistance).
ii. Il n'y a pas de considérations de polarité en ce qui concerne la mesure de la résistance. Placez les sondes (+) et (-) chacune sur une borne de l'inducteur.
iii. L'inducteur doit afficher une très faible résistance entre ses bornes, seulement quelques ohms. Si un inducteur affiche une résistance élevée, il est défectueux et doit être remplacé dans le circuit.
iv. Si un inducteur affiche une valeur de résistance très, très faible, inférieure à un ohm (très proche de 0Ω), cela peut être un signe qu'il est court-circuité. Les inducteurs fonctionnels affichent normalement quelques ohms, supérieurs à 1Ω et généralement inférieurs à 10Ω. C'est une plage saine pour une valeur d'inductance. Toute valeur en dehors de cette plage est généralement un signe que l'inducteur est défectueux.

Testing des Circuits Intégrés (ICs) Sur les PCB de Téléphones Portable

Le Circuit d'Alimentation (Power IC) et le CPU

Pour tester ces puissants composants, nous utilisons les mesures suivantes déduites des valeurs normales dans les appareils mobiles fonctionnels. *Notez que celles-ci sont déduites d'années d'expérience de service sur le terrain. Elles ne doivent pas être interprétées comme des valeurs scientifiquement prouvées.* En utilisant une unité d'alimentation en courant continu (DC) :

i. Ajustez le réglage de tension de l'unité d'alimentation en courant continu (DC) à 4,2V DC.
ii. Placez la sonde positive de l'unité d'alimentation en courant continu (DC) sur la borne positive (+) du connecteur de batterie du téléphone mobile et la sonde négative sur la borne négative (-) du connecteur de batterie.
iii. Vérifiez la lecture du courant en courant continu (Ampère). Si le courant continu (Ampère) est supérieur à 6A, alors soit le circuit d'alimentation (Power IC) soit le CPU est endommagé.
iv. Remplacez d'abord le circuit d'alimentation (Power IC).
v. Si le problème n'est pas résolu, remplacez le CPU.
vi. Si la lecture affiche 0A, alors il pourrait y avoir un problème avec l'un des éléments suivants ;
   - Connecteur de batterie
   - Circuit d'alimentation du commutateur d'alimentation ou
   - Oscillateur à cristal RF
vii. Si le courant indiqué sur la lecture de l'ampèremètre est inférieur à 2A, il peut y avoir un problème logiciel ou une batterie RTC (Real Time Clock) défectueuse.
viii. Si un bip sonore est émis par l'unité d'alimentation en courant continu (DC), alors il existe un problème de court-circuit avec l'appareil mobile.

Techniques de Soudure BGA Avancées

Les compétences en soudure sont essentielles si vous souhaitez être un bon fournisseur de support technique. Une action que vous devez prendre est de pratiquer.

Pratiquez ! Pratiquez !! Pratiquez !!! Vous devez pratiquer jusqu'à ce que vous maîtrisiez parfaitement les compétences.

Qu'est-ce que la Soudure ?

La soudure est le processus de jointure de deux bornes ensemble en utilisant de la soudure fondue. La soudure est un alliage métallique de plomb et d'étain. Les outils nécessaires sont les suivants :

1. Le fer à souder ou la station de reprise - Utilisez un fer de 25W pour les petits travaux et de 100W pour les travaux plus importants. La station de soudage possède un fer à température variable qui est plus sûr pour les circuits imprimés car la température de la pointe est ajustée pour s'adapter à la taille du travail.
2. Fil à souder - fait d'un alliage de plomb et d'étain
3. Pâte à souder/flux - est un additif qui facilite le processus de soudure en éliminant et en prévenant l'oxydation, améliorant ainsi les caractéristiques de mouillage ou de fusion de la soudure liquide.
4. Pince ou pince - Utilisez des pincettes ou une pince pour maintenir les composants pendant le processus car les composants sont très petits.
5. Coupe/ Pince à bec effilé.

Jetez un œil à quelques images d'outils nécessaires dans la figure 6.11.

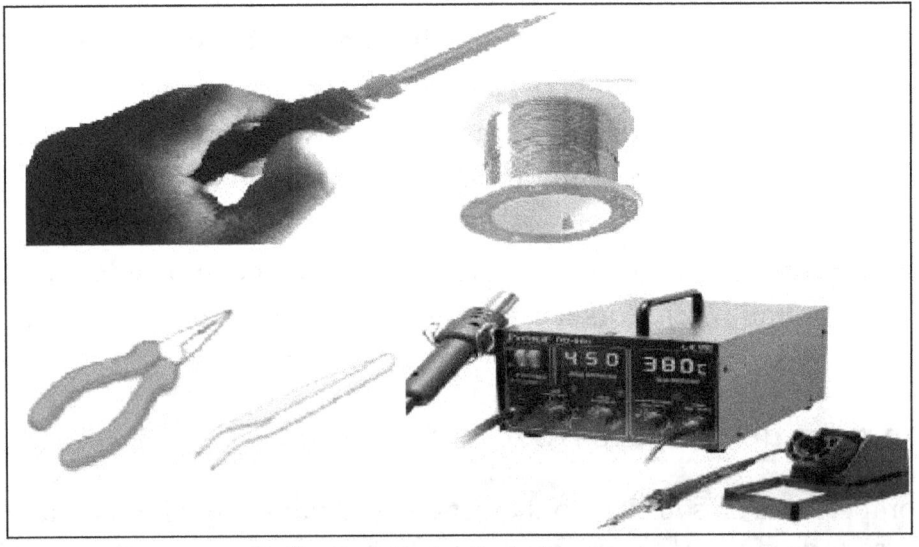

Figure 6.11: Outils de Soudure

Procédure de soudage

Le soudage concerne le soudage des composants en montage en surface et des composants « traversants » qui sont directement enfoncés dans les cartes de circuit imprimé (PCB). Ces composants ont des fils ou des fils qui sont soit montés en surface, passés à travers un trou dans la carte, soit soudés au pad plaqué cuivre autour du trou.

Il existe différentes techniques pour souder divers composants sur la carte électronique, mais le principe général gouvernant le processus de soudage est le suivant et suffira :

- Pour souder un composant dans le PCB, utilisez une pince ou une pince pour placer ou maintenir le composant en place, qui sont dans la plupart des cas de petits dispositifs miniatures. Ensuite, avec une main tenant le fer à souder, placez d'abord la pointe du fer sur le pad (point de contact) tout en tenant le fil de soudure dans l'autre main dirigé vers la pointe du fer à l'endroit où se rejoignent le PCB et le terminal du composant. De cette manière, la main tenant le fil de soudure contrôle la quantité de soudure fondue dans la jointure au fur et à mesure qu'elle est retirée de la jointure. Voir l'image ci-dessous.
- Un étau peut être utilisé pour maintenir la carte en place (recommandé) ou elle peut simplement être placée sur la table de travail pendant que le composant est soudé.

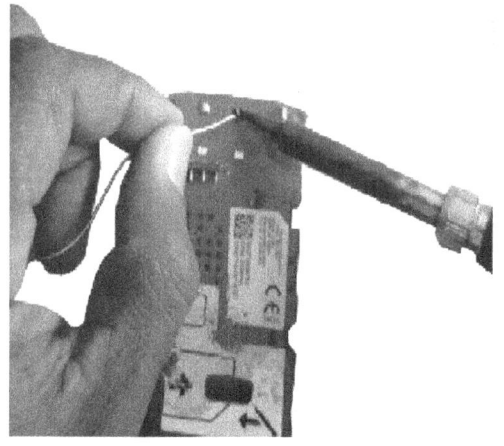
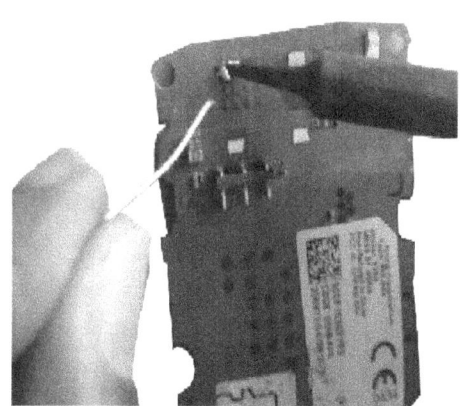

A. Feed the solder to the iron tip   B. Stop feed by withdrawing feed-hand

- Préparez les composants à souder. Pour les smartphones ou tablettes de taille micro, utilisez la chaleur du fer à souder pour humidifier les bornes ou les points de contact avec un petit plomb. Ensuite, utilisez un agent de nettoyage pour essuyer les surfaces afin d'obtenir un processus de soudage propre. Pour les composants plus gros, pliez correctement et avec précaution les broches du composant pour éviter les dommages, et insérez-les dans le point de contact ou le pad de la carte PCB.
- Ensuite, « étamez » la soudure. Cela se fait en faisant fondre une petite goutte de soudure sur la pointe du fer à souder. Ce processus est appelé « étamage de la pointe » car il aide à améliorer le flux de chaleur du fer à la broche et au pad, protégeant ainsi la carte de la chaleur excessive.
- Faites des billes de soudure avec le fer et le plomb sur la table de travail.
- Utilisez la pointe du fer à souder pour ramasser une bille de plomb. Placez la pointe du fer à souder avec la petite bille ou boule de plomb dessus, sur l'interface entre le pad et la broche, en veillant à ce qu'elle touche à la fois la broche et le pad.

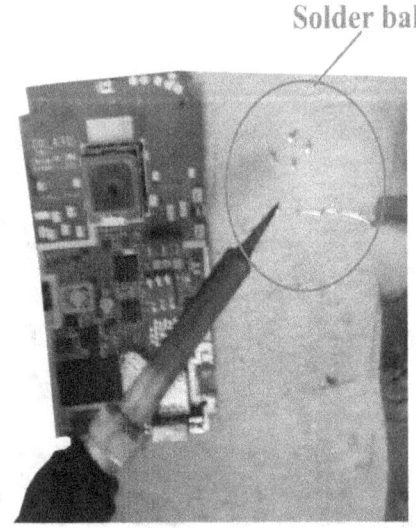

1. Create solder balls
2. Lifting a ball with iron tip

3. Placing the ball on a joint-in this case a switch terminal

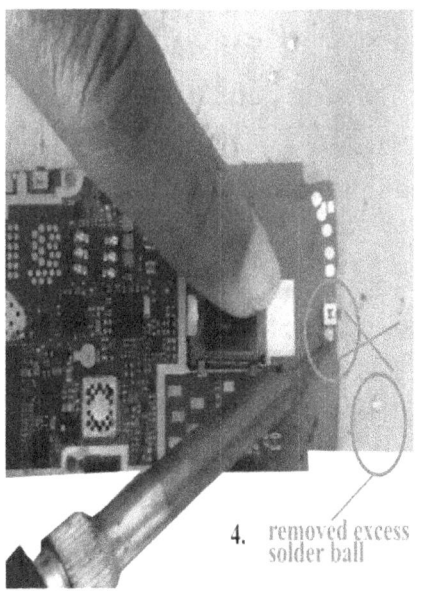

4. removed excess solder ball

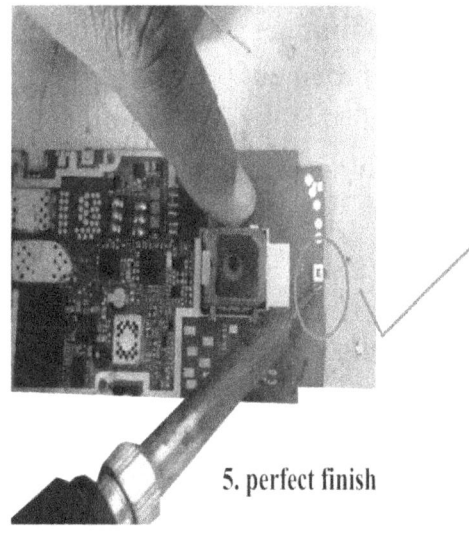

5. perfect finish

- Appliquez soigneusement la soudure à l'emplacement approprié. N'oubliez pas de poser le fer dans une position stable et sécurisée lorsqu'il n'est pas utilisé pour éviter les brûlures ou les dommages aux composants utiles environnants.
- Déposez la bonne quantité de soudure sur l'interface entre le pad de la carte PCB et les broches de contact du composant et laissez-la refroidir. Enlevez l'excès de soudure s'il y en a. Cela ne devrait pas prendre plus

- d'une seconde car la soudure fondue se solidifie facilement une fois la source de chaleur retirée.
- Si la soudure ne fond pas facilement sur la zone de jonction, cela est dû à un transfert de chaleur insuffisant vers la surface de jonction ou à une surface sale.
- Rappelez-vous d'arrêter d'ajouter de la soudure à la borne de jonction en retirant le fil de plomb du fer à souder. Pas plus d'une goutte de plomb n'est nécessaire pour une bonne jonction, bien que cela varie en fonction de la taille et du type de composant. Mais c'est la main qui contrôle l'alimentation en fil de soudure qui détermine la quantité alimentée à une jonction.
- Assurez-vous que le fer est rapidement retiré de la surface de jonction dès que possible car une chaleur excessive sur une jonction peut facilement endommager le pad (bornes de contact) sur lequel le composant doit être joint. De même, le composant pourrait être endommagé en raison d'un chauffage excessif. Par conséquent, agissez rapidement. Le niveau de chaleur sur la carte peut être évalué en utilisant un doigt pour sentir la température de la carte.
- Une bonne jonction apparaîtra normalement brillante, lisse et en forme de cône, sinon elle pourrait résulter en une jonction « froide » ou sèche avec un aspect terne, granuleux, rugueux et givré. Des indications visibles permettent de savoir si une jonction est bonne. La soudure doit fondre et fusionner avec les contacts des composants pour former un alliage avec la surface métallique. La soudure jointe doit recouvrir la surface du composant de manière uniforme. Elle ne doit ni être trop peu ni trop.
- Pendant le processus de soudage, nettoyez l'oxydation de la pointe du fer à intervalles réguliers pour faciliter le transfert de chaleur. Après avoir réalisé une bonne jonction, assurez-vous de laisser refroidir la jonction avant de déplacer les composants.

Comment Utiliser la Station de Réparation

Une station de réparation est une machine à souder utilisée pour effectuer des travaux de soudure de haute précision, y compris le retrait et le remplacement des composants de la carte mère. Le nom « réparation » est dérivé du fait qu'elle est utilisée pour « refaire le travail » (soudure) qui a été précédemment réalisé sur la carte lors de la fabrication de la PCB.

Les stations de réparation disposent de pistolets à air chaud ou de souffleries qui soufflent de l'air chaud pour chauffer les CI (circuit intégré) ou les remplacer. Le processus de chauffage est destiné à ramollir et refroidir la soudure maintenant les broches de contact des composants fixés sur la carte mère, pour réparer les joints qui ont séché ou cassé. Lorsque les CI se déconnectent de la carte de circuit imprimé, des défauts se produisent dans le système.

Supposons par exemple que les contacts de plomb BGA (Ball Grid Array) d'un CI (circuit intégré) qui sert à distribuer l'alimentation (CI d'alimentation) sur toute la carte mère, soient devenus secs, rouillés ou cassés, cela empêcherait le smartphone de s'allumer. Si le CI est lié à la charge, la batterie ne se chargera plus via le téléphone. Les CI CMS (composants montés en surface) subissent également une oxydation ou une rouille de leurs bornes, mais c'est moins courant et facilement réparable avec le fer à souder.

Lors de l'utilisation de la station de réparation, il y a deux boutons d'intérêt pour des performances optimales. Ajuster ces boutons pour obtenir le meilleur réglage de transfert de chaleur requis est important. Le réglage de la température variable a une plage de températures en degrés Celsius. Le réglage de la pression d'air a sa propre calibration dans le sens des aiguilles d'une montre de bas en haut. Il existe également des stations de réparation qui n'ont pas d'affichage numérique avec juste des boutons calibrés de bas en haut. Assurez-vous que le souffleur ne fonctionne pas sans un air d'accompagnement adéquat. Si vous faites fonctionner la machine à des températures élevées sans ajustement d'air correspondant, le filament du souffleur sera endommagé.

Soudage et Réparation des CI BGA

Ajustez les températures en fonction de l'opération en cours ;

Soudage par Refusion

Les CI BGA ont généralement des dysfonctionnements dus à l'usure ou à la corrosion de leurs billes de soudure de montage. Toute fissure dans la soudure qui déconnecte la piste du PCB de l'IC causera un dysfonctionnement de la puce. En raison de l'espace étroitement rempli sous les CI, il est facile pour les liquides de se piéger et de causer de la corrosion. Parfois, un impact sévère sur le téléphone dû à une manipulation brutale provoque des fissures dans les bornes à point de billes de soudure des CI.

Par conséquent, pour réparer les défauts associés aux CI, un courant d'air chaud provenant de la station de réparation est utilisé fondre les billes de soudure et lorsqu'elles refroidissent, elles se reconnectent correctement à la fois au PCB et à la puce.

Pour y parvenir, un air chaud contrôlé est dirigé vers le CI. Pendant ce processus, il est nécessaire de nettoyer le dessous du CI en canalisant du liquide de nettoyage en dessous et en utilisant la pression de l'air provenant du souffleur pour expulser le liquide mélangé à la saleté. Répétez le processus autant de fois que possible jusqu'à ce que seul un liquide clair soit expulsé. Appliquez de la pâte à souder et répétez le même processus. Pendant ce temps, la pâte à souder combinée à la chaleur agit ensemble pour réparer les billes de soudure. Tout en canalisant la chaleur, à intervalles réguliers, appliquez une légère pression vers le bas sur la puce avec le pouce. Cela aidera à lier les contacts des billes et aidera également à évaluer le niveau de chauffage appliqué. S'il est excessif, cela brûlera le pouce. Utilisez un liquide de nettoyage pour expulser tout résidu de pâte à souder lorsque le processus est terminé. Notez qu'il est important de le faire car les résidus de pâte à souder peuvent provoquer une surchauffe de la puce pendant le fonctionnement normal du téléphone en raison de la dissipation d'énergie thermique.

Cette procédure ci-dessus doit être appliquée après que le processus de chauffage à sec normal a échoué à corriger un IC défaillant identifié ainsi qu'avant qu'un processus de retrait, de remise en boule et de remplacement ne soit effectué.

Comment Remplacer une Puce BGA(IC) sur le PCB

Après avoir refait les contacts à billes de l'IC, positionnez-le sur le PCB à l'aide d'une pince et appliquez un courant d'air chaud sur l'ensemble de la puce. Les billes de soudure sous la puce vont fondre. La composition de l'alliage de soudure associée à la température de soudage contrôlée appliquée est telle que la soudure ne fond pas complètement et ne s'écoule pas ensemble, mais reste semi-liquide, permettant à chaque bille de se tenir distinctement à distance de ses voisines. La tension de surface fait en sorte que la soudure fondue maintient le boîtier IC correctement aligné avec la carte de circuit, tandis que la soudure refroidit et se solidifie.

Comment Remplacer un Composant Défectueux (CIs)

L'application de températures très élevées avec une pression d'air modérée pour éviter de souffler les composants pertinents autour de la zone d'opération est la manière dont une puce est retirée de la carte PCB.

Le composant défectueux retiré peut être détruit dans ce cas car il n'est plus utile. Mais lors du retrait d'un bon composant pour un remplacement, qui doit être rebalé et réutilisé dans une autre carte mère, il convient d'appliquer des précautions et de la tactique adéquates.

Lors de l'utilisation de températures très élevées, assurez-vous de ne pas appliquer de chaleur pendant de longues périodes sur la carte de circuit imprimé, car une chaleur excessive se propageant sur toute la carte mère peut endommager les composants ayant une température de support faible. Soyez rapide dans le processus, utilisez une pince pour appliquer une traction vers le haut sur le composant. La traction ne doit pas être telle qu'elle détache violemment le composant lorsque la soudure n'a pas fondu, sinon elle endommagera les terminaux à point de bille sur la carte mère.

Retrait, Rebillage et Réutilisation des Composants Défectueux (CIs)

La station de réparation est équipée de différentes tailles de buses. Choisissez la taille de buse appropriée en fonction de l'emplacement du composant dans une zone de surface particulière. Pour toute zone de surface peu peuplée (composants électroniques environnants tels que les résistances, les condensateurs, les diodes, etc.) et la taille de la puce, choisissez une buse plus grande, tandis que l'inverse est vrai pour une buse plus petite.

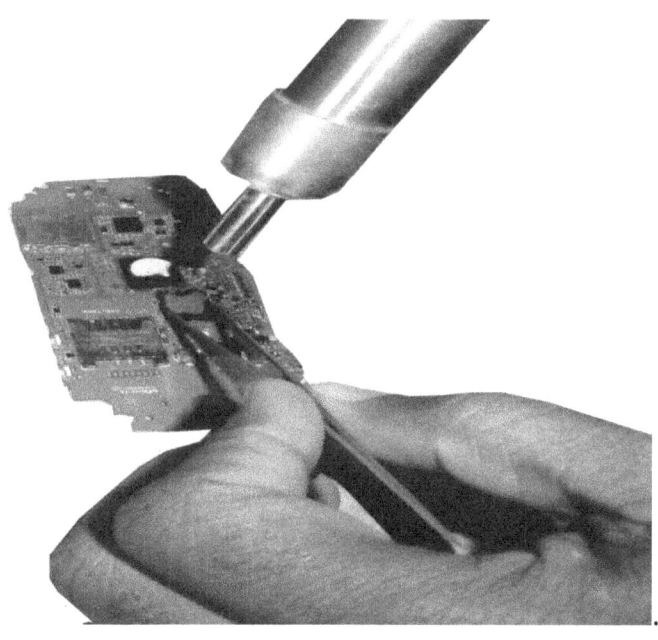

Le CI défectueux est retiré en utilisant des températures modérées, équilibrant le besoin de retirer la puce sans l'endommager dans la durée du transfert de chaleur. Appliquer des températures très élevées pendant une durée plus courte qu'une température modérément élevée pendant une durée plus longue dans le processus de retrait nécessite une mesure de bon jugement. Pour aider le processus de transfert de chaleur et protéger les plots de connexion des terminaux reliant le composant à la carte de circuit imprimé contre les dommages lorsque vous appliquez la traction vers le haut avec la pince, appliquez du flux de soudure. Le flux de soudure doit être appliqué sur les bords du CI avant de le chauffer ou de le retirer.

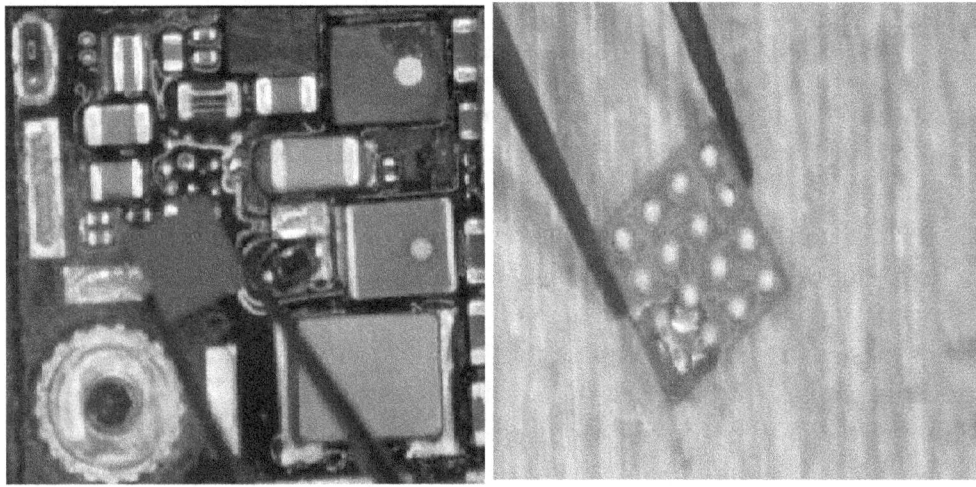

N'oubliez pas que la pression d'air appliquée doit être proportionnelle à l'augmentation des températures, car un transfert de chaleur à sec entraînera le carbonisation ou la brûlure du composant. Enfin, prenez note des marquages sur le dessus du CI en cours de retrait. Un point généralement sert de guide pour l'orientation des broches du CI lors de sa mise en place. Il est appelé point de nez.

Nose Point (Dot mark)
Figure 6.12: IC

Une fois le composant correctement dessoudé, nettoyez le dessous avec une brosse et un liquide de nettoyage, puis appliquez du flux ou de la pâte à souder. Utilisez le fer à souder pour créer de petites boules de plomb avec lesquelles la matrice de joints à billes sur le dessous du CI est reballée.

Appliquer une quantité excessive de plomb rendra floue la grille de points multiples. Le flux aide également à dissocier toute coagulation de soudure entre les bornes, provoquant un pont ou un court-circuit. Après avoir reballé tous les points de contact sur le dessous du CI et les points de contact équivalents sur la carte de circuit imprimé, vous pouvez faire passer un flux d'air chaud sur les deux surfaces et le laisser refroidir et se fixer. Nettoyez la surface avec une brosse et un liquide de nettoyage, et inspectez-la pour vous assurer que toutes les pistes sont séparées les unes des autres sans aucun résidu de soudure reliant deux bornes quelconques.

Pour ressouder le composant sur la carte de circuit imprimé, appliquez du flux de soudure frais sur les deux surfaces - les points de contact sur le dessous du CI et la surface de la carte mère. Utilisez la pince pour saisir le CI et le placer selon la marque de placement d'origine ou le point de nez, puis appliquez de l'air chaud. Cette fois, une pression vers le bas doit être appliquée pour fixer le composant en place.

MISE EN GARDE

Lorsque vous travaillez sur les pads de contact des cartes mères (les points de contact en cuivre brillant sur lesquels un composant est soudé), n'appliquez pas de chaleur excessive, en particulier avec des flux. Cela a tendance à les détacher de la carte mère, limitant ainsi vos chances de reconnecter le composant. Lorsque cela se produit, le système et le processus de réparation pourraient échouer de manière irréparable, sauf si vous êtes capable de retracer la ligne d'alimentation jusqu'à ce pad de contact en creusant profondément dans la carte mère. Avec les cartes mères de téléphones portables, c'est difficile et dans certains cas impossible.

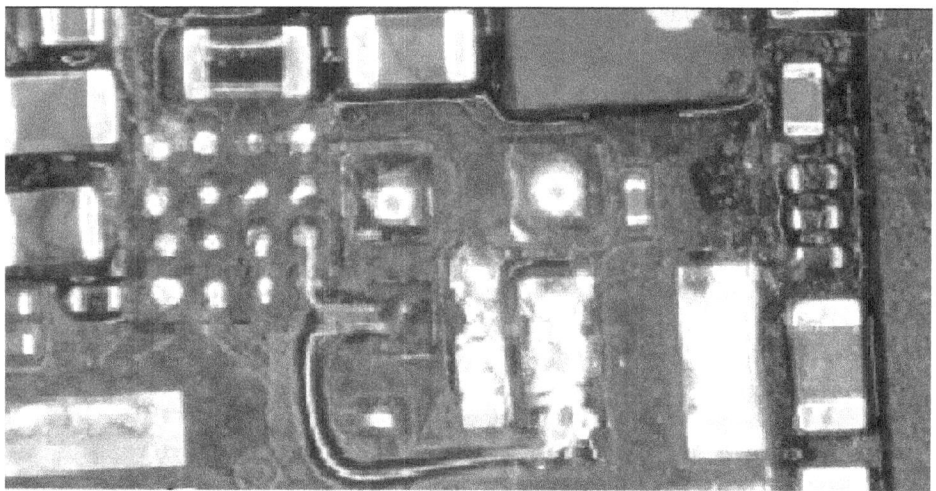

Figure 6.13: Retracer les pistes de câblage cassées sur le PCB

Composants de la Carte Mère et Disposition

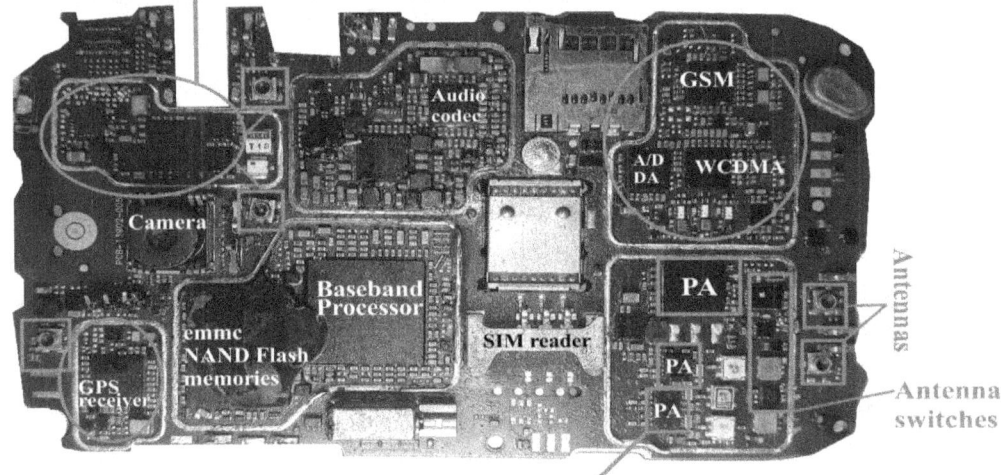

Figure 6.14: Agencement de la carte de circuit imprimé (PCB) du smartphone

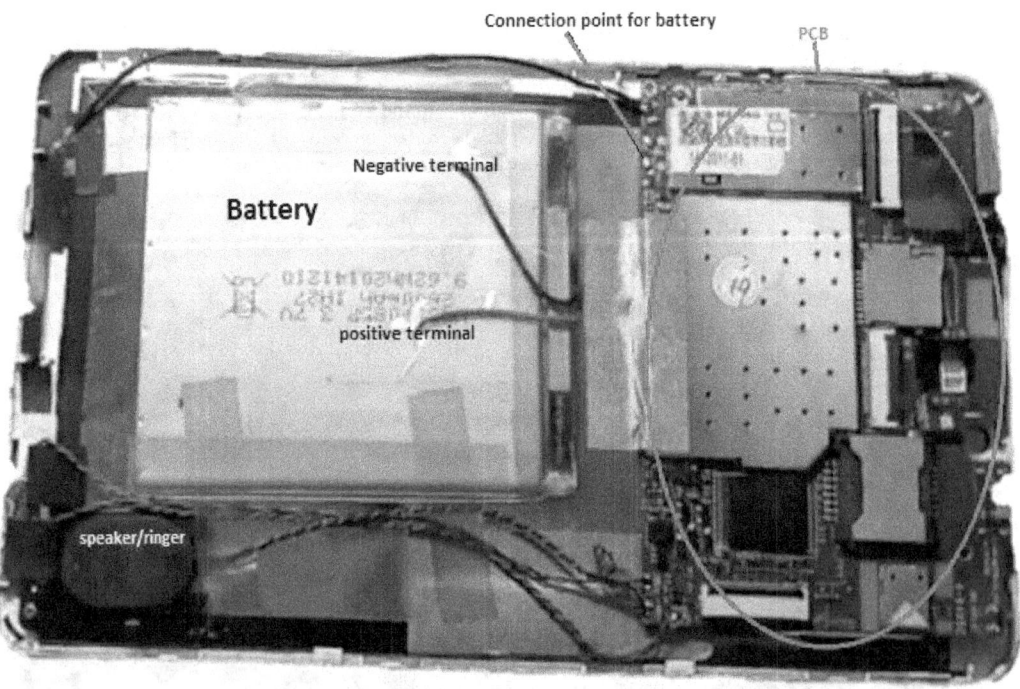

A TABLET (Screen overlays the entire front)

La première image ci-dessus capture l'évolution de la conception de la disposition des composants des téléphones mobiles, passant de la génération des « téléphones de base » anciens (comme l'exemple du Nokia 3310 dans le premier livre de l'édition) à la nouvelle génération des « smartphones ». La deuxième image représente celle d'une tablette et, de manière comparative, la seule différence physique entre un smartphone et une tablette est la taille de l'écran, ce qui détermine invariablement la taille de la carte mère (la carte de circuit imprimé) ou de l'appareil entier.

En général, la carte de circuit imprimé d'un appareil mobile est le cœur du système et contient un certain nombre de puces et de composants électroniques discrets tels que des résistances, des condensateurs, des inductances, etc. Les bus de la carte mère (bus de contrôle, de données ou d'adresse pour le transport des signaux, des données et de l'adressage mémoire vers et depuis le processeur respectivement) traversent le câblage imprimé en cuivre entre les différents composants et modules SOC (System-on-Chips), ainsi que le câblage électrique.

Pour comprendre la conception de la disposition de la carte de circuit imprimé, il est nécessaire de d'abord apprécier la description fonctionnelle des différents circuits intégrés spécifiques aux fonctions ainsi que leurs diverses interrelations les uns avec les autres. Il est totalement aventureux de se lancer dans la conception complexe des appareils mobiles en tant que technicien sans une connaissance et une compréhension assez basiques du fonctionnement des blocs fonctionnels de l'appareil.

Les conceptions récentes de smartphones suivent la même disposition fondamentale mais avec moins de composants discrets, des circuits intégrés plus puissants, des processeurs multicœurs ou des microcontrôleurs et des contrôleurs de périphériques.

Dans chaque appareil mobile, il existe deux modules distincts:

- Le module RF et
- Le module Baseband (BB) (BB analogique / BB numérique)

Avant de passer en revue brièvement l'interopération des principaux composants fonctionnels et modules, décrivons et définissons-les individuellement.

Composants Clés du Module Radiofréquence (RF)

- Radiofréquence
- Amplificateurs de Puissance (PA)
- Amplificateurs à Faible Bruit (LNA)

- Commutateur TxRx (ou Commutateur d'Antenne)
- Filtres SAW
- Oscillateurs Locaux (LO)
- Oscillateurs Contrôlés en Tension (VCO)
- Processeur RF ou Processeur de Basebande Analogique

Composants Clés du Module de Basebande (BB)

- Convertisseur Analogique-Numérique (AD/DA)
- Microprocesseurs[
    Processeur de Contrôle Principal
    Processeur de Basebande
    Processeur de Signal Numérique (DSP)
    Processeur d'Applications]
- Circuit de Contrôle de Puissance
- Carte SIM ou USIM

Radiofréquence : La RF est l'abréviation de Radiofréquence. En génie des communications, le terme « signaux RF » est utilisé pour désigner des signaux contenant des informations (voix, texte ou données, vidéo, etc.) dans les bandes de fréquences utilisées pour la communication radio.

Amplificateurs de Puissance (PA) : Ils sont généralement situés dans le module RF à proximité de l'antenne du dispositif mobile et du commutateur Tx/Rx (ou commutateur d'antenne). Le PA agit comme un filtre passe-bande et amplifie les signaux porteurs de messages pour la transmission sur le réseau.

Amplificateurs à Faible Bruit (LNA) : Un amplificateur augmente généralement la puissance d'un signal d'entrée qui comprend à la fois un signal de message et du bruit. Les amplificateurs à faible bruit sont utilisés dans les circuits RF pour amplifier les signaux de très faible puissance sans dégrader significativement leur rapport signal/bruit. Ils sont placés près du commutateur Tx/Rx dans le module RF pour filtrer le bruit des signaux de message entrants avant qu'ils ne soient envoyés au processeur RF.

Commutateur TxRx (ou Commutateur d'Antenne) : Le premier point d'interface d'un signal RF entrant après l'antenne de réception est le commutateur Tx/Rx ou d'antenne. Il y a une piste de câble de carte de circuit imprimé de l'antenne au commutateur Tx/Rx. Le commutateur est une sorte de sélecteur de bande de fréquences. N'oubliez pas que la plupart des téléphones mobiles sont des telephones multi-bandes, des bandes

GSM 850 MHz, 900 MHz, 1800 MHz aux bandes 1900 MHz étendues à 2200 MHz dans les smartphones. Le commutateur TX/RX est normalement ouvert vers deux sorties RX (GSM_Rx et DCS_Rx). S'il ne détecte pas de tensions de contrôle spécifiques à des comparateurs spécifiques, il fonctionnera comme un duplexeur (permettant un chemin de communication bidirectionnel sur un seul chemin) et le signal GSM900 est transmis à GSM_Rx tandis que le signal GSM1800 est transmis à DCS_Rx. Dans ce mode duplexeur, le commutateur isole le chemin du récepteur et du transmetteur même s'ils partagent tous deux une antenne. Le signal de GSM_Rx est ensuite transmis au premier des deux ou plusieurs filtres SAW Rx.

Filtres SAW : SAW est l'abréviation de Surface Acoustic Wave (Onde Acoustique de Surface). Il s'agit d'un type de mouvement d'onde mécanique qui se déplace le long de la surface d'un matériau solide. Les filtres SAW ont des caractéristiques de filtre passe-bande, fournissant une immunité au signal hors bande. Leur fonctionnement est basé sur l'interférence des ondes de surface mécaniques. Les transducteurs d'entrée/sortie sont formés sur un matériau piézoélectrique grâce à la conversion des signaux électriques en ondes mécaniques et inversement en raison de l'utilisation de cristaux piézoélectriques dans les filtres SAW.

Oscillateur Local : L'oscillateur local LO est un dispositif électronique utilisé pour produire une onde sinusoïdale ou un signal dans le récepteur que le processeur RF mélange avec le signal de message pour abaisser sa fréquence. Ce processus de conversion de fréquence produit des frequencies différentielles (somme et différence) distinctes à partir des fréquences combinées du signal d'entrée et de celle de l'oscillateur local. C'est ce qui se passe avec le signal d'entrée des filtres SAW lorsqu'ils sont envoyés pour traitement dans le processeur RF ou le récepteur qui dans la plupart des cas comprend un mélangeur. La fréquence réduite à ce stade est généralement appelée fréquence intermédiaire (FI).

Sur une note générale, les téléphones mobiles n'ont pas de récepteur et d'émetteur séparés, mais des émetteurs-récepteurs combinés (un transmetteur/récepteur combiné).

Oscillateur Commandé en Tension (VCO) : Un oscillateur commandé en tension ou VCO est un oscillateur électronique dont la fréquence d'oscillation est contrôlée par une tension d'entrée. La tension d'entrée appliquée détermine la fréquence d'oscillation instantanée. Il existe un système de rétroaction connu sous le nom de boucle à verrouillage de phase qui génère des fréquences pour les réceptions et les transmissions dans les deux bandes de fréquence, synchronisant le VCO à la phase et à la fréquence d'un signal entrant.

Le VCO génère des fréquences très élevées dans la plage de 3420 à 3840 MHz chaque fois que la boucle à verrouillage de phase est en fonctionnement. Ces fréquences sont divisées par 2 ou par 4 dans le processeur RF afin de générer tous les canaux dans la gamme de fréquences GSM de 900 MHz à 1800 MHz. Les tensions continues entre 0,7 et 3,8 V provenant du filtre de boucle contrôlent la fréquence du VCO. Même lorsque le PLL n'est pas opérationnel, des fréquences entre 3 et 4 GHz se trouvent toujours en sortie du VCO.

Processeur RF ou Processeur de Basebande Analogique (ABP) : Les processeurs RF gèrent généralement le traitement du signal radiofréquence analogique dans le module RF. Ces signaux sont transmis depuis l'extrémité avant RF. La plupart des processeurs RF sont des émetteurs-récepteurs (à la fois un récepteur et un émetteur) avec des démodulateurs IQ intégrés pour la modulation et la démodulation du signal. La partie de basebande analogique d'un modem GSM est responsable de l'interface entre le domaine numérique et le domaine analogique du modem GSM. La basebande analogique peut comprendre ces composants intégrés dans son boîtier de circuit intégré.

Section A/D et D/A : Les convertisseurs analogique-numérique (A/N) et numérique-analogique (N/A) sont responsables des conversions numérique-analogique et analogique-numérique.

Le sous-système de contrôle : Le sous-système de contrôle agit comme le contrôleur de l'entrée et de la sortie de tout signal analogique et numérique.

Le sous-système de charge : Un système de charge est lié à la basebande analogique, qui est responsable de la charge des batteries de téléphone portable.

Section Codecs audio : Les codecs audio sont responsables du traitement des signaux audio analogiques et numériques reçus via le microphone, le haut-parleur, le casque, les sonneries et les circuits de vibration. Le signal de sortie de son circuit récepteur est appliqué à son démodulateur IQ. Ici, les données sous forme de composantes de signal "en phase" et "en quadrature" sont appliquées au démodulateur IQ et les données brutes sont extraites pour un traitement ultérieur par le téléphone.

Dans les smartphones, le noyau du processeur d'application utilisé est généralement un processeur ARM (Advanced RISC Machine) optimisé pour une application dans des environnements de consommation électrique minimale et sont conçus avec les assemblages suivants ;

a. Le noyau du processeur
   b. Les modules multimédias
   c. Les interfaces sans fil et
   d. Les interfaces de périphérique

Les modules multimédias sont une implémentation matérielle d'un ou plusieurs standards multimédias qui effectuent des calculs liés au multimédia qui sont généralement longs. À l'intérieur de ce module, on trouve ;

1. Module JPEG pour le décodage des images affichées sur l'écran, et l'encodage des images prises avec l'appareil photo du téléphone.
2. Module MPEG utilisé pour le décodage de la vidéo en streaming, de la vidéo à la demande et des données de vidéoconférence entrantes, ainsi que l'encodage de la vidéo prise avec la caméra vidéo.
3. Modules audio utilisés pour les lecteurs MP3 (musique), ou pour encoder et décoder les données vocales.
4. Unité de traitement graphique (GPU) pour manipuler rapidement les fonctions multimédias. Ils accélèrent la création d'images dans les tampons d'images destinées à être affichées sur un écran. Les GPU gèrent les graphiques 2D et 3D, la capture vidéo, la lecture, la distribution de jeux mobiles et fournissent une interface utilisateur riche.

Les interfaces sans fil permettent au smartphone de communiquer avec le réseau cellulaire et le réseau de données. Les composants numériques du système de communication sans fil sont intégrés à la puce en tant que partie du processeur d'application, tandis que la section analogique est placée hors puce en tant que microcontrôleurs. Les interfaces suivantes font partie de l'interface sans fil ;

1. Module Bluetooth qui permet la communication avec des périphériques tels que des casques, et d'autres appareils mobiles à proximité.
2. Module Wi-Fi qui permet la communication avec les réseaux 802.11 locaux.
3. Modules ou modems GSM qui permettent la communication avec le réseau cellulaire pour la communication vocale et l'accès à Internet.

Tous les trois modules énumérés ci-dessus se trouvent sous forme de circuits intégrés séparés sur le PCB des téléphones mobiles et des tablettes.

Les interfaces de périphériques permettent aux téléphones mobiles (smartphones ou tablettes) de communiquer avec des périphériques tels que l'écran LCD, le clavier, le bus série universel (USB), la carte Secure Digital (SD), la carte multimédia (MMC) et l'appareil photo. Chacun de ces périphériques est connecté au processeur d'application via une interface séparée. Par exemple, l'interface du contrôleur d'affichage permet une communication efficace entre l'affichage et les autres modules intégrés avec le SoC. De même, l'interface de l'appareil photo permet l'interaction entre l'appareil photo et les autres modules numériques, tandis que l'interface USB facilite la connexion de périphériques externes via le port USB.

L'interface SD/MMC permet aux smartphones de connecter des dispositifs de stockage de mémoire externe.

Dans le chapitre 8 (Réparations logicielles), où une compréhension approfondie de l'interaction entre les processeurs, les mémoires et le stockage est requise, d'autres explications seront explorées.

Chapitre 7

Fautes Matérielles Courantes et Procédures de Réparation

Le rôle d'un technicien est de diagnostiquer les pannes et d'effectuer les réparations nécessaires. Les smartphones, tablettes, PDA et iPads, tout comme tout autre appareil électronique ou machine en général, peuvent rencontrer un dysfonctionnement matériel au cours de leur cycle de vie. Dans ce chapitre, nous allons découvrir certaines des pannes courantes avec les smartphones et les procédures générales de réparation pour résoudre efficacement ces pannes.

Chaque étape ou procédure décrite sera applicable à tous les appareils mobiles sur le marché aujourd'hui et peut-être à l'avenir. C'est pourquoi ce livre et ce cours ont été conçus pour transmettre des compétences et des informations de manière à équiper le lecteur pour agir en fonction des connaissances et des compétences acquises plutôt que de fournir des descriptions de solutions rapides.

Approche Mentale des Réparations

Un technicien est quelqu'un qui étudie, enseigne ou pratique la technologie selon la définition du dictionnaire (http://wiktionary.org). Mais pour aller plus loin, ajoutons que le technicien est formé dans l'art de la détection et de la correction des pannes grâce à l'application de compétences pratiques en technologie.

Le but de ce livre est de fournir une formation en technologie de réparation des appareils mobiles pour les techniciens de réparation d'appareils mobiles. Le technicien en téléphonie mobile doit avoir une attitude de fournisseur de solutions qui comprend que CHAQUE appareil défectueux apporté pour réparation était autrefois une unité système fonctionnelle.

Pour qu'un tel appareil soit défectueux, l'un des facteurs causatifs suivants énumérés ci-dessous doit s'être produit.

Par conséquent, pour corriger la panne, le technicien doit penser en termes de « cause et effet ». Les pannes sont introduites dans le système d'un appareil mobile par l'un des facteurs causatifs suivants :

- Eau ou humidité
- Poussière
- Usure des pièces composantes
- Chaleur excessive sur la carte système
- Impact violent sur des surfaces dures entraînant le retrait ou les dommages des composants
- Court-circuit dans le câblage de la carte système (carte mère)
- Circuit ouvert dans le câblage de la carte système (carte mère)
- Pics de tension pendant le processus de charge
- Virus ou logiciel malveillant
- Système d'exploitation corrompu
- Applications tierces incompatibles
- Manipulation ou modification des paramètres système par l'utilisateur
- Et une multitude d'autres actions de manipulation négligentes de la part de l'utilisateur

Déterminer à l'avance les causes possibles d'une panne dans le système, que ce soit par interrogation du client ou intuition technique, est une compétence efficace pour une résolution rapide et efficace des pannes. Les médecins utilisent également cette méthode et elle est importante dans tout domaine de diagnostic pour tenter d'identifier d'abord les causes fondamentales de tout dysfonctionnement dans un système autrefois fonctionnel.

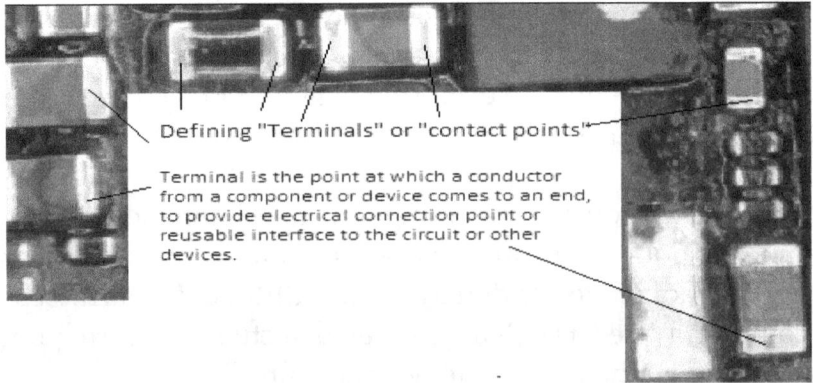

Défaillances Courantes Remplaçables à Chaud

- **Défaillance de l'alimentation :** Lorsqu'un appareil mobile refuse de s'allumer, on parle de situation de téléphone "mort".
- **Défaillance de mise hors tension automatique et redémarrage :** L'appareil mobile s'éteint automatiquement sans que l'utilisateur ne l'initie, pendant ou après un appel, ou l'appareil mobile se redémarre de lui-même.
- **Défaillance du microphone** : Lorsque les appels d'un utilisateur à d'autres utilisateurs sont réussis mais que l'autre personne ne peut entendre aucun son tandis que l'utilisateur peut les entendre.
- **Défaillance du haut-parleur :** Lorsque les appels d'un utilisateur à d'autres utilisateurs sont réussis mais que l'utilisateur ne peut entendre aucun son de l'autre côté alors qu'il est entendu à l'autre bout.
- **Défaillance de la sonnerie** : Lorsque les appels vers un utilisateur d'appareil mobile ne produisent aucun son d'alerte ou sonnerie.
- **Défaillances de l'écran** : L'écran LCD de l'appareil mobile est physiquement endommagé, affiche des taches d'encre ou ne montre aucun graphique, ou l'écran tactile ne répond pas.
- **Défaillance de l'écran tactile** : Lorsque le système d'entrée tactile de l'écran ne fonctionne pas.
- **Défaillance du vibreur** : Lorsque les appels vers l'appareil mobile ne produisent aucune vibration d'alerte lorsque l'option de vibration est réglée sur "ON" dans les paramètres de l'appareil.
- **Défaillances de charge** : Échec de la charge de la batterie de l'appareil et se manifeste sous plusieurs formes.
- **Décharge rapide de la batterie :** La batterie de l'appareil est complètement chargée mais se décharge très rapidement.
- **Problème de réseau :** Lorsqu'il n'y a aucun signal réseau dans le téléphone ou un signal réseau faible (réseau limité). Cela se manifeste de diverses manières.
- **Défaillances de la carte SIM** : Lorsque la carte SIM n'est pas reconnue par l'appareil mobile.
- **Défaillances de gel :** L'appareil mobile se fige fréquemment, interrompant les opérations de l'utilisateur et parfois suivi d'un redémarrage.
- **Défaillances d'appel automatique :** Lorsque les appels vers ou depuis l'appareil sont interrompus de manière intermittente.
- **Défaillance du Bluetooth** : Lorsque le Bluetooth de l'appareil ne fonctionne pas.

- **Défaillance de l'appareil photo** : Lorsque l'appareil photo de l'appareil ne fonctionne pas.
- **Défaillance de la fonction radio** : Lorsque la radio FM ne fonctionne pas pour les appareils dotés de telles fonctionnalités.
- **Défaillances du lecteur de carte mémoire** : Lorsque l'appareil ne parvient pas à détecter les cartes mémoire.
- **Défaillance de la connectivité Internet** : Lorsque l'appareil mobile ne parvient pas à accéder à Internet ou au Wi-Fi mais peut initier et recevoir des appels.
- **Échec de l'allumage incomplet :** C'est lorsque l'appareil s'allume mais se fige à l'apparition du logo de la marque ou à un écran noir.
- **Défaillances de la prise mains libres :** Lorsque la connexion d'écouteurs externes à l'appareil mobile ne fonctionne pas ou conduit à la défaillance de tout le système audio.

La liste ci-dessus n'est pas exhaustive car les smartphones défectueux présentent généralement diverses autres mutations vagues ou combinaisons des défaillances courantes énumérées ci-dessus. Cependant, quelle que soit la nature de la défaillance ou la combinaison de comportements défectueux manifestés par un appareil mobile, ayez suffisamment confiance pour d'abord démonter l'appareil et accéder à la carte mère.

Toutes les marques et tous les modèles de smartphones et de tablettes sur le marché aujourd'hui ou à l'avenir sont fondamentalement des appareils électroniques. Les connaissances techniques acquises dans ce livre seraient applicables à tous. La structure générale de tous les systèmes et composants de dispositifs mobiles est similaire, seule différenciée par les noms de marque des différents fabricants.

Directives de Réparation Pour Diverses Fautes Courantes

Défaillance de l'alimentation

Chaque appareil doit d'abord être mis sous tension (allumé) avant que ses fonctions ou son objectif puissent être utilisés. Lorsque l'appareil ne parvient pas à s'allumer, on parle couramment de "téléphone mort" dans le langage local pour signifier que le client a apporté l'appareil dans un état non réactif.

"Téléphone mort" signifie en fait que le téléphone n'a pas pu recevoir de courant électrique ou de signal de contrôle lorsque l'interrupteur d'alimentation est pressé ou que la broche de désactivation de la "surveillance du CPU" est mise à la terre. Plus précisément, dans les smartphones et les tablettes, cela pourrait résulter d'une endommagement de la partition Master Boot Record de la ROM, de la corruption du fichier de démarrage dans la mémoire eMMC ou NAND, ou du système de fichiers (système d'exploitation). De plus, la tension nominale d'alimentation du téléphone est généralement comprise entre 3,6 V et 4,2 V (tension Vbatt) ; si elle est inférieure à 3,1 V, le téléphone est empêché par le circuit intégré d'alimentation de démarrer.

En résumé, une situation de "téléphone mort" pourrait résulter de l'une des causes suivantes :

    A. Batterie déchargée.
    B. Fichiers d'initialisation/démarrage corrompus en raison d'un virus ou d'une utilisation incorrecte.
    C. Logiciel système d'exploitation endommagé.
    D. Interrupteur d'alimentation défectueux.
    E. Bornes de batterie endommagées.
    F. Eau ou humidité sur la carte mère.
    G. Circuit ou court-circuit ouverts des composants de la carte mère.
    H. Circuit intégré d'alimentation ou microprocesseur (CPU) endommagé.

Procédures de Test, de Dépannage et de Réparation

Pour commencer le processus de réparation d'un smartphone ou d'une tablette morte, effectuez les investigations ou actions suivantes :

    i. Supposons que vous disposiez d'un établi dégagé, avec votre ensemble de tournevis de précision, une solution de nettoyage comme l'alcool isopropylique (IPA) ou un nettoyeur ultrasonique, une brosse, un multimètre numérique, un fer à souder / station et un système informatique avec des outils de réparation logiciels.
    ii. Tout d'abord, démontez l'appareil.
    iii. Retirez la batterie de l'appareil et testez sa tension avec votre multimètre numérique. La plage de tension attendue est comprise entre 3,6V et 3,8V en courant continu, ou 4,2V maximum pour certains modèles. Si elle se situe dans la plage attendue, la batterie est exclue comme cause. Cependant, si la tension de la batterie est de 3,1V ou moins, l'appareil mobile ne peut pas s'allumer.
    iv. Ensuite, testez avec une batterie similaire entièrement chargée du même modèle d'appareil et essayez de mettre l'appareil sous tension. Si cela réussit, alors la batterie du client est la cause de la défaillance.

Augmentez la tension de la batterie si la charge normale avec un chargeur ne parvient pas à augmenter la tension de la batterie.

v. Mais s'il n'y a pas de succès même avec une bonne batterie, connectez l'appareil à l'ordinateur, lancez l'application logicielle de réparation mobile et vérifiez si le logiciel peut lire les données de l'appareil.

Remarque : Toutes les applications logicielles de réparation mobile n'ont pas cette fonctionnalité. Bien que ce soit la procédure standard requise, si vous n'avez pas les outils logiciels pour l'appareil ou si l'application logicielle n'a pas cette fonctionnalité pour vérifier la communication avec l'appareil, vous pouvez passer cette étape. Le problème avec le fait de sauter cette étape est que la plupart du temps, les techniciens qui se concentrent uniquement sur les procédures de réparation matérielle négligent le fait que le problème pourrait être lié au logiciel, et alors vont à des mesures extrêmes en bidouillant le matériel jusqu'à endommager les puces de la carte mère (CI) sans le savoir. Par conséquent, si vous sautez cette étape pour une raison quelconque, soyez prudent et tactique lors de votre travail ou de l'exécution de toute procédure de réparation sur les CI matériels afin de ne pas causer de dommages irréparables.

vi. Si une communication avec l'appareil est établie via le logiciel, cela ne garantit pas non plus que le formatage du secteur d'amorçage ou une programmation flash complète ressuscitera l'appareil. Cependant, cela confirme que le circuit intégré d'alimentation et le microprocesseur sont en bon état. Le processus logiciel peut se dérouler avec succès mais l'appareil reste non réactif à la mise sous tension. Bien que ce soit une bonne première étape avant de revenir aux vérifications matérielles, l'inconvénient du "flash complet" est pour le client. Si la solution finale réside dans la correction d'une défaillance matérielle, le formatage ou le flashage de l'appareil entraînerait la perte de données importantes de l'appareil par cette opération, bien que dans la plupart des cas, la restauration de l'appareil soit de la plus haute importance pour le technicien et peut-être le client.

vii. Prenez une décision entre le flashage immédiat de l'appareil et la réalisation de vérifications matérielles de base supplémentaires.

viii. Activez trois de vos cinq sens et soyez attentif lors du démontage de tout appareil : le sens de la vue (pour une observation attentive à la recherche de composants pouvant tomber de l'appareil ou de composants manquants à un point de terminaison, toute partie carbonisée de la carte mère de l'appareil pour des composants brûlés, de l'eau ou un autre liquide renversé, une PCB sale ou rouillée ou toute forme d'anomalie technique), le sens de l'odorat (pour une odeur de pièce brûlée), le sens du toucher (pour des composants/CI excessivement chauds).

ix. Effectuez un service de nettoyage complet sur la carte mère. Assurez-vous de retirer les composants périphériques sensibles attachés aux interfaces de la carte mère comme l'appareil photo, l'écran LCD, les microphones, les haut-parleurs, etc. Nettoyez également les connecteurs et les prises de contact de ces composants. Faites cela manuellement ou à l'aide d'un nettoyeur ultrasonique. Assurez-vous également que la solution de nettoyage s'écoule sous les IC pour éliminer toute particule étrangère en dessous.

x. Séchez complètement la carte mère. L'alcool isopropylique (IPA) et d'autres solvants de nettoyage de carte électronique recommandés sèchent aussi rapidement que vous les appliquez, sans laisser de dépôts huileux résiduels. La lumière du soleil prendra beaucoup de temps tandis qu'un nettoyeur ultrasonique, un sèche-cheveux ou le souffleur de votre station de soudage à air chaud peuvent sécher la carte mère très rapidement.

xi. Après avoir séché la carte, connectez l'écran LCD et la batterie et essayez de mettre l'appareil sous tension à nouveau. Dans la plupart des cas où la cause de la défaillance est due à un renversement de liquide ou à de l'humidité sur la carte mère, il devrait y avoir du succès. L'eau provoque une oxydation qui est la corrosion ou la dégradation des métaux. La résistance entre les circuits diminue en raison du court-circuit (connexions en court-circuit où les pattes des composants qui ne sont pas conçues pour être reliées sont reliées ensemble, reliant les lignes d'alimentation positive et négative) des bornes dues aux dépôts de rouille sur les joints de soudure en détérioration.

xii. Si le téléphone ne s'allume pas, vérifiez l'interrupteur d'alimentation. Il existe différents types d'interrupteurs utilisés dans les appareils mobiles. Lisez la section sur la réparation des défauts d'interrupteur pour plus de détails.

xiii. Si l'interrupteur d'alimentation est OK, vérifiez les bornes de la batterie en ressoudant ses contacts de base ou le câblage ruban connecté à la carte mère. À l'aide de votre multimètre pour un test de continuité ou de résistance, vérifiez que les bornes positives et négatives (VBat+ et

VBat-) ne sont pas en court-circuit. Vérifiez également que la ligne BSI (Indicateur de Statut de Batterie) n'est pas en court-circuit avec l'une ou l'autre des bornes. Vérifiez la continuité entre les broches du connecteur de batterie qui entrent en contact avec la batterie et sa base sur la carte mère.

xiv. Essayez de mettre l'appareil sous tension si tous les tests ci-dessus sont OK. En cas d'échec, effectuez un processus de ressoudage général à l'air chaud à des températures modérées sur toute la carte mère. Cela reconnectera les composants électroniques montés en surface dont les bornes peuvent s'être détériorées et qui ont peut-être créé des connexions en circuit ouvert dans la carte de circuit imprimé.

xv. S'il n'y a toujours pas de succès, effectuez une procédure de ressoudage spécifique aux CI BGA décrite en détail dans la section "Soudage" sur deux CI majeurs : d'abord le CI d'alimentation, puis si aucun succès, le CI du microprocesseur. Vous n'avcz pas besoin d'effectuer cette étape si vous avez confirmé l'état de ces deux CI avec une vérification logicielle à l'étape IV ci-dessus.

xvi. Si ces procédures échouent, et après avoir travaillé efficacement sur le circuit intégré du processeur et le CI d'alimentation, vous pouvez réessayer l'utilisation du logiciel. Cela s'explique par le fait qu'un essai initial avec le logiciel comme décrit à l'étape (iv) n'a peut-être pas réussi avec la communication de l'appareil avec le logiciel et l'ordinateur. Lorsque cela se produit, l'étape (xv) est généralement effectuée car tout échec avec ces puces système de la carte mère spécifiques entraînera l'impossibilité de réussite de la procédure de réparation logicielle. Donc, à ce stade, effectuez la programmation Flash sur l'appareil avec les outils de réparation logiciels pertinents.

xvii. S'il n'y a toujours pas de succès, une procédure de reballage des BGA des CI doit être effectuée pour le CI d'alimentation, le microprocesseur ou tout autre CI dans les cas où un CI est observé comme surchauffant. C'est également le cas si la carte mère a un historique de renversement d'eau ou de liquide, comme observé par le technicien ou révélé par le client utilisateur.

xviii. Si cela échoue après une tentative de mise sous tension de l'appareil, alors le câblage interne de la carte mère peut avoir fait court-circuit ou s'être ouvert. Cela nécessitera une étude critique du schéma de la carte.

Consultez la section "Défauts de PCB/Carte Mère" pour plus de détails sur la suppression des courts-circuits.

Comment Booster une Batterie

Lorsque la batterie d'un appareil mobile est faible, elle nécessite une charge normale pour augmenter la tension. Cependant, lorsque la tension de la batterie est presque ou complètement épuisée, avec une tension comprise entre 0 et 2,0 V CC, un processus de charge normal à l'aide du chargeur recommandé pourrait ne pas ramener la batterie à la tension nominale de 3,6 V pour alimenter l'appareil. Certaines conditions comme les conditions météorologiques froides peuvent affecter le comportement d'une batterie. Lorsque cela se produit, un utilisateur peut signaler une condition de défaillance de « téléphone mort » ou de « pas de charge ». Pour booster la batterie, suivez l'une des étapes suivantes :

1. Utilisez une machine de démarrage de batterie vendue sur le marché OU
2. Utilisez n'importe quel adaptateur de chargeur qui fonctionne mais n'est plus utilisé. Ils ont tous une sortie en courant continu d'environ 5,0 V. Coupez la broche de charge et exposez les fils flexibles positif et négatif à l'intérieur de la gaine extérieure en PVC.

Plusieurs combinaisons de couleurs sont généralement utilisées pour indiquer la polarité positive et négative.

   a. Le noir est généralement négatif s'il est combiné avec du rouge qui est positif.
   b. Le noir est négatif s'il est combiné avec du blanc strié de rayures noires qui est positif.
   c. Le bleu est négatif s'il est combiné avec soit du rouge, soit du blanc qui est positif.
   d. Le marron est négatif s'il est combiné avec soit du rouge, soit du blanc comme positif.

En cas de doute sur les combinaisons de couleurs et la polarité, utilisez votre multimètre pour vérifier. Branchez l'adaptateur sur une prise murale. Avec les sondes sur chacun des fils, attendez-vous à une valeur positive si la polarité correspond aux sondes rouge et noire touchant chaque fil. Si la polarité est inversée, une valeur négative de tension continue sera affichée.

Assurez-vous que la sortie de l'adaptateur se situe entre 5V et 5,5V en courant continu. Une fois que la polarité positive (+) et négative (-) du chargeur est déterminée, identifiez également les broches de la batterie positive (+) et négative (-). Sur le corps de la batterie, c'est généralement marqué.

Vous pouvez également déterminer de la même manière avec votre multimètre que vous avez fait pour les fils de l'adaptateur. Une fois que cela est réglé, branchez l'adaptateur de charge sur une prise murale en vie, connectez :

*Le fil **positif** de l'adaptateur à la broche **positive** de la batterie*

*Le fil **négatif** de l'adaptateur à la broche **négative** de la batterie*

Maintenez cela en place pendant environ 10 à 15 minutes. Si la charge de la batterie atteint environ 3,5V en courant continu, utilisez ensuite le chargeur recommandé normal pour charger à travers l'appareil. À 3,5V, la batterie peut alimenter l'appareil mais affichera « batterie faible ».

Réparation des Circuits de Charge Défectueux

Les systèmes de charge sont utilisés pour restaurer la tension de charge des batteries, qui sont la source principale d'alimentation des smartphones ou des tablettes. Le système de charge comprend les composants suivants :

- L'adaptateur de charge externe
- Le port de charge interne
- Le sous-circuit de charge de la carte mere
- La batterie

Chacune de ces unités de composants peut cesser de fonctionner, ce qui entraîne une plainte de l'utilisateur concernant un processus de charge défaillant. L'appareil mobile peut ne pas réussir à charger sa batterie pour l'une des raisons suivantes :

A. L'adaptateur de charge externe a complètement dysfonctionné.

B. Les broches de contact dans le connecteur de câble du chargeur sont cassées, pliées ou ont perdu leur connexion avec les cordons d'alimentation électrique de l'adaptateur.
C. La sortie en courant continu du chargeur vers l'appareil mobile est soit inférieure à 5V CC, soit supérieure à 5V CC.
D. Les broches de contact dans le port de charge du système sur la carte mère sont cassées, pliées ou ont perdu le contact avec la carte mère.
E. Le sous-circuit de charge interne de la carte mère a un ou plusieurs composants électroniques défectueux, soit en circuit ouvert, soit en court-circuit, ou endommagés en raison de l'eau ou de l'humidité sur la carte mère.
F. La batterie pourrait être endommagée, vide ou déchargée.

Tests, Dépannage et Procédures de Réparation

Pour commencer le processus de réparation d'un défaut de charge, effectuez les enquêtes et les actions suivantes si l'unité de charge n'est pas remplaçable mais intégrée à la carte mère :

i. Tout d'abord, vous devez connecter le téléphone à un chargeur ; branchez-le sur une prise d'alimentation en tension et observez le comportement de l'appareil mobile.
ii. Ensuite, connectez un autre adaptateur de charge fonctionnel compatible avec cet appareil mobile particulier pour confirmer si le défaut provient de l'adaptateur de charge du client. Dans certains cas, cette confirmation de base peut déjà avoir été effectuée par le client, mais il est toujours prudent de le faire. Si c'est le cas, conseillez au client d'acheter un adaptateur de charge recommandé. Permettez-moi d'ajouter que si votre centre de service est engagé dans la vente, cela présente une opportunité de réaliser des bénéfices grâce aux ventes.
iii. Si l'adaptateur de charge n'est pas le problème, vérifiez la batterie. Assurez-vous que la batterie est en bonne santé. Si le problème vient de la batterie, remplacez-la.
iv. Si la batterie n'est pas en cause, éteignez et démontez l'appareil mobile pour accéder au port de charge. Assurez-vous que les broches sont en bon état dans leurs ensembles de logement respectifs.

v. Si la ou les broches extérieures qui s'assemblent avec le câble du chargeur sont en bon état, vérifiez les broches de contact internes de la carte mère et assurez-vous qu'aucune n'est pliée, cassée ou détachée de la carte mère. Dans le cas d'un détachement du PCB, l'inspection visuelle est à peine suffisante car elles sont très petites et la soudure sous chaque broche peut se détériorer sans être visible.

vi. Si le port de charge est endommagé, remplacez-le en le désoudant et en soudant un nouveau. Ils sont vendus dans les magasins de pièces de téléphones. Certains ports ne sont pas soudés au PCB mais connectés avec des câbles ruban. La plupart des smartphones ont des cartes de sous-circuits de charge détachables qui ne sont pas soudées à la carte mère. Ils sont plus faciles à remplacer qu'à réparer. Un exemple est la série Samsung Galaxy à partir du Galaxy S4.

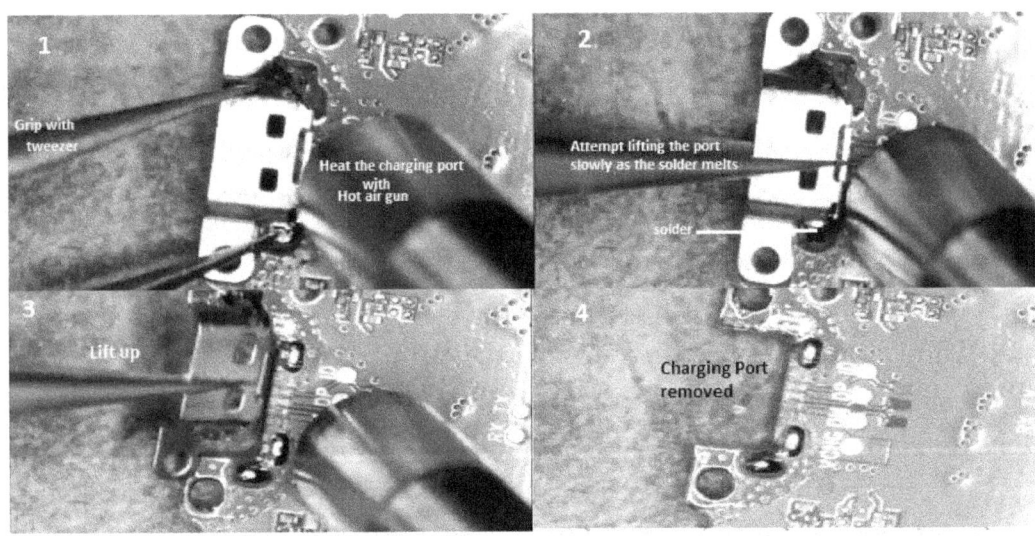

Process for the Removal of a Charging port

vii. Utilisez un nettoyant pour circuits imprimés (PCI) pour nettoyer soigneusement les contacts du port de charge avant de le remplacer.

viii. Allumez la station de soudage et utilisez un souffleur pour faire circuler de l'air chaud sur les broches de connexion du port de charge. En l'absence d'une station de réparation, utilisez un fer à souder à embout fin pour ressouder chaque broche une par une. N'ajoutez pas de plomb supplémentaire sur les bornes de soudure. Cela pourrait les rendre troubles et créer des courts-circuits entre les bornes. Au lieu de cela, appliquez une très petite quantité de flux sur les broches avant de les chauffer.

MISE EN GARDE: *Une chauffe excessive et des mouvements du fer à souder sur un point de contact, en particulier lorsqu'un flux est appliqué, peuvent endommager le pad de contact de la carte mère qui relie le câblage interne du circuit imprimé à la surface des composants.*

ix. Testez l'appareil en connectant la batterie et un chargeur. Vérifiez si tout est en ordre. Si le problème persiste, passez à l'étape suivante...

x. Vérifiez le fusible. Il y a généralement un fusible. (Voir la section "Circuits de Charge" dans le Chapitre 3 : Électronique de Base et Analyse de Circuits. Effectuez un test de continuité, comme décrit dans le livre précédent. S'il n'y a pas de son de buzzer, remplacez ou reliez-le avec un brin de fil flexible. S'il y a un son de buzzer, tout est bon. Poursuivez le dépannage au niveau électrique avec un multimètre pour vérifier et remplacer les composants électroniques discrets tels que les régulateurs de diode Zener ou les transistors, etc., ou réparer les CI (dans ce cas, le CI de charge). Appliquez les connaissances acquises dans le Chapitre 6 : Fondamentaux de l'Électronique et la section "*Soudage et Réparation de CI BGA*" du chapitre quatre du livre "*Réparations de Téléphones Portables et Tablettes : Un Guide Complet pour Débutants et Professionnels*".

xi. Comme le montre l'image ci-dessous, les conceptions récentes disposent d'unités de charge remplaçables avec d'autres composants périphériques comme les sonneries attachées, connectées au PCB via des connecteurs flexibles. Cela rend le remplacement plus facile sans processus de soudage. Remplacez simplement par une nouvelle unité si elle ne peut pas être réparée. Voir la figure 7.1 ci-dessous.

Fig. 7.1 : Module de port de charge

Pour effectuer un simple traçage du circuit de charge, suivez les directives ci-dessous. Les ports de charge USB ont généralement quatre broches. Dans le sens de branchement depuis l'avant, la broche positive (+) se trouve à l'extrême gauche tandis que la broche négative (-) se trouve à l'extrême droite.

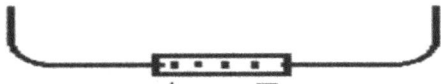

Après avoir démonté le téléphone, en regardant le port depuis l'intérieur de la carte mère comme sur l'image ci-dessous, la position de la polarité changera avec la broche positive du port de charge à droite tandis que la broche négative sera à gauche depuis l'angle de vue intérieur. Habituellement, à proximité du port de charge se trouvent des composants de commande électroniques discrets (condensateurs, résistances, diodes, etc.). Sur un PCB réel, ils apparaîtront comme ci-dessous :

Pour tracer le circuit, commencez par localiser et vérifier le fusible. Un fusible est une résistance de faible valeur, généralement d'environ 1 kΩ. Il sert à protéger les circuits contre les surcharges de courant dangereuses en se rompant (circuits ouverts) et en déconnectant le circuit de la source de surintensité.

i. À l'aide d'un multimètre, sélectionnez le test de continuité diode ou le test de résistance et vérifiez la continuité du fusible. Il produira un bip (continu) s'il n'est pas cassé (en bon état) et aucun bip s'il est cassé ou en circuit ouvert. Un état continu indiquerait zéro ohm.

ii. Placez une sonde du multimètre sur la broche positive du port de charge et tracez en touchant la deuxième sonde sur chaque borne de bord des composants discrets. Le fusible est généralement noir comme les autres résistances sur le PCB ou coloré (bleu ciel, blanc laiteux ou autre couleur inhabituelle différente de la plupart des autres composants sur le PCB).

iii. Toute indication de continuité (bip) par la deuxième sonde touchant les deux côtés (bornes de bord) d'une résistance indique un fusible en bon état de fonctionnement. Vous identifierez un fusible défectueux si la trace de la première sonde sur la broche positive vers une borne de bord d'une résistance est continue tandis que le toucher de l'autre borne de bord de la même résistance ne produit aucun bip.

iv. Si toutefois le fusible est "OK", vérifiez l'état de la diode Zener, des condensateurs ou des transistors selon le cas. S'ils sont tous "OK", identifiez la puce de contrôle de charge en verre et réchauffez. Si le réchauffement échoue, remplacez la puce.

v. Testez également la tension de sortie du port de charge pour déterminer s'il doit être changé. Branchez le chargeur dans le port de charge et testez la tension d'entrée arrivant dans le port. Elle doit être de ±5 - 5.5V en courant continu. Tournez le commutateur de sélection du cadran du multimètre sur le bloc 20V en courant continu. Placez la sonde positive sur la broche positive droite et la sonde négative sur la broche de masse (broche négative). Notez que le corps du port de charge et toute partie métallique des composants peuvent servir de point de masse.

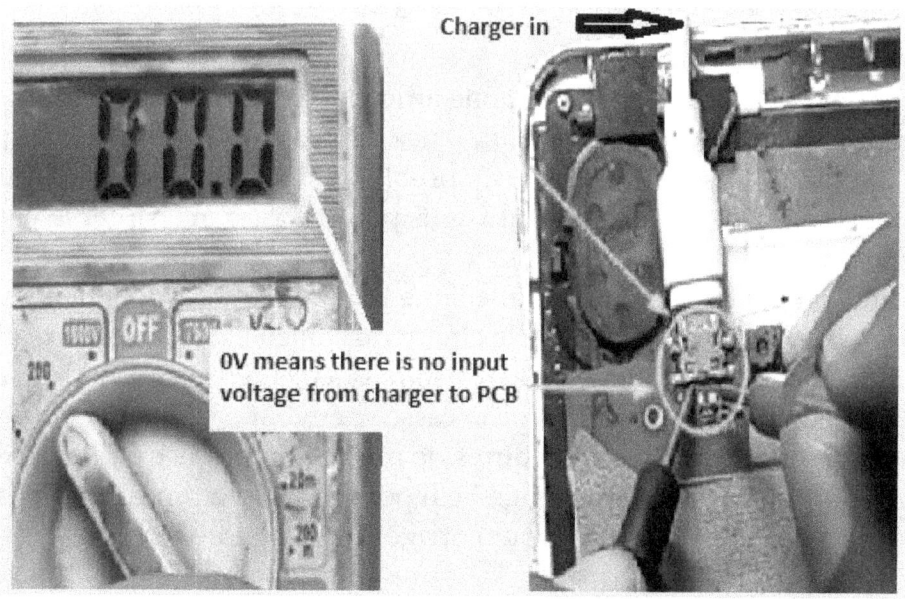

Notifications d'erreur de Charge Défectueuse

   a. Chargement en pause - Température de la batterie trop basse (Samsung)
   b. Chargement en pause - Température de la batterie trop élevée (Samsung)
   c. "X" Arrêt de la charge
   d. Erreur de chargement - Arrêt de la charge
   e. Auto-chargement du téléphone portable
   f. Le téléphone ne charge qu'avec un PC et pas avec des chargeurs

Conseils

   1. Téléchargez le schéma PCB de chaque téléphone en réparation et tracez le circuit à l'aide de votre multimètre.
   2. Utilisez la bibliothèque internet via Google Images pour rechercher la section de câble picturale (piste de câblage PCB) spécifique à chaque appareil, tracée par d'autres professionnels ayant étudié le schéma du circuit du téléphone.
   3. Achetez, activez et utilisez le logiciel Easy Draw.

"Ne charge pas" : Lorsqu'un téléphone affiche "Ne charge pas" dès qu'un chargeur est branché, cela signifie qu'il ne chargera pas la batterie malgré la détection d'une tension de charge. Ce problème survient lorsque le courant ou la tension requis ne sont pas suffisants pour booster et charger la batterie du téléphone.

Une raison de ce problème est une ligne BSI (indicateur d'état de la batterie) défectueuse qui informe le circuit de contrôle de charge sur l'état de fonctionnement de la batterie. Une résistance défectueuse, un condensateur, un régulateur de tension ou une piste cassée peuvent également être la cause.

Si vous avez effectué les procédures de réparation de base énumérées ci-dessus, effectuez ensuite un traçage PCB pour remplacer un composant ou utilisez un câble de dérivation pour corriger un circuit ouvert.

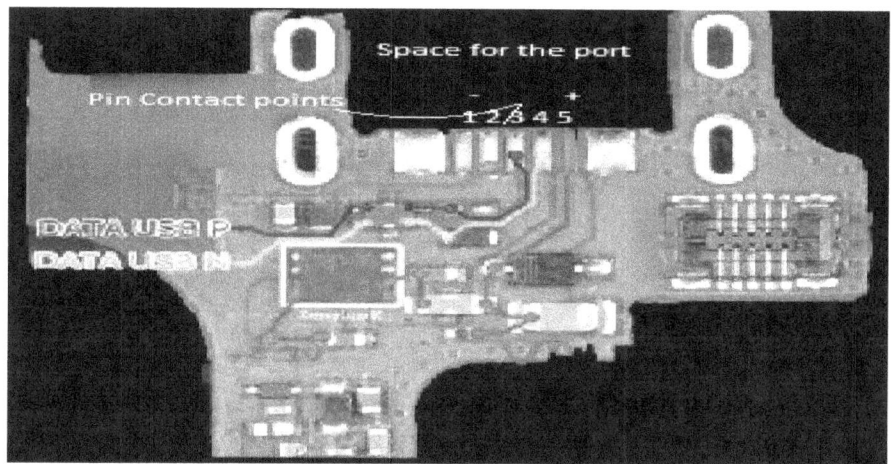

Figure 7.2a: Exemple de pistes de pontage pour le problème de charge USB du LG L80

L'image ci-dessus est une illustration (bien qu'elle devrait fonctionner pour le modèle particulier indiqué) de la façon dont Internet peut être utile en fournissant des images contribuées par d'autres techniciens. Lorsqu'il n'y a pas encore de logiciel Easy Draw, ou d'accès aux schémas pour un modèle particulier, l'utilisation des moteurs de recherche sur Internet peut produire des résultats comme celui-ci ci-dessus qui peuvent être exploités.

De plus, lorsque vous découvrez des solutions en appliquant les étapes de dépannage apprises dans ce livre, vous pouvez également enrichir la communauté en les partageant.

« **Chargeur non pris en charge** » : lorsque vous rencontrez cette panne, après avoir épuisé les étapes générales de base ci-dessus, appliquez les mêmes étapes que pour le problème de « Non chargement » ci-dessus. Le problème de chargeur non pris en charge est causé par un composant thermistor BTEMP défectueux ou une piste endommagée.

BTEMP signifie Température de la batterie. C'est une broche de batterie utilisée pour surveiller l'état de température de la batterie pendant la charge. Dans la plupart des appareils, une résistance (une résistance de 47 kilo-ohms qui devient en circuit ouvert en raison de dommages causés par l'eau ou d'autres causes) provoque cette panne de charge. La solution est de la trouver et de la retirer ou de la remplacer.

Chapitre 7: Fautes Matérielles Courantes et Procédures de Réparation

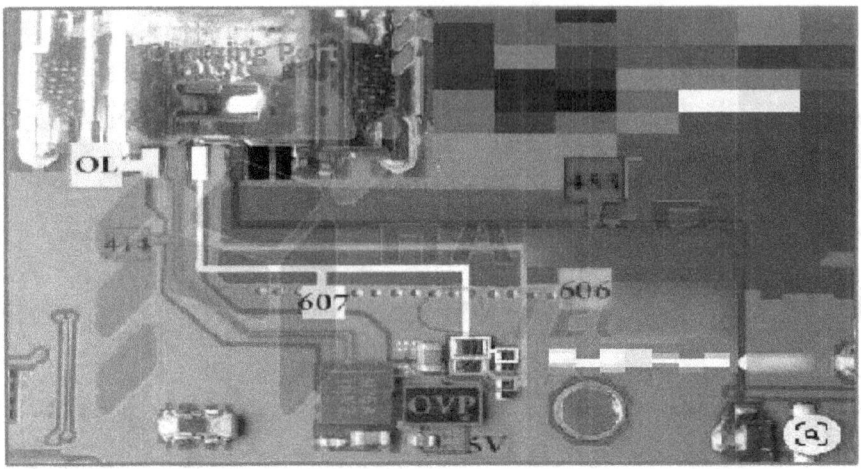

Figure 7.2b: Circuit de charge du Samsung Galaxy J6

"Chargement interrompu Température de la batterie trop basse ou trop élevée": lorsque un appareil mobile affiche quelque chose de similaire à l'image ci-dessous :

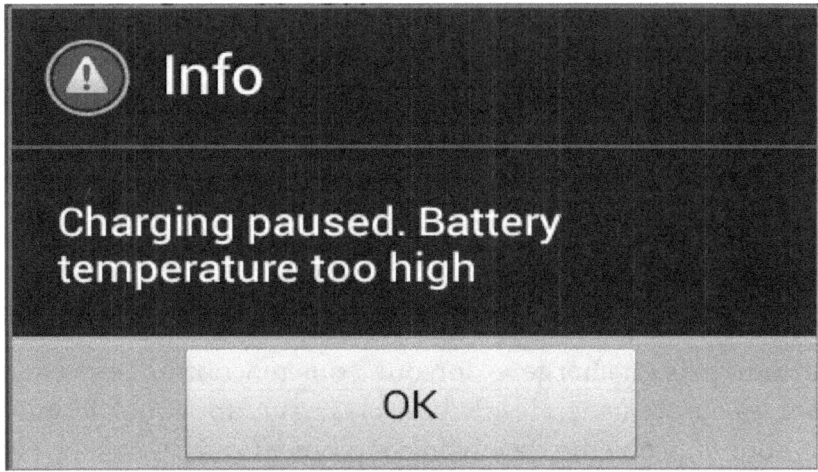

Figure 7.2c

Mise en garde / Avertissement : Ces images d'exemple sont uniquement destinées à montrer au lecteur ce qui est disponible lorsqu'elles sont consultées via des recherches en ligne. Les solutions présentées ne sont pas endossées par ce livre en raison de leur publication ici. Ce type d'image diffère pour chaque modèle de produit. L'utilisation d'images provenant d'Internet relève de la discrétion du technicien !

Dans de nombreuses situations avec les tablettes et les smartphones, les problèmes de charge peuvent en fait être liés au logiciel. Si le chargeur du téléphone est en bon état et que le téléphone chauffe à intervalles réguliers même au repos, cela peut être dû à une utilisation intensive des applications ou à une activité de logiciels malveillants en arrière-plan. Les smartphones et les tablettes possèdent certains circuits intégrés ou unités de composants qui dissipent plus de chaleur lors du traitement de plusieurs applications. Ces puces comprennent:

a. Le processeur - lorsqu'une application qui utilise un traitement intensif du processeur est en cours d'exécution.
b. Le processeur graphique, GPU - lorsque votre application utilise OpenGL.
c. L'écran lorsqu'il est allumé pendant une longue période (en fonction également du réglage de la luminosité).
d. La batterie (lorsqu'elle est continuellement chargée ou déchargée rapidement).
e. Le modem a également besoin de beaucoup de puissance pour les transferts de données 3G/4G/LTE.

Il existe un mécanisme de sécurité intégré aux appareils mobiles pour surveiller les températures de la batterie via les broches de connexion de batterie BTemp. Ce mécanisme de sécurité réagira avec ce type de notification d'erreur de charge pour des températures de batterie élevées lorsque ces composants deviennent excessivement chauds. Dans la plupart des cas, il est probable qu'une combinaison de toutes les puces énumérées ci-dessus cause le problème. Les applications corrompues peuvent également causer une surchauffe, auquel cas vous devez désinstaller de telles applications. En cas de doute sur l'application qui pourrait être en cause, une réinitialisation matérielle de l'appareil ou une programmation flash logicielle devient une option. Suivez les étapes initiales suivantes avant de tenter une réparation matérielle:

Suivez les étapes initiales suivantes avant de tenter une réparation matérielle:

i. Réduisez la luminosité de l'écran.
ii. Désinstallez toute application tierce qui aurait été récemment téléchargée sur l'appareil.
iii. Passez en 3G uniquement dans les paramètres des réseaux mobiles: Allez dans Paramètres>Réseaux sans fil et autres>Réseaux

mobiles>Utiliser uniquement les réseaux 3G (économise la batterie). En effet, lorsqu'un appareil mobile est dans une zone où le réseau 4G (ou la technologie de réseau de génération supérieure) est absent, la radio recherchera constamment, surchargeant le modem et générant ainsi de la chaleur.

iv. Si tout le reste échoue, y compris les étapes de réparation matérielle, utilisez les procédures de réparation logicielle telles que couvertes dans la section Réparations logicielles de ce livre.

Pour les réparations au niveau électrique et électronique, utilisez les directives précédemment indiquées pour appliquer le traçage des pistes de câblage matériel, où nous identifions les points où le câblage du circuit imprimé s'est ouvert et doit être contourné avec des câbles de pontage pour que le courant circule vers les bons composants électroniques discrets. Voir ci-dessous des exemples de ponts de traçage de pistes.

Credit: Google Images from http://forum.gsmhosting.com

Figure 7.2d

"Chargement interrompu Température de la batterie trop élevée"

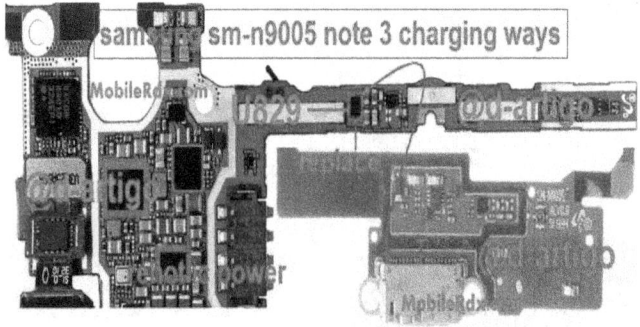

Credit: Google Images from http://forum.gsmhosting.com

Figure 7.2e

"Défaut de « Recharge automatique » : Lorsqu'un appareil mobile se comporte de cette manière, cela est symptomatique d'un courant de boucle provenant de la batterie du téléphone vers le circuit ou le CI de charge. Une solution simple consiste à nettoyer les contacts du port de charge et l'ensemble du PCB en profondeur car une condition de court-circuit existe. Cependant, si cela ne résout pas le problème, dans ce cas, la condition de court-circuit n'existe pas sur le montage de surface du PCB ; la prochaine étape consiste à effectuer un suivi du PCB (dépannage) pour trouver le condensateur défectueux ou le circuit intégré de capteur de charge.

Fautes Audio/Alerte

Le système audio présent dans les appareils mobiles se compose du système de microphone, du haut-parleur, du sonnerie et de la prise externe mains-libres. Nous aborderons chaque système l'un après l'autre.

Fautes du Haut-parleur

Le haut-parleur ou l'écouteur est le dispositif responsable de la réception audio ou des communications vocales lors d'un appel téléphonique. Lorsqu'ils deviennent défectueux, cela se manifeste par les comportements suivants :

- L'utilisateur de l'appareil mobile n'entendra rien de l'autre côté de la conversation.
- L'utilisateur entendra à peine la voix de l'appelant de l'autre côté.
- L'utilisateur entendra à peine la voix de l'appelant de l'autre côté.

Testing, Dépannage et Procédure de Réparation

Pour réparer les pannes de haut-parleur, suivez les étapes ci-dessous :

i. Tout d'abord, confirmez le comportement de l'appareil mobile en initiant un appel. Si vous ne souhaitez pas passer un appel complet, effectuez un appel de support gratuit à votre opérateur de services, selon les modalités applicables dans votre pays d'origine, et écoutez. Une fois l'appel établi et actif, augmentez le volume en utilisant la touche de volume latérale vers le haut. Pour les téléphones sans touches de volume latérales, vérifiez la touche centrale de la page d'accueil (pour les directions de curseur gauche, droite, haut, bas) et appuyez sur les touches droite ou haut. Quel que soit le bouton pour augmenter le volume, un curseur apparaîtra à l'écran LCD indiquant une augmentation.

Chapitre 7: Fautes Matérielles Courantes et Procédures de Réparation

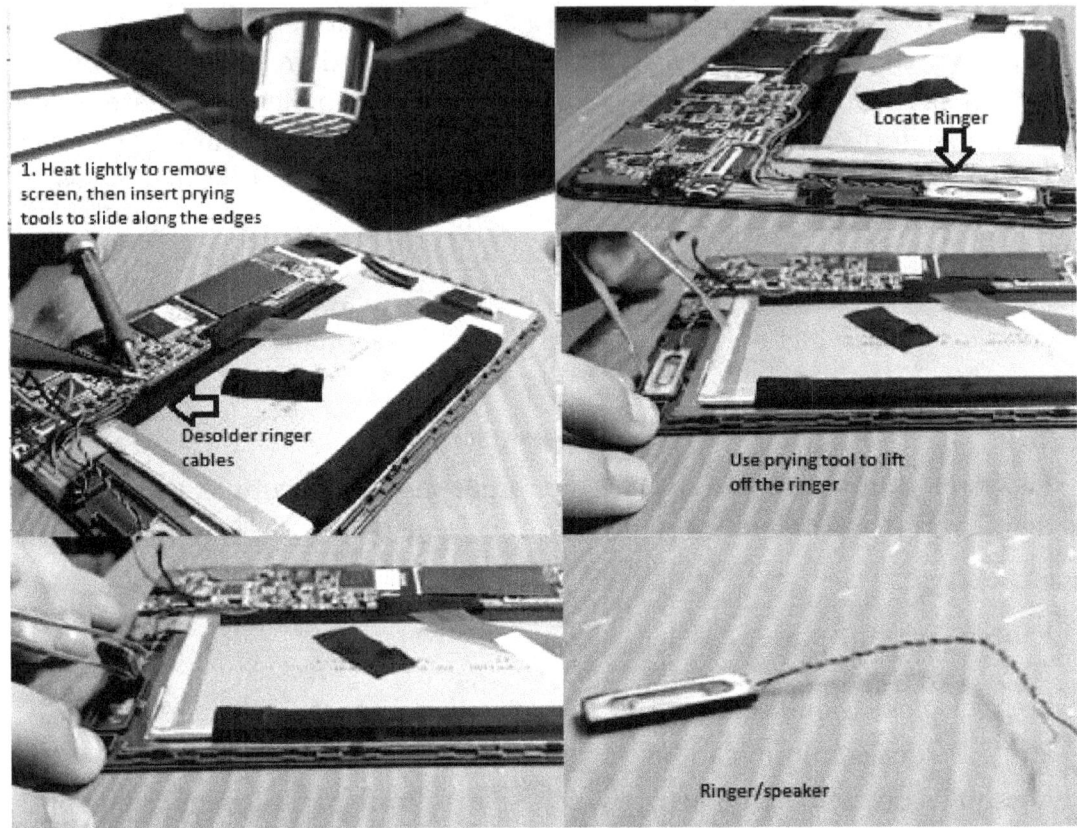

Si le curseur est déjà au maximum et qu'il n'y a pas de son provenant de l'autre côté, alors la défaillance se trouve dans le système.

ii. Ensuite, éteignez et démontez l'appareil mobile.
iii. Localisez le haut-parleur et déconnectez-le ou détachez-le de la carte mère.
iv. Observez les pastilles de contact de la carte PCB où les contacts du haut-parleur se connectent (2 broches ou câbles pour l'alimentation électrique positive [+] et négative [-]) pour voir s'il y a de la saleté, de l'oxydation ou de la corrosion. Là où il est soudé, vérifiez s'il y a des cassures, de la rouille ou de l'oxydation et ressoudez les contacts.
v. Nettoyez soigneusement les pastilles de contact de la carte PCB que vous ayez observé la présence de saleté, d'oxydation et de corrosion ou non (là où les bornes du haut-parleur ne sont pas soudées à la carte PCB).
vi. Utilisez votre multimètre pour prendre des mesures sur le haut-parleur. Les valeurs de résistance pour un bon haut-parleur se situent entre 30 et 33 ohms ±3. Si le haut-parleur sert également de sonnerie (double fonction), la valeur est entre 7 et 8 ohms.

vii. Reconnectez le haut-parleur si les valeurs sont bonnes ou remplacez-le par un autre bon et testez. Si c'est bon, fin des réparations.
viii. Si ce n'est pas bon, utilisez un liquide de nettoyage et une brosse ; nettoyez soigneusement toute la carte mère en mettant l'accent sur les composants électroniques autour des pastilles de contact du haut-parleur. La plupart du temps, par conception, les composants de contrôle sont directement sur le côté opposé de la carte PCB, parallèlement à l'endroit où le haut-parleur ou le composant périphérique contrôlé est connecté. Cela aide à éliminer tout agent de court-circuit de surface comme la rouille entre les composants montés en surface.
ix. Ensuite, allumez la station de réparation et faites passer un courant d'air chaud à température modérée sur la carte PCB en mettant l'accent sur les éléments électroniques autour du haut-parleur qui contrôlent le courant vers le haut-parleur. Cela permet de corriger les connexions en circuit ouvert pour les joints de soudure détériorés entre les composants et la carte mère.
x. Testez à nouveau le haut-parleur en allumant l'appareil et en lançant un appel. Si c'est bon, fin des réparations. Mais s'il n'est toujours pas bon, allumez la carte mère et testez la présence de tension sur les pastilles de contact du haut-parleur. Commencez les procédures de dépannage et de réparation des composants et des CI de la carte mère (dans ce cas, le CI audio) comme appris dans le chapitre 3 : Analyse de base des électroniques et des circuits et la section "Soudure et réparation des CI BGA" du chapitre six de ce livre.

Défauts du Microphone

Le microphone ou le micro est le dispositif responsable de la transmission des sons de voix à l'autre extrémité lors d'un appel téléphonique. Lorsqu'ils deviennent défectueux, les comportements suivants sont observés :

- L'utilisateur du périphérique mobile entendra une voix audible de l'autre côté de la communication mais ne pourra pas être entendu de l'autre côté.
- L'utilisateur peut être à peine entendu par l'appelant à l'autre extrémité.

- Le signal vocal transmis à l'autre extrémité sera grinçant, étouffé par des interférences bruyantes.

Procédure de test, de dépannage et de reparation

Pour réparer les défauts du microphone ou du micro, suivez les étapes ci-dessous :

i. Tout d'abord, confirmez le comportement du périphérique mobile en initiant un appel. Si l'utilisateur à l'autre bout ne peut pas vous entendre alors que vous pouvez entendre sa voix, il y a un problème.
ii. Ensuite, éteignez et démontez le périphérique mobile.
iii. Localisez le microphone et déconnectez-le ou déconnectez-le de la carte mère.
iv. Observez les plots de contact de la carte de circuit imprimé pour les contacts du microphone (2 broches ou cordons pour l'alimentation électrique positive [+] et négative [-]) pour vérifier la présence de moisissures, de saletés, d'oxydation ou de corrosion.
v. Nettoyez soigneusement les plots de contact de la carte de circuit imprimé que vous ayez observé ou non la présence de saletés, d'oxydation ou de corrosion.
vi. Utilisez votre multimètre pour prendre des mesures à partir du microphone (micro ou micro-casque). Les valeurs de résistance pour un bon micro se situent entre 700 et 1700 Ω ±100. La lecture est prise uniquement avec la sonde positive sur la borne positive du micro et la sonde négative sur la borne négative du micro.
vii. Reconnectez le microphone si les valeurs sont bonnes ou remplacez-le par un autre bon et testez. Si tout va bien, les réparations sont terminées.
viii. S'il n'est toujours pas correct, utilisez un fluide de nettoyage avec une brosse et nettoyez soigneusement toute la carte mère en mettant l'accent sur les composants électroniques autour des plots de contact du microphone.
ix. Ensuite, allumez la station de réparation et faites passer un flux d'air chaud à température modérée sur la carte de circuit imprimé en mettant l'accent sur les éléments électroniques de contrôle autour du microphone. Cela permet de corriger les connexions en circuit ouvert pour les joints de soudure détériorés entre les composants et la carte mère.
x. Testez à nouveau le microphone en mettant sous tension le périphérique et en initiant un appel. Si tout va bien, les reparations

sont terminées.
xi. S'il n'est toujours pas correct, mettez sous tension la carte mère et testez la présence de tension au niveau des plots de contact de la carte de circuit imprimé pour le microphone. Commencez les procédures de dépannage et de réparation des composants et des circuits intégrés de la carte mère comme appris dans le chapitre 3 : Analyse de base de l'électronique et la section « Soudage et réparation de circuits intégrés BGA » au chapitre six de ce livre.

Défauts de Sonnerie

Le haut-parleur ou le haut-parleur est le dispositif responsable de l'alerte de l'appelant, de la musique et d'autres notifications à un utilisateur. Lorsqu'ils deviennent défectueux, cela se manifeste par les comportements suivants :

- L'utilisateur du périphérique mobile n'entend pas la sonnerie lorsqu'il est appelé par un autre utilisateur de périphérique mobile ou un téléphone.
- Le périphérique sonne, mais l'utilisateur peut à peine entendre le son même lorsqu'il est avec le téléphone, et les sons multimédias et de notification sont très faibles.
- Le son du téléphone sera craquant, très faible, comme un haut-parleur endommagé.

Étapes d'Action de Test, de Dépannage et de Réparation

Pour réparer les défauts du sonnerie ou du buzzer, suivez la procédure ci-dessous :

i. Tout d'abord, confirmez le comportement de l'appareil mobile en lançant un appel vers l'appareil depuis un autre téléphone ou en vérifiant les Paramètres du téléphone>Son>Type d'alerte>Volume. Le volume doit être suffisamment élevé et l'option de type d'alerte ne doit pas être « silencieux » ou « vibration uniquement ». Si les paramètres sont corrects...
ii. Ensuite, éteignez et démontez l'appareil mobile.
iii. Localisez la sonnerie et détachez-la ou déconnectez-la de la carte mère.
iv. Observez les pads de contact de la carte PCB pour les contacts de la sonnerie (2 broches ou cordons pour l'alimentation électrique positive [+] et négative [-]) pour la saleté, l'oxydation ou la

corrosion.

v. Nettoyez soigneusement les pads de contact de la carte PCB que vous observiez la présence de saleté, d'oxydation ou de corrosion ou non.

vi. Utilisez votre multimètre pour prendre des mesures de la sonnerie. Les valeurs de résistance pour un bon fonctionnement varient entre 8 et 10Ω ±1. Les sonneries monotones plus anciennes lisent entre 15 et 18Ω. Ne vous inquiétez pas si vous entendez le bip de continuité.

vii. Reconnectez la sonnerie si les valeurs sont bonnes ou remplacez-la par une autre et testez. Si c'est ok, terminez.

viii. Si ce n'est pas ok, utilisez un fluide de nettoyage et une brosse et nettoyez soigneusement toute la carte mère en vous concentrant sur les composants électroniques autour des pads de contact du haut-parleur. La plupart du temps, par conception, les composants de contrôle sont directement sur le côté opposé de la carte PCB, parallèlement au même endroit avec le haut-parleur ou le composant périphérique contrôlé. Cela aide à éliminer tout agent de court-circuit de surface comme la rouille entre les composants montés en surface.

ix. Ensuite, allumez la station de retouche et faites passer un courant d'air chaud à température modérée sur la carte PCB en vous concentrant sur les éléments électroniques de contrôle autour de la zone du haut-parleur. Cela permet de corriger les connexions en circuit ouvert pour les joints de soudure détériorés entre les composants et la carte mère.

x. Testez à nouveau la sonnerie en allumant l'appareil. Si ok, terminez.

xi. Si ce n'est toujours pas ok, allumez la carte mère et testez la présence de tension aux pads de contact pour la sonnerie. Commencez les procédures de dépannage et de réparation des composants et de la carte mère IC (dans ce cas, IC audio) comme appris dans le *Chapitre 3 : Analyse de base de l'électronique et des circuits* et la section "IC BGA Soldering and Repair" dans le chapitre six de ce livre.

Défauts du vibreur

Les vibreurs fournissent des notifications d'alerte silencieuses.
Ils développent rarement des défauts bien que pratiquement tout appareil puisse tomber en panne. À l'intérieur d'un vibreur se trouve une unité de commande qui comporte un petit moteur CC qui entraîne un engrenage. Attaché à l'engrenage, il y a un petit poids monté hors-centre sur l'engrenage.

Lorsque le moteur tourne, la combinaison engrenage/poids tourne à 100 à 150 tr/min, le montage hors-centre provoquant une forte vibration.

Procédure de test, de dépannage et de réparation

Suivez les étapes suivantes pour réparer une panne de vibreur.

i. Tout d'abord, confirmez le comportement du dispositif mobile en lançant un appel vers l'appareil depuis un autre téléphone ou vérifiez les paramètres du téléphone> Son> Type d'alerte> Vibration et sonnerie ou Vibration uniquement. Si les paramètres sont corrects mais que le téléphone ne vibre toujours pas, alors (ii)

ii. Ensuite, éteignez et démontez le dispositif mobile.

iii. Localisez le vibreur et détachez-le ou déconnectez-le de la carte mère.

iv. Observez les pastilles de contact de la carte de circuit imprimé pour les contacts du vibreur (2 broches ou cordons pour l'alimentation électrique positive [+] et négative [-]) et recherchez la saleté, l'oxydation ou la corrosion.

v. Nettoyez les pastilles de contact de la carte de circuit imprimé en profondeur, que vous observiez la présence de saleté, d'oxydation ou de corrosion ou non.

vi. Utilisez le multimètre pour prendre des mesures sur le vibreur. Les valeurs de résistance pour un bon vibreur se situent entre 8 et 16 ohms ±1.

vii. Reconnectez le vibreur si les valeurs sont bonnes ou remplacez-le par un autre de qualité et testez. Si tout va bien, fin des réparations.

viii. Si ce n'est pas le cas, utilisez du liquide de nettoyage et une brosse et nettoyez soigneusement toute la carte mère en mettant l'accent sur les composants électroniques autour de la zone des pastilles de contact du vibreur. La plupart du temps, par conception, les composants de commande sont directement situés sur le côté opposé de la carte de circuit imprimé, parallèlement au même endroit sur lequel le vibreur ou le composant périphérique à contrôler est monté. Cela permet de retirer tout agent de court-circuit de surface comme la rouille entre les composants montés en surface.

ix. Ensuite, allumez la station de reprise et faites passer un flux d'air chaud à température modérée sur la carte de circuit imprimé en mettant l'accent sur les éléments électroniques de commande autour de la zone du vibreur. Cela permet de corriger les connexions en circuit ouvert pour les joints de soudure détériorés entre les composants et la carte mère.

x. Testez à nouveau le vibreur en allumant l'appareil. Si tout va bien, fin des réparations.

xi. Si ce n'est toujours pas le cas, allumez la carte mère et testez la présence de tension au niveau des pastilles de contact de la carte de circuit imprimé pour le vibreur. Commencez le dépannage des composants et de la carte mère comme appris dans le Chapitre 3 : Analysc dc base de l'électronique et des circuits et dans la section "Soudage et réparation de BGA de CI" au chapitre six de ce livre.

Fautes Vidéo/Graphiques/Affichage

L'unité de sortie visuelle des téléphones mobiles est l'écran LCD (écran à cristaux liquides). Les LCD sont endommagés de plusieurs manières, notamment les suivantes :

- Rupture du verre LCD (écran).
- Taches d'encre recouvrant tout l'écran.
- Absence d'éléments visuels (écran sombre ou écran allumé vide).
- Présence d'éléments visuels sans rétroéclairage LED de fond.
- Une partie ou la totalité de l'écran tactile ne répond pas aux entrées.

Les écrans LCD, comme presque tous les composants périphériques de la carte mère du téléphone mobile, sont des unités remplaçables sur le terrain. Cela signifie que l'unité doit être remplacée complètement lorsqu'elle présente un défaut, au lieu d'essayer de les réparer. Cela n'élimine pas la possibilité d'improvisation technique. Les défauts d'affichage peuvent être causés par l'une des raisons suivantes :

a. Choc du dispositif mobile sur des surfaces dures.

b. Dommages causés par l'eau ou d'autres liquides.

Procédure d'Action pour les Tests, Dépannages & Réparations

Les étapes d'action suivantes doivent être prises pour une unité d'affichage défectueuse.

i. Déterminez d'abord et avant tout que le dispositif mobile peut émettre et recevoir des appels. Bien que dans certains cas, en raison de l'état aveugle de l'écran, la routine de mise sous tension du dispositif pourrait ne pas être complétée, surtout si une entrée utilisateur est requise comme une option de menu contextuel "Oui" ou "Non".

ii. La prochaine étape est d'éteindre et de démonter le dispositif mobile.

iii. Déconnectez l'unité LCD de la carte mère si elle n'est pas soudée en permanence à la carte mère.

iv. Pour les LCD avec des connecteurs de flexion fusionnés ; avec leurs extrémités de câble ruban (extrémité de la prise) soudées en permanence sur la PCB, nettoyez les contacts et ressoudez ses multiples contacts de broches sur la PCB (refusionnez la soudure). Si l'écran LCD a une prise détachable ou un clip sur la PCB, nettoyez à la fois les broches de l'extrémité de la prise flexible et les broches de la prise de la PCB. Resoudez une broche à la fois avec un fer à souder. L'utilisation du jet d'air chaud de la soufflante doit être évitée car la chaleur fera fondre les plastiques abritant les broches de contact.

v. Pour les LCD avec des connecteurs de flexion séparés détachables, les deux extrémités du connecteur de flexion (extrémité de la prise LCD et extrémité de la prise de la PCB) doivent être nettoyées pour éliminer la saleté, l'oxydation ou la corrosion. Ensuite, refondre la soudure sous les broches en utilisant un fer à souder une par une.

vi. Nettoyez l'ensemble de la PCB en mettant l'accent sur la zone de l'unité d'affichage.

vii. Reconnectez l'unité LCD et testez. Si c'est bon, fin des réparations.

viii. Si ce n'est pas le cas, changez le câble flexible LCD par un neuf. Si c'est bon, fin des réparations.

ix. Si ce n'est pas le cas, changez l'écran LCD et connectez-le avec l'ancien connecteur flexible. Si c'est bon, fin des réparations.

x. Si ce n'est toujours pas le cas, changez à la fois l'écran LCD et son connecteur flexible. Si c'est bon, les deux sont défectueux simultanément. C'est souvent le cas avec un scénario de LCD et de flexion fusionnés mais rare lorsque le connecteur flexible et l'écran LCD sont séparables.

xi. Si le remplacement de l'ensemble LCD ne résout pas le problème, et que soit l'ancien LCD et le Flex, soit les nouveaux sont confirmés en bon état, alors l'enquête se déplace vers la carte PCB. Tout le système d'affichage pourrait également échouer - LCD, flex, prise ou connecteur de flex, composants de contrôle de la carte PCB (électronique et IC d'affichage) et cela se produit en cas de dommage liquide.

xii. Ensuite, vérifiez la prise sur la PCB où le connecteur flexible de l'écran est branché. Tout d'abord, ressoudez les broches de ce connecteur de connexion une par une. NE pas utiliser d'air chaud pour éviter de faire fondre sa propriété plastique.

xiii. Si le défaut persiste, commencez à tracer le circuit électrique entre la prise et les composants électroniques discrets environnants. Appliquez les étapes de dépannage au niveau de la carte mère apprises dans le Chapitre 6 : Fondamentaux de l'Électronique du livre de la première édition "Réparations de Téléphones Portables et Tablettes : Un Guide Complet pour Débutants et Professionnels" et la section "Soudage et Réparation des BGA des CI" au chapitre cinq de ce livre.

Mise en garde : Il incombe au technicien de vérifier que les nouvelles pièces remplacées par les anciennes dans l'appareil sont en bon état avant de procéder à d'autres investigations sur la carte mère. Contrairement à d'autres composants qui peuvent être testés avec le multimètre, l'écran LCD ne peut pas être testé de la même manière. L'alternative est de les tester sur un autre appareil similaire ou d'essayer autant de nouveaux écrans LCD ou de connecteurs flexibles de remplacement que possible. C'est généralement une situation délicate, surtout pour les connecteurs flexibles soudés en permanence ou les unités LCD et flex fusionnées. Les smartphones et les tablettes sont connectés avec des prises manuellement relevables avec des clips, ce qui est plus facile. Le seul défi réside lors du démontage et de la séparation du numériseur de l'écran LCD. Mais pour les modèles plus anciens, qu'il s'agisse d'une unité unique achetée dans un magasin de pièces détachées ou que le technicien ait les pièces en stock, des tests multiples d'écrans LCD ou de connecteurs flexibles sans succès entraînent une perte d'argent si les pièces sont endommagées dans le processus. Dans les cas où le technicien achète une pièce à la fois dans un magasin de pièces de téléphone, les vendeurs acceptent rarement le retour d'une pièce (bonne/mauvaise) une fois qu'elle a été soudée et vous ne pouvez pas les blâmer, n'est-ce pas ? Vos compétences en soudure doivent être parfaites, sinon vous pourriez également être le problème. Mais je suis sûr que vous ne serez pas le problème !

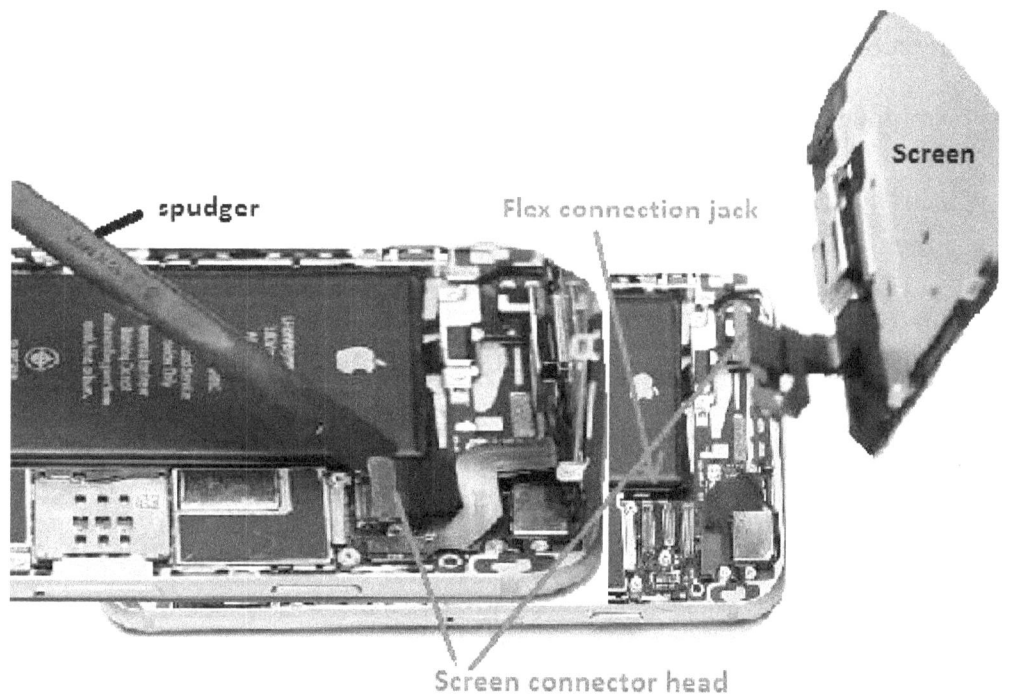

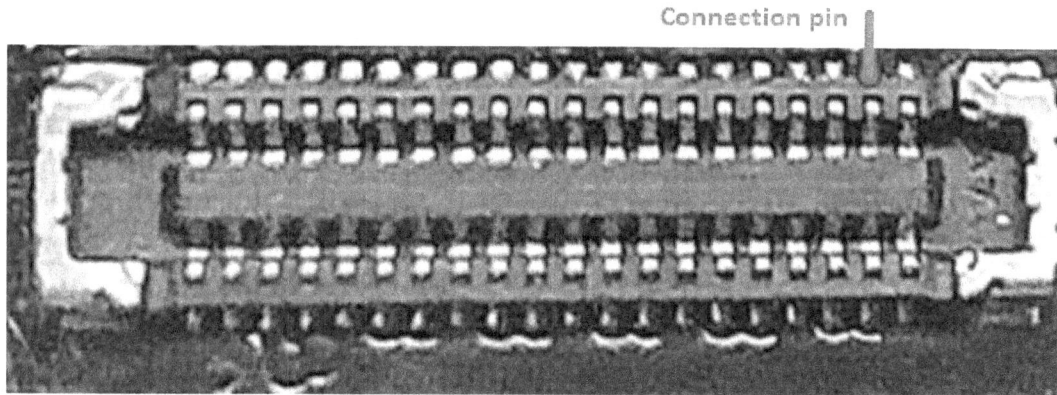

Flex Connection jack

Réparation des Écrans Tactiles

Les écrans tactiles sont disponibles en différentes tailles. Leurs connecteurs flexibles ont généralement quatre (4) broches de contact : [+], [-], [Rx], [Tx]. Rx est simplement un terme de communication de données pour "signal de réception" tandis que Tx est "signal de transmission". Ils sont généralement contrôlés par le processeur et le logiciel du système d'exploitation. Dans certains smartphones ou tablettes, un CI d'interface intermédiaire ou un CI d'écran tactile est présent à la place.

Les problèmes d'écran tactile se manifestent de la manière suivante :

- Une partie entière ou partielle de l'écran ne répond pas à l'entrée tactile.
- Une ou plusieurs touches ou icônes ne répondent pas au toucher.

Procédure de Test, de Dépannage et de Réparation

Pour réparer un problème d'écran tactile :

i. Vérifiez la surface de l'écran tactile pour tout scratch ou dommage physique.
ii. Si l'écran tactile est de type résistif, allez dans les paramètres de l'appareil et recalibrez l'écran tactile. Les écrans tactiles résistifs sont rares sur le marché maintenant car les écrans tactiles capacitifs plus réactifs sont à la mode.
iii. Éteignez et démontez l'appareil mobile en ses parties constituantes.
iv. Débranchez le connecteur de contact de l'écran tactile de la carte mère. La plupart d'entre eux ont des capteurs qui sont détachables.
v. Nettoyez soigneusement les contacts avec un fluide de nettoyage et reconnectez-les.
vi. Testez l'écran tactile pour confirmer si le problème est résolu.
vii. Si le problème persiste, remplacez-le par un écran tactile de rechange. C'est la solution par défaut et la plus réalisable aux problèmes d'écran tactile, sauf si l'écran tactile lui-même n'est pas le problème.
viii. Testez à nouveau pour vérifier si le problème est résolu.
ix. Si le problème persiste, effectuez le dépannage des pistes de la carte PCB et des éléments de contrôle de la carte mère. Effectuez une soudure de reprise sur le CI (capteur) du contrôleur d'écran tactile ou changez le capteur. Voir la section "IC BGA Soldering and Repair" au chapitre cinq de ce livre.

x. Envisagez de recharger le logiciel de l'appareil mobile avant ou après l'étape [ix] ci-dessus si le problème persiste.

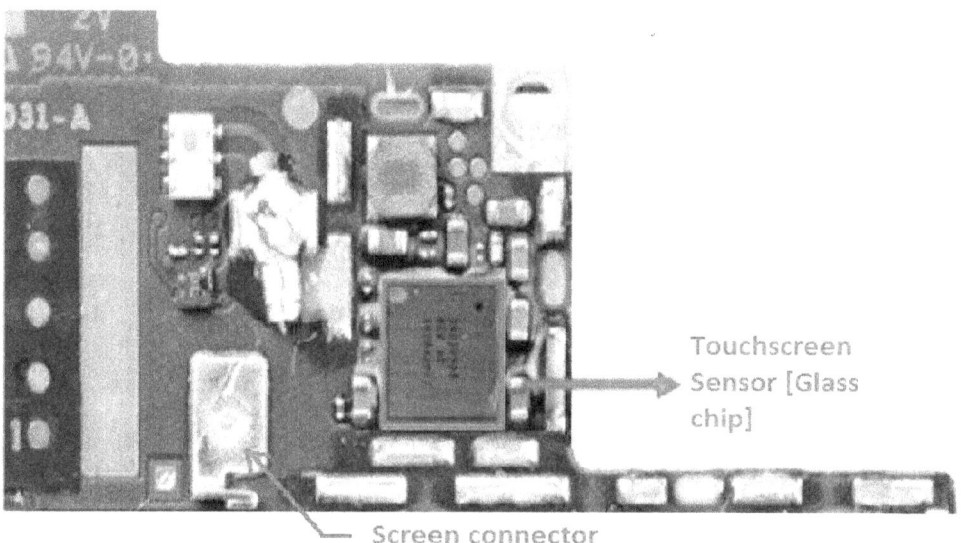

Défaillances du Clavier

Les smartphones et la plupart des tablettes ont abandonné les claviers physiques traditionnels au profit des écrans tactiles. Cependant, il est encore possible de rencontrer des appareils avec des claviers physiques, donc parlons-en quand même.

Les claviers sont des dispositifs d'interface utilisateur permettant au dispositif mobile de recevoir des signaux de commande. Ils ont précédé le système de saisie de clavier virtuel actuellement prédominant dans les technologies tactiles. Ils se composent de boutons disposés dans une grille multi-lignes et colonnes qui connectent deux contacts électriques physiques distincts lorsqu'ils sont enfoncés. Les boutons sont disposés dans une matrice. Cela permet à un microcontrôleur IC de "scanner" les broches de sortie pour détecter quel bouton est enfoncé.

Le signal électrique analogique résultant est envoyé dans un convertisseur analogique-numérique (CAN) connecté à un décodeur BCD (Binary Coded Digits) qui est soit séparé, soit intégré dans le CPU. La sortie est affichée sur l'écran LCD. Lorsque les claviers échouent, les symptômes suivants sont observés :

- Tous ou quelques boutons spécifiques ne produisent aucune sortie sur l'unité d'affichage.
- Les frappes de touches entraînent le redémarrage ou le redémarrage du dispositif mobile.
- La réponse aux frappes de touches est très lente à produire une sortie ou une action désirée.
- Les frappes de touches produisent des résultats inattendus par rapport à la normale sur l'unité d'affichage.
- La réponse aux frappes de touches nécessite une pression très forte sur les boutons.
- Le rétroéclairage du clavier ne fonctionne pas ou reste allumé en permanence.

Les causes probables de dysfonctionnement des claviers sont les suivantes :

a. Oxydation ou corrosion des contacts du clavier en raison de liquides.
b. Liquide sur la carte mère (PCB).
c. Logiciel système corrompu.
d. Activité de virus.
e. Éléments de commande ou CI défectueux.
f. Boutons du clavier endommagés, partie ou unité entière.

Procédure de Test, de Dépannage et de Réparation

Suivez les étapes ci-dessous pour diagnostiquer et réparer les problèmes de clavier ;

i. Qu'il s'agisse d'un clavier physique ou tactile, déterminez si le comportement est symptomatique d'une défaillance logicielle. Si c'est le cas, flashez le téléphone. Mais pour les vérifications matérielles...
ii. Éteignez le dispositif mobile et retirez la batterie, la carte SIM et la carte mémoire.
iii. Démontez le dispositif mobile en utilisant les outils recommandés décrits précédemment.
iv. Testez les touches du clavier dans un état partiellement démonté. Cela est nécessaire car, lorsqu'il est assemblé, s'il y a un bouton latéral enfoncé en permanence (boutons de contrôle du volume latéral, caméra, etc.), cela affectera la fonctionnalité du clavier.

Si les touches du clavier ne fonctionnent pas, localisez l'ensemble du clavier sur la façade avant du dispositif mobile et détachez-le de la carte mère. Il y a généralement deux ou trois couches comprenant un bouton en plastique (coussin ou carbone), un matériau de cellophane mince enduit de colle et un réseau de contacts cylindriques concaves (*la forme concave est telle qu'elle entre en contact avec la piste en or extérieure de la carte PCB lorsqu'elle est au repos, sur ses bords extérieurs. La courbe vers le haut au centre permet de ne pas entrer en contact avec les pistes en or intérieures sauf lorsqu'elle est enfoncée, elle ferme alors le circuit en reliant les deux pistes*) qui est collé à la carte PCB. Décollez soigneusement ce cellophane. Ne le déchirez pas et n'appliquez pas de liquide de nettoyage sur la colle. Cela neutraliserait ses propriétés adhésives, le rendant incapable de se remettre en position après réparation.

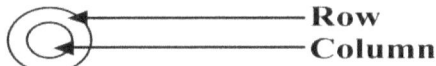

Figure 7.3a: Contacts de la PCB du Clavier

v. Nettoyez les contacts dorés concentriques circulaires de la carte mère (pads externes et internes séparés par un anneau). L'anneau externe correspond aux rangées tandis que l'anneau interne correspond aux colonnes. Voir la figure 6.2f ci-dessus.

vi. À l'aide d'une lame tranchante, grattez les revêtements d'oxydation ou la saleté sur les contacts métalliques circulaires concaves brillants collés au verso du matériau de cellophane. Veillez à conserver leur position sur le matériau. Alignez et collez de nouveau le cellophane sur les pads de contact de la PCB.

vii. Assemblez partiellement le dispositif, juste assez pour le mettre sous tension et tester les touches l'une après l'autre.

viii. Problème résolu ? Terminé. Sinon, effectuez un test en appuyant directement sur les touches sur les contacts plats recouverts de cellophane ou en utilisant le revêtement de bouton le plus externe sur le cellophane. Si le problème vient des boutons les plus externes, remplacez-les. Sinon...

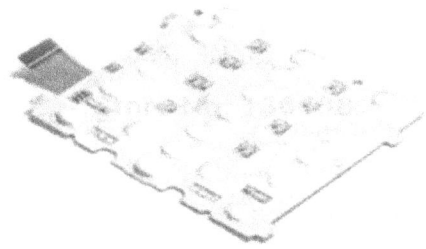

Figure 7.3b : Clavier PCB détachable recouvert de cellophane

ix. Effectuez un test en reliant directement les contacts de la carte mère avec un tournevis ou en appuyant sur les disques métalliques circulaires concaves du cellophane sur les contacts de la carte de circuit imprimé (PCB). Si le défaut concerne les disques, vous pouvez changer tout le matériau ou remplacer les disques circulaires un par un.

x. Si le problème persiste, remplacez l'ensemble du clavier dans les cas où il s'agit d'une unité détachable avec un connecteur flexible. S'il ne s'agit pas d'une unité distincte de la carte de circuit imprimé (PCB), testez la continuité entre les rangées et les colonnes. S'il y a une interruption de la continuité électrique, reconnectez la piste du PCB. Si c'est bon, alors la matrice du clavier est bonne.

xi. Tracez la connexion électrique et l'état des composants électroniques de contrôle du clavier. Refluez avec le souffleur de la station de reprise ou utilisez un fer à souder pour ressouder les contacts de chaque composant un par un. S'ils sont bons, testez à nouveau le clavier après le refusion thermique.

xii. Si le problème persiste, la prochaine étape consiste à refondre le CI du clavier (microcontrôleur) et à appliquer les connaissances acquises dans le chapitre 6 : Fondamentaux de l'électronique du livre de la première édition "Réparations de téléphones portables et de tablettes : Un guide complet pour les débutants et les professionnels" et la section "IC BGA Soldering and Repair" au chapitre cinq de ce livre.

Défaillances des Interrupteurs

Lorsque les interrupteurs échouent dans les appareils mobiles, cela se manifeste par une non-réponse évidente à une fonction désirée. Par exemple :

- Lorsque le bouton d'alimentation est pressé, l'appareil devrait s'allumer/s'éteindre, sinon il a échoué.
- Lorsque la touche de volume latérale est pressée, elle devrait soit augmenter soit diminuer le volume, sinon elle a échoué.
- Lorsque le bouton ou l'interrupteur de l'appareil photo est pressé, cela devrait activer la fonctionnalité de l'appareil photo, sinon il a échoué.

Procédure de Test, de Dépannage et de Réparation

Tout échec à produire les réponses énumérées ci-dessus ne signifie pas toujours que l'interrupteur est le problème. D'autres défauts connexes ont été discutés dans d'autres sections.

Si cependant le défaut en question est déterminé comme étant lié à l'interrupteur, suivez les actions suivantes ;

i. Éteignez l'appareil et retirez la batterie, la carte SIM et la carte mémoire.
ii. Repérez l'interrupteur non réactif pertinent et déterminez de quel type d'interrupteur il s'agit en fonction des connaissances partagées précédemment sur les types d'interrupteurs dans le chapitre 3 : Analyse de base de l'électronique et des circuits de ce livre.
iii. Si l'interrupteur est observé comme étant physiquement endommagé, remplacez-le immédiatement.
iv. S'il n'y a aucun dommage physique observable, testez-le avec un multimètre pour confirmer s'il est fonctionnel ou non (voir *"Comment tester divers composants - Interrupteurs"* dans le chapitre six de ce livre).
v. S'il est fonctionnel, ressoudez ses contacts sur le PCB et testez. S'il est endommagé et donc non fonctionnel, remplacez-le par un neuf.

Fautes de Carte SIM et de Carte Mémoire

Les cartes SIM sont les unités de stockage dans lesquelles les entreprises de télécommunication stockent les codes de communication et les informations abonné nécessaires pour maintenir l'accès au réseau mobile. Selon le périphérique à réparer, les SIMs se présentent en taille standard, en taille Micro-SIM ou en taille NANO-SIM.

SIM   Micro-SIM   Nano-SIM

Les cartes mémoire, quant à elles, sont des puces de mémoire étendue secondaires utilisées pour fournir une capacité de stockage étendue au périphérique mobile, afin de stocker les données utilisateur.

Il existe quelques défauts associés à ces deux dispositifs que nous aborderons sous peu. Les différentes manières dont ces unités échouent sont discutées ci-dessous :

Défaillances de la carte SIM

a. La notification "Aucune carte SIM" ou "Insérer une carte SIM" s'affiche sur l'écran du dispositif (comme cela se produit normalement lorsqu'aucune carte SIM n'est insérée), même si une carte SIM est correctement insérée.

b. Une carte SIM est correctement insérée mais le dispositif ne reconnaît pas la présence d'un réseau.

c. "Carte SIM invalide" s'affiche sur l'écran lorsque la SIM est insérée.

Procédure de Test, de Dépannage et de Réparation

i. Éteignez le dispositif et retirez la batterie.

ii. En fonction des informations affichées sur l'écran lors de l'insertion de la SIM, effectuez les actions suivantes.

iii. Pour (a) ci-dessus, confirmez avec une autre carte SIM valide si le dispositif mobile afficherait le même message. Sinon, le problème vient de la première carte SIM. CHANGEZ LA SIM. Si le même message est affiché (ce qui signifie que le dispositif ne reconnaît pas la SIM), le problème vient du dispositif.

iv. Ensuite, démontez le dispositif mobile.

v. Vérifiez le plateau SIM. Le plateau SIM comporte six broches de contact qui interagissent avec la surface en cuivre de la carte SIM qui est subdivisée en six parties. Assurez-vous que chaque broche du plateau SIM PCB est connectée aux pads de contact du PCB.
vi. Si une broche est cassée, remplacez l'unité. Si les broches ont perdu leur connectivité, ressoudez et testez.
vii. Si l'unité de plateau SIM est OK, commencez par nettoyer soigneusement le PCB en mettant l'accent sur les composants électroniques autour de la zone du plateau SIM. Refluez les composants électroniques environnants avec de l'air chaud. Testez à nouveau la SIM.
viii. Si le problème persiste, localisez la puce microcontrôleur SIM (IC) - généralement fabriquée dans un très petit carré de verre. Appliquez un processus de reflow à chaud sur la puce (généralement une petite puce en verre) avec un flux d'air chaud modéré. Appliquez les bonnes compétences en soudure apprises dans un chapitre précédent. Testez à nouveau.
ix. Si le problème persiste, changez la puce microcontrôleur.

Considérations Supplémentaires pour les Dispositifs Modernes

Avec l'avancée de la technologie mobile, les défauts de carte SIM et de carte mémoire peuvent parfois être liés à des problèmes logiciels plutôt qu'à des dysfonctionnements matériels. Par conséquent, avant de procéder au dépannage et à la réparation matérielle, il est conseillé d'effectuer un diagnostic logiciel approfondi.

Cela peut impliquer :

1. **Mises à Jour Logicielles :** Assurez-vous que le système d'exploitation et le micrologiciel du dispositif sont à jour. Parfois, des bogues logiciels ou des problèmes de compatibilité peuvent provoquer des erreurs de carte SIM ou de carte mémoire, qui peuvent être résolus par des correctifs logiciels fournis par le fabricant du dispositif.
2. **Sauvegarde de Données et Réinitialisation :** Si le problème persiste après la mise à jour du logiciel, envisagez de sauvegarder les données

importantes et d'effectuer une réinitialisation aux paramètres d'usine sur le dispositif. Cela peut aider à éliminer les conflits logiciels ou les fichiers système corrompus qui pourraient causer le problème.
3. **Outils de Diagnostic :** Utilisez les outils de diagnostic fournis par le fabricant du dispositif ou des applications tierces pour analyser l'état de santé et le statut de la carte SIM et de la carte mémoire. Ces outils peuvent fournir des informations sur les problèmes liés au logiciel tels que les erreurs de système de fichiers ou les données corrompues.
4. **Paramètres de Réseau :** Vérifiez et ajustez les paramètres réseau pour garantir une connectivité et une configuration correctes pour la carte SIM. Parfois, des paramètres réseau incorrects peuvent entraîner des problèmes liés à la SIM tels que des échecs d'enregistrement sur le réseau ou une perte de signal.

Ces étapes ci-dessus s'appliquent à tous les messages d'erreur dans lesquels le technicien a déterminé que la carte SIM elle-même n'est pas le dispositif défectueux. Si tout échoue, effectuez une programmation flash du dispositif mobile.

Défauts de Carte Mémoire (MMC)

Lorsqu'un téléphone ne reconnaît pas la MMC, il s'agit le plus souvent d'une défaillance matérielle. Cependant, parfois, l'insertion d'une carte mémoire entraîne le redémarrage ou le reboot du dispositif mobile. Dans de tels cas, le problème peut être lié au logiciel.

Procédure de Test, de Dépannage et de Réparation

Vérifiez si la carte mémoire fonctionne dans un autre appareil. Si ce n'est pas le cas, remplacez-la. Si oui, procédez comme suit :

i. Éteignez le dispositif mobile, retirez la carte SIM, la MMC, et démontez.
ii. Redressez les éventuelles broches pliées (si présentes) dans le logement/tray de la carte mémoire.
iii. Nettoyez également le socket MMC avec un liquide de nettoyage et ressoudez ses bornes de contact. Testez pour voir si le problème est résolu. Si tout fonctionne correctement, les réparations sont terminées.

iv. Si le problème persiste, refaites fondre (procédure de chauffage BGA) le CI MMC ou remplacez-le.
v. Si le problème persiste, effectuez une refusion du microprocesseur. (Raison : Toutes les connexions MMC se terminent au microprocesseur).

Fautes de Réseau

Dans les chapitres précédents, nous avons appris qu'un téléphone mobile est essentiellement une radio, bien que les téléphones mobiles numériques utilisent la même technologie radio d'une manière différente. Par exemple, les téléphones numériques convertissent le signal vocal analogique en informations binaires (1 et 0) puis le compressent, permettant à plusieurs (jusqu'à dix) téléphones numériques d'occuper la même bande de fréquences que celle occupée par un téléphone cellulaire analogique.

La communication se fait via un réseau. Par conséquent, la fonctionnalité de base d'un appareil mobile est de communiquer via des médias de réseau sans fil. Tout appareil mobile qui ne parvient pas à accéder au réseau ou à communiquer efficacement sur les médias de réseau est essentiellement devenu un objet inutile.

À l'intérieur du téléphone portable, il y a beaucoup de composants et de CI dont la défaillance entraînera des problèmes de connectivité réseau. Cependant, tout comme pour d'autres processus de correction de défauts, le dépannage et la résolution des problèmes liés au réseau dans les téléphones mobiles suivent un processus systématique.

Quelques causes courantes de pannes réseau sont les suivantes :

- Les pastilles d'antenne sont corrodées, sales ou l'unité d'antenne ne fait pas un contact approprié avec les pastilles de contact de l'antenne.
- L'antenne, le câble d'antenne ou les contacts sont cassés.
- Le commutateur d'antenne ne remplit pas ses fonctions et est donc endommagé.
- Amplificateur de puissance endommagé.
- Les puces RF ou les filtres (filtres Rx/Tx Saw) peuvent être endommagés.
- Le générateur de signal RF (VCO) ne fonctionne pas.
- Le processeur RF (baseband analogique) ne fonctionne pas.
- IMEI corrompu ou invalide ou dommage logiciel.

Les appareils mobiles présentant des pannes d'accès réseau présentent les caractéristiques observables suivantes :

- "Aucun réseau" ou "Aucun accès" affiché à l'écran (pistes de fil d'antenne/commutateur d'antenne cassées, pastilles de contact sales ou joints soudés cassés à sec).
- ID du réseau de l'opérateur affiché à l'écran sans aucune barre d'icône de signal réseau (défaut logiciel, nécessite une programmation flash).
- Impossible d'émettre des appels sortants mais peut uniquement recevoir des appels (amplificateur de puissance défectueux).
- Utilisateur non joignable (pas de réception d'appel) mais peut passer des appels (vérifiez le commutateur d'antenne/processeur RF).
- Les barres de signal s'affichent pleinement au démarrage et disparaissent notamment lors de la tentative de réception ou d'émission d'appel (vérifiez l'amplificateur de puissance [PA] notamment la ligne d'alimentation (+) vers celui-ci. Suivez également la piste entre le signal Tx de PA et le commutateur d'antenne ou changez de PA).

Antennes des Smartphones et Tablettes

Les smartphones et tablettes sont équipés de plusieurs antennes qui prennent en charge les différentes technologies cellulaires et non cellulaires de leur conception. L'objectif est de prendre en charge les débits de données élevés de la norme actuelle de communication mobile 4G/LTE. Le nombre d'antennes dépend également du type de fonctionnalités mises en œuvre dans la conception de chaque modèle. Voici une liste des différentes antennes et de ce qu'elles prennent en charge :

- Antennes multiples GSM 2G/3G/EVDO pour MIMO et la diversité (*pour le service cellulaire*)
- Antenne GPS
- Antenne Wi-Fi (*prend en charge les dernières normes telles que WLAN 802.11n & 802.11ac*)
- Antenne NFC (*si le téléphone dispose de la fonctionnalité de communication en champ proche*)
- Antenne Bluetooth
- Antenne de charge sans fil

En LTE, plusieurs voies de diversité sont nécessaires pour les signaux de transmission et de réception. Cependant, les téléphones ne peuvent pas gérer deux fréquences sur une seule carte SIM. Par conséquent, la technologie

MIMO est combinée à ce qui est considéré comme l'agrégation de porteuses (CA), où deux ou plusieurs fréquences sont intégrées dans une fréquence enveloppe, pour doubler ou tripler les débits de données.

La technologie MIMO (2×2) est principalement utilisée pour une meilleure réception du signal et des débits de données plus élevés des tours de réseau mobile, bien que les fournisseurs de réseau déploient généralement des infrastructures de technologie MIMO beaucoup plus avancées (3×3 ou plus). En résumé, plusieurs antennes cellulaires sont déployées en mode MIMO pour les smartphones et tablettes LTE, bien qu'elles servent à la diversité dans les modes opérationnels non LTE, comme lorsque le téléphone est utilisé en HSPA+ ou en 3G.

Les téléphones basiques et les téléphones à fonctions avaient auparavant une seule antenne multi-bandes transmettant et recevant des signaux sur plusieurs (deux à cinq) bandes de fréquences. Jetez un coup d'œil à cette image ci-dessous.

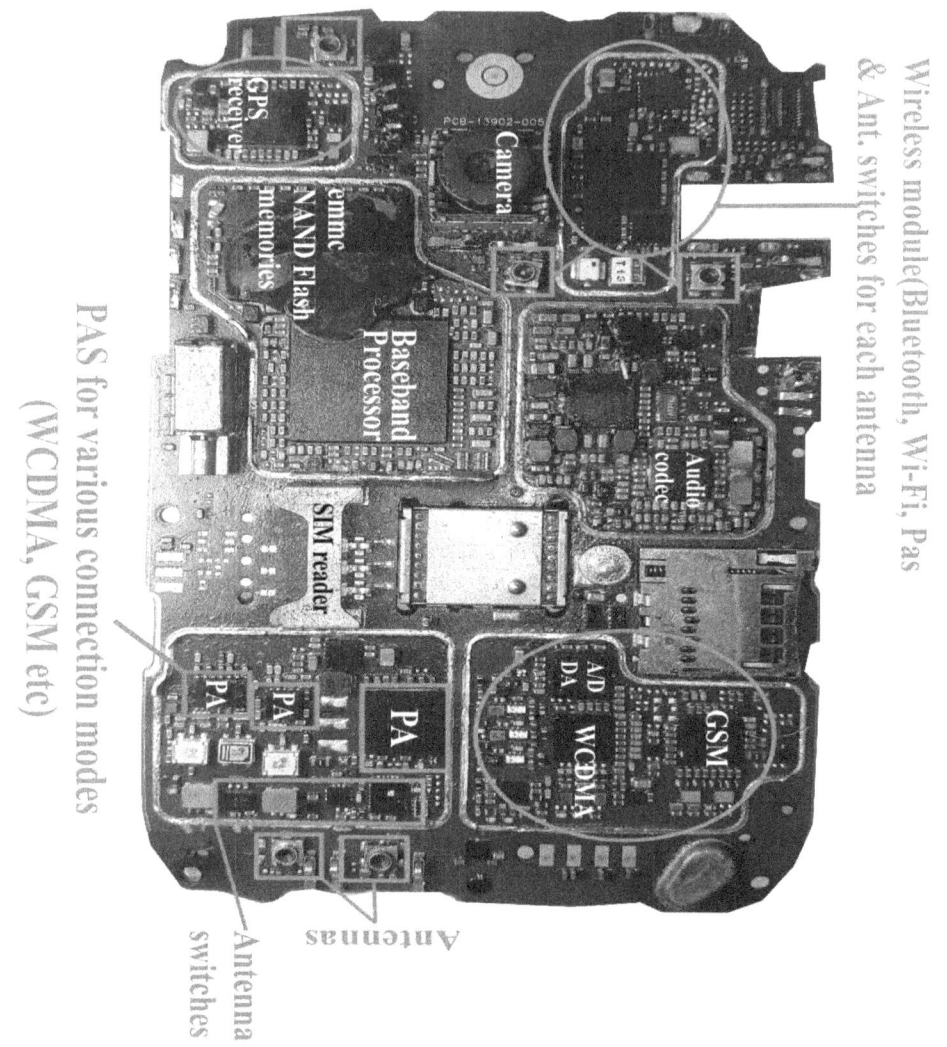

Procédure de Test, de Dépannage et de Réparation

Pour réparer les problèmes de réseau, suivez les étapes suivantes :

i. Accédez aux paramètres du périphérique mobile > Paramètres réseau > ... et assurez-vous que l'option de sélection multi-bandes est activée. Pour les smartphones, il existe des options pour le 3G (WCDMA ou HSPA) ou les deux et le 4G/LTE, etc. Ceci est pour garantir que les paramètres de communication réseau temporaires disponibles dans l'environnement de l'utilisateur par rapport à la bande ou au mode sélectionné n'ont pas causé de défaillance du réseau.

ii. Si tous les paramètres réseau sont corrects, passez à l'étape suivante, qui consiste à éteindre le périphérique mobile pendant 15 minutes avant de le rallumer. Observez la routine de démarrage et d'initialisation du réseau. Si le service réseau est rétabli, le problème est résolu ; sinon, passez à l'étape suivante.

iii. Vérifiez le numéro IMEI du téléphone en composant le code - *#06#. Le numéro IMEI à 15 chiffres devrait apparaître à l'écran et correspondre à celui écrit sur l'étiquette arrière du téléphone ou dans les paramètres du téléphone. Pour les téléphones à double SIM, deux ensembles de numéros apparaîtront pour chaque emplacement de carte SIM. Si l'IMEI est mauvais, il affichera un numéro incorrect, écrira "invalide" ou affichera des points d'interrogation "????". La solution est d'utiliser un outil logiciel approprié pour réécrire ou réparer l'IMEI. Si l'IMEI est correct, passez à l'étape suivante...

iv. Éteignez l'appareil, retirez la batterie et démontez l'unité pour accéder au circuit imprimé.

v. À l'aide d'une brosse souple et d'un solvant chimique (IPA recommandé), nettoyez l'ensemble du montage du circuit imprimé ; concentrez-vous sur les pads d'antenne et séchez. Testez pour confirmer si le problème est résolu avant de passer à l'étape suivante.

vi. Si le problème persiste, vérifiez si l'antenne est correctement connectée avec ses broches aux pads de contact de l'antenne (l'improvisation est autorisée en faisant des ponts là où nécessaire entre l'antenne et les pads d'antenne) et ressoudez les contacts de l'antenne et les composants électroniques discrets environnants. Testez après le processus de ressoudage. Les smartphones utilisent des câbles coaxiaux fins, longs et flexibles.

vii. Si le problème persiste, tracez la piste entre l'antenne et le commutateur d'antenne (commutateur Tx/Rx) et assurez-vous de la connectivité si elle est rompue. Cela est dû au fait que la recherche de réseau, l'identification de réseau et l'authentification sont effectuées par le processeur de bande de base en synchronisation avec le commutateur d'antenne/paire d'antennes. Testez avant l'étape suivante.

viii. Si le problème persiste, bien que les filtres RF soient rarement endommagés, refaçonnez ces composants par soudure.

ix. Si le problème persiste, ressoudez les contacts du commutateur d'antenne. S'il n'est toujours pas correct, retirez le commutateur d'antenne et faites un pont entre ses lignes Tx, Rx et les pads d'antenne. Testez avant l'étape suivante.

x. Si le problème persiste, le composant principal de la section RF est le processeur RF. Dans certains téléphones, il s'agit d'une puce BGA, tandis que dans d'autres modèles plus anciens, ce sont des puces CMS avec des broches latérales visibles. Effectuez un soudage en reflow avec précaution. Un processeur RF endommagé conduit à un téléphone mort dans de nombreux cas.

xi. Le téléphone se connecte au réseau en utilisant son logiciel encodé avec des protocoles de contrôle de réseau qui contrôlent les composants matériels RF et effectuent également certains réglages de fréquence en collaboration avec le processeur CPU. Cela signifie que certains problèmes de réseau sont dus à un logiciel corrompu. Si toutes les procédures de réparation matérielle échouent, une programmation flash logicielle est nécessaire en dernier recours.

Pannes de l'Appareil Photo

Les caméras sont intégrées aux appareils mobiles pour fournir aux utilisateurs la capacité supplémentaire de prendre des instantanés et de traiter des images fixes et en mouvement. Elles peuvent également tomber en panne comme d'autres unités fonctionnelles du périphérique mobile.

Voici quelques comportements symptomatiques lorsqu'elles tombent en panne :

- L'appareil affiche un message "Module caméra non prêt"
- L'écran devient sombre sans images en vue lorsque la caméra est active
- Aucune réponse lorsque la caméra est active

Procédure de Test, de Dépannage et de Réparation

Après avoir vérifié les paramètres du périphérique mobile pour confirmer que tous les réglages sont en ordre, suivez les étapes suivantes :

i. Éteignez le périphérique, retirez la carte SIM, la MMC et démontez le périphérique.
ii. Utilisez une brosse pour nettoyer les connecteurs de la caméra avec de l'IPA ou tout autre solvant et testez. Si c'est bon, fin.
iii. Si le problème n'est pas résolu, remplacez l'appareil photo.
iv. Si le problème persiste, remplacez le module caméra (connecteur PCB).
v. Si toutes les procédures de réparation matérielle échouent, une programmation flash logicielle est nécessaire en dernier recours.

Pannes de Redémarrage ou de Redémarrage Automatique

Des appareils comme les téléphones mobiles, les tablettes ou les assistants numériques personnels (PDA) peuvent rencontrer des problèmes de redémarrage automatique intermittent lorsque des conditions anormales existent dans leur circuit. Un périphérique mobile présente une panne de redémarrage s'il :

- Redémarre continuellement.
- Redémarre pendant un appel téléphonique (émission ou réception).
- Redémarre lorsque les touches sont utilisées ou lorsqu'une action particulière est entreprise par l'utilisateur juste après avoir fonctionné normalement pendant un certain temps.
- Il devient excessivement chaud de manière intermittente (surchauffe) puis redémarre.

Procédez comme suit pour réparer :

i. Enlevez la batterie et démontez le périphérique s'il ne répond pas à l'interrupteur d'alimentation pour s'éteindre.
ii. Enlevez toutes les unités périphériques attachées au PCB.
iii. Entretenez le PCB à l'aide d'une brosse et d'un liquide de nettoyage. À l'aide d'air chaud, effectuez une procédure de refusion sur l'ensemble des composants du PCB. Testez.
iv. Si le problème persiste, avec le périphérique démonté, connectez le PCB à l'alimentation (batterie ou alimentation D.C). Attachez les unités périphériques une par une car l'une d'entre elles pourrait être la cause.
v. Allumez le périphérique et laissez-le allumé pendant au moins 2 minutes.
vi. Placez votre pouce sur les différents CI et autres composants sur le PCB. Ressentez pour déterminer quel composant devient excessivement chaud.
vii. Si un tel composant est présent, retirez et remplacez ce composant ou CI. Pour les CI, effectuez une procédure de refusion. Si le problème n'est pas résolu, retirez le CI et refaites les billes (procédure de soudage BGA).
viii. S'il n'y a aucun composant ou CI surchauffant, réassemblez le périphérique et effectuez une programmation Flash ou un formatage du secteur d'amorçage avec l'outil logiciel approprié.
ix. Si l'étape (viii) échoue, le Microprocesseur est le composant défectueux. Démontez à nouveau le périphérique et effectuez une procédure de réparation par refusion/soudage BGA sur le Microprocesseur. Après toute réparation de ce type sur les processeurs, le flashage du téléphone est indispensable.
x. Mais si le redémarrage se produit pendant les appels téléphoniques, à la fois le PA (Amplificateur de Puissance) et le CPU (Microprocesseur) sont des suspects possibles, en particulier le PA.

Fautes de PCB ou de Carte Mère

La carte de circuit imprimé (PCB), la carte principale ou la carte mère d'un appareil mobile fournissent un espace de montage en surface et une câblage pour chaque composant électronique ou dispositif qui composent le téléphone mobile. Les PCB développent des défauts et peuvent également être endommagés au-delà de toute réparation. Dans le chapitre 6 (Fondamentaux de l'électronique) du premier livre de la première édition "Réparations de téléphones mobiles et de tablettes : Un guide complet pour les débutants et les professionnels", des détails approfondis sur la carte mère ont été pleinement explorés.

Comme je l'ai dit plus tôt, la connaissance et la compréhension du dispositif qu'un technicien répare et de la fonctionnalité de ses composants font de lui un meilleur technicien. Cela améliore vos jugements techniques et accélère votre capacité à livrer en temps voulu, ainsi qu'à gagner de l'argent.

Les pannes de PCB surviennent de l'une des manières suivantes ;

a. Court-circuit dans le câblage interne
b. Circuit ouvert dans le câblage interne
c. Pads de contact endommagés pour les composants montés en surface

Les trois façons courantes qu'un PCB peut échouer pourraient toutes être attribuables à l'eau ou à tout autre liquide salé ou minéral.

Pannes dues à l'Eau

L'eau n'est pas bonne pour l'électronique, surtout lorsqu'il y a une enceinte étanche comme c'est le cas avec les smartphones et les téléphones à tablette. Une fois que l'eau est piégée sous les CI ou la surface du PCB, elle provoque de la corrosion.

La corrosion se produit en raison de l'oxydation des contacts métalliques, ce qui crée de la rouille, corrode les contacts métalliques des composants montés en surface. À mesure que la corrosion se propage, la résistance entre les composants du circuit diminue. À la surface, la rouille crée des ponts entre les composants adjacents qui, par conception, ne devraient pas être connectés ensemble. Ces "ponts" sont des courts-circuits. Des creux et des fissures apparaissent également à des endroits où le courant circulait librement avant les dégâts liquides. Cela entraîne ce qu'on appelle des "circuit ouverts" électriques. Les composants affectés peuvent échouer de manière permanente ou temporaire en attendant la suppression du "court-circuit" ou la reconnexion du "circuit ouvert". De plus, la corrosion peut consommer le revêtement fibrique du PCB de manière irréparable.

Procédure de Test, de Dépannage et de Réparation

Nettoyage de la Carte Mère

Les cartes électroniques sont généralement nettoyées à l'aide de divers solvants chimiques. Le produit chimique recommandé pour les PCB de téléphone mobile est l'alcool isopropylique (IPA) également appelé isopropanol.

C'est un agent de nettoyage efficace qui sèche aussi rapidement qu'il est appliqué, ne laissant aucun résidu nocif sur la carte mère comme des huiles acides. Il dissout les huiles, les alcaloïdes, les gommes, les résines naturelles, etc. et élimine les pâtes thermiques des boîtiers de CI. En raison de leur coût relativement élevé, la plupart des techniciens utilisent des fluides facilement disponibles comme l'alcool méthylique.

Les alcools méthyliques sont en fait de l'éthanol mélangé à du méthanol et à certains additifs toxiques. Dans certains cas, ils sont colorés pour changer leur couleur. Ils contiennent également une petite quantité d'alcool isopropylique et d'autres additifs chimiques. L'inconvénient de l'utilisation de l'alcool méthylique est qu'il laisse un résidu d'huiles toxiques sur le PCB après utilisation. Lorsqu'il est utilisé, un technicien doit sécher soigneusement (brûler) les molécules huileuses avec des flux d'air chaud continuels, surtout en dessous des CI.

Il existe de nombreux cas où l'utilisation de l'IPA pour nettoyer un téléphone endommagé par l'eau restaurerait instantanément le téléphone à des conditions de fonctionnement normales, alors que sur une utilisation alternative de l'alcool méthylique, le PCB refuse de s'allumer jusqu'à ce que des routines de séchage laborieuses soient appliquées.

Si ce qui est utilisé est un nettoyeur ultrasonique, plongez la carte mère dans une solution savonneuse et lavez-la soigneusement avec une brosse avant de la placer dans la machine. Avant cela, des unités périphériques délicates comme l'appareil photo, l'écran LCD, le microphone, le haut-parleur et le sonnerie, etc. doivent être détachées de la carte mère et mises de côté en toute sécurité. Quel que soit la méthode de nettoyage adoptée, reconnaissez que l'objectif est de maintenir un PCB aussi propre de la saleté, de l'eau, de l'huile et des alcaloïdes que sa condition pré-défaillance.

Comme je l'ai écrit plus tôt sur la mentalité qu'un technicien doit adopter à l'égard de chaque processus de réparation, l'objectif principal devrait être de ramener un Smartphone ou une Tablette défectueuse à cet état ou cette condition dans lequel le fabricant l'a fabriqué et introduit sur le marché. Si cela fonctionnait initialement, votre état d'esprit devrait être tel qu'il élimine avec chaque processus possible, tout agent causal étranger introduit dans l'appareil qui pourrait l'empêcher de fonctionner normalement. De cette façon, résoudre les problèmes sera beaucoup plus facile.

Court-Circuit sur PCB

Lorsque des conditions de court-circuit existent dans la carte de circuit imprimé (PCB) d'un téléphone, le téléphone s'éteint complètement. C'est ce que l'on appelle communément une condition de « téléphone mort » car il est arrivé au centre de service du technicien, mort - non réactif, que ce soit temporairement ou définitivement.

Les courts-circuits sont des conditions dans un circuit électrique où deux fils électriques distincts et parallèles ou des conducteurs de polarité positive (+) et négative (-) ont leurs chemins croisés à un point quelconque du circuit. Dans les PCB, cependant, les fils sont remplacés par des pistes en cuivre imprimées.

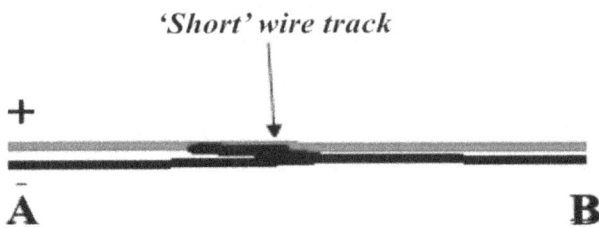

Court-Circuits sur les PCBs peuvent créer l'un des comportements défectueux suivants dans un appareil mobile ;

    a. Échec de mise sous tension
    b. Surchauffe de l'appareil mobile
    c. Vidage rapide de la batterie
    d. Gel fréquent ou blocage de l'appareil mobile
    e. Redémarrage automatique de l'appareil mobile.

Procédure de Test, de Dépannage et de Reparation

Pour tester si une carte mère ou un PCB est en court-circuit ;

    i. Éteignez (si elle fonctionne encore de manière anormale) le téléphone mobile ou l'appareil et démontez-le.
    ii. À l'aide de votre multimètre pour les tests de continuité, localisez les bornes de la batterie de l'appareil. Il existe généralement différents types de contacts de batterie : type à 2 bornes, type à 3 bornes et type à 4 bornes. Peu importe le type avec lequel l'appareil est livré, la première et la dernière broche, en comptant de gauche à droite, sont respectivement les contacts positif (+) et négatif (-). Les contacts côté batterie portent les marques (+) et (-) sur la batterie, vous pouvez donc également les utiliser comme guide.
    iii. Avec la sonde positive (+) du multimètre, touchez la borne de contact négatif (-) sur le PCB tandis que la sonde négative (-) est sur

le positif (+) des bornes de la batterie.

iv. S'il y a continuité (si vous utilisez le point de test du buzzer et qu'il bippe ou si vous utilisez la mesure de résistance normale, il lit 0Ω), le PCB est « court-circuité » (court-circuité).

v. Si vous utilisez une machine d'alimentation C.C., sélectionnez une tension d'alimentation équivalente à la tension de sortie de la batterie du dispositif mobile. Connectez les sondes : la sonde (+) à la borne de connecteur de la batterie (+) ; la sonde (-) à la borne de connecteur de la batterie (-). S'il y a un court-circuit dans le PCB, l'ampèremètre donnera une valeur de courant en ampères (A). Sinon, il donnera une sortie zéro.

vi. Nettoyez l'ensemble du circuit imprimé avec de l'IPA en vous assurant que toutes les CI sont soigneusement lavées en dessous. Répétez le flux de liquide sous les puces plusieurs fois. Vous devrez peut-être faire tremper le PCB pendant environ 120 à 180 minutes dans un solvant recommandé avant de le sécher, puis de lui appliquer une soudure par refusion.

vii. Testez pour voir si le court-circuit persiste toujours.

viii. Enquêtez sur la source du court-circuit et éliminez-la. Voici comment ;

ix. Enlevez tous les composants périphériques du PCB et testez à nouveau pour un « court-circuit ».

x. Si le court-circuit n'est plus présent, commencez à ajouter les composants un par un pour déterminer l'agent causal. L'un des composants doit être le coupable. Continuez à les connecter au PCB un par un jusqu'à ce que le composant déclencheur de la défaillance soit exposé.

xi. Cependant, si le court-circuit persiste, poursuivez l'enquête sur le PCB.

xii. Pour les composants périphériques, déterminez s'il s'agit du composant qui doit être remplacé ou s'il manque d'alimentation à ses bornes. Appliquez également les compétences de test des composants apprises dans ce livre, aux composants électroniques discrets. Une piste peut être bonne mais les composants électroniques (comme les condensateurs brûlés, les résistances, etc.) entourant un composant périphérique peuvent avoir échoué, ce qui les empêche de fonctionner. Si cela se produit, retirez le composant, vérifiez si le « court-circuit » n'existe plus et remplacez-le par une pièce exacte et similaire au même endroit.

xiii. Testez à nouveau pour toute présence de court-circuit.

xiv. Connectez le PCB à sa batterie, appuyez sur l'interrupteur d'alimentation pour le mettre en marche et maintenez-le dans cette position pendant 10 à 20 secondes, que la carte s'allume ou non. Retirez la batterie et vérifiez immédiatement si un composant ou un CI chauffe. Tout composant qui chauffe est probablement court-circuité. Retirez-le et vérifiez à nouveau. Si le problème est éliminé, remplacez le CI ou le composant qui surchauffe.

Circuit Ouvert sur la Carte de Circuit Imprimé

Les pistes de câblage PCB cassées sont appelées circuits ouverts. Les circuits ouverts peuvent se produire en raison d'une piste électrique positive (+) ou négative (-) cassée, empêchant le circuit de se compléter en arrêtant le flux de courant. En raison de la conception des cartes mères avec plusieurs couches de cartes fusionnées ensemble, des ruptures peuvent se produire soit à l'intérieur, soit à la surface du PCB.

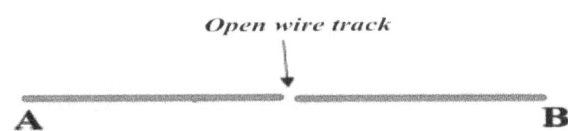

Procédure de Test, de Dépannage et de Réparation

Pour réparer les pistes brisées dans le circuit imprimé (PCB), un processus de traçage des circuits doit être effectué. Le "traçage des pistes" est utilisé pour vérifier les pistes brisées sur les cartes de circuit imprimé.

Ces pistes sont des lignes d'alimentation en tension, en courant et en données vers chaque composant connecté à la carte de circuit imprimé. Tout composant privé de cette alimentation ne peut pas fonctionner. Un PCB ne peut être "mort" que si le circuit ouvert se produit sur sa ligne d'alimentation entre la batterie et le système d'alimentation.

Par conséquent, suivez les étapes suivantes pour résoudre les problèmes de piste brisée :

i. Le traçage des pistes est un processus de mesure de continuité. Préparez votre multimètre en mode de test de continuité avec bip.
ii. Déterminez le type de panne qui est en cours d'investigation, qu'il s'agisse d'une panne d'alimentation ou de composants.

iii. Téléchargez le schéma de câblage du PCB du dispositif. Cela est souvent disponible en effectuant une recherche sur internet.
iv. Préparez votre rouleau de fil de pontage, une loupe ou un microscope, ainsi que votre équipement de soudage.
v. Commencez le traçage, testant les différentes interconnexions des composants, borne à borne, selon le schéma de câblage.
vi. Pour les composants périphériques, déterminez s'il s'agit du composant qui doit être remplacé ou d'un manque de courant d'alimentation à ses bornes. Appliquez également les compétences de test de composants apprises dans ce livre aux composants électroniques.
vii. Une piste peut être bonne mais les composants électroniques (comme les condensateurs brûlés, les résistances, etc.) entourant un composant périphérique peuvent avoir échoué (en circuit ouvert), ce qui les empêche de fonctionner. Si cela se produit, retirez le composant ; si sa condition de circuit ouvert est due à une rupture, reconnectez-le avec un morceau de câble. Sinon, remplacez une pièce similaire à cet endroit.
viii. Si un schéma de câblage du PCB n'est pas disponible en ligne, la bibliothèque d'images mises en cache de Google fournit une alternative. D'autres professionnels de la réparation de téléphones mobiles partagent des solutions de traçage de pistes qui ont fonctionné dans le monde entier. Utilisez votre bon sens pour vérifier et appliquer les mêmes solutions.
ix. Lorsqu'une piste est brisée, utilisez un fil de pontage isolé pour effectuer le lien de câblage pertinent.

Improvisation

Lorsqu'il existe une connaissance adéquate de la conception théorique et pratique d'un système, comme le tente ce livre d'équiper le lecteur, l'improvisation intelligente et créative devient pratique et courante pour le technicien.

L'improvisation technique fait référence à la capacité d'un technicien à concevoir des solutions équivalentes fonctionnelles par rapport à la pratique standard qui n'ont pas été planifiées à l'avance, mais appliquées sur le terrain pour une instance particulière.

Cela signifie qu'une situation peut nécessiter que vous inventiez une solution basée sur un mélange d'expérience technique acquise en travaillant sur plusieurs autres appareils.

Par exemple, il existe des composants destinés à un appareil ou à un modèle particulier mais qui peuvent être modifiés pour
s'adapter à une solution personnalisée pour un autre modèle avec succès. Il existe des composants qui peuvent ne pas être disponibles pour un travail de réparation pour lequel votre application de solutions créatives sera nécessaire. Quoi que vous fassiez, assurez-vous que de telles solutions sont durables.

Quelques Questions Fréquemment Posées

Questions Liées au Matériel et au Logiciel

Q1. *Qu'est-ce que le flashage et le formatage d'un téléphone?*

Réponse : Flasher un téléphone consiste à effacer et recharger le micrologiciel/système d'exploitation du téléphone. Cependant, lorsque vous formatez un téléphone, l'agencement des données dans le téléphone, qui peut avoir été altéré ou réorganisé dans les zones de mémoire soit par l'utilisation, soit par une infection virale, est réordonné et réaligné avec le système de fichiers pour se conformer à la programmation par défaut/normal du téléphone dans le système d'exploitation. Après le formatage d'un téléphone, il revient à son état par défaut ; toutes les données utilisateur sont effacées et les bogues ou virus sont supprimés.

Q2. *Quels sont les différents types de mémoire flash dans un téléphone ?*

a. Flash NOR et b. Flash NAND

Q3. *Quels sont les différents types de marques de CPU dans les téléphones chinois ?*

Il existe différents types de CPU et de flash :

      a. MTK (MediaTek)
      b. SPD (Spreadtrum)
      c. TI (Texas Instrument)
      d. MSTAR CPU
      e. CPU RDA/Coolsand
      f. Infineon
      g. Broadcom

Q4. *Quelle est la différence entre la Flash NAND et la Flash NOR ?*

(i) Flash NOR : Intel® a introduit la première puce flash de type NOR commerciale en 1988. La flash NOR a des temps d'effacement et d'écriture longs, mais fournit des bus d'adresse et de données complets, permettant un accès aléatoire à n'importe quelle adresse mémoire.

(ii) Flash NAND : La NAND est le deuxième type de puce flash. Elle a des temps d'effacement et d'écriture plus rapides, et nécessite une surface de puce plus petite par cellule. La flash NAND a environ dix fois la résistance de la puce flash NOR. Cependant, l'interface E/S (Entrée/Sortie) de la flash NAND ne fournit pas de bus d'adresse externe à accès aléatoire. Les données doivent plutôt être lues sur une base de bloc de page, avec des tailles de bloc typiques de centaines à des milliers de bits.

Q5. *Quels sont les libellés des différents points de test de données des téléphones ?*

Réponse : Les points de test de données pour les accès logiciels flash sont :

RX
TX
GND
D+
D-
VPP

Q6. *Qu'est-ce qu'un jumper ?*

Réponse : Un court morceau de fil utilisé temporairement pour compléter un circuit ou contourner une rupture dans un circuit.

Q7. *Lorsqu'un téléphone qui fonctionnait précédemment et qui a un bon écran mais un défaut logiciel avant d'être flashé, affiche un écran blanc (illuminé blanc) après le flash, quelle pourrait en être la cause ?*

Réponse : L'utilisation d'une version de fichier flash incorrecte (ou inférieure) pourrait en être la cause. Téléchargez le bon fichier, en particulier la version la plus récente disponible, et refaites le flash.

Q8. *Lorsqu'on branche un chargeur et que le téléphone affiche "Mauvais contact chargeur" ou toute autre notification d'erreur, quelle pourrait en être la raison et la solution.*

Réponse : Cela pourrait être dû à un excès de courant prélevé sur le chargeur. Chaque téléphone a besoin d'une tension/courant requis pour charger. Essayez de remplacer le chargeur en premier lieu avant d'essayer la solution enregistrée dans ce livre.

Q9. *Lorsqu'un téléphone se bloque ou se fige après l'allumage, est-ce un défaut matériel ou logiciel ?*

RÉPONSE : Cela peut être un défaut matériel ou logiciel, mais essayez ce qui suit.
    i.   Retirez les boutons de volume latéraux.
    ii. Vérifiez si des touches sont probablement coincées dans le clavier. Libérez-les si nécessaire.
    iii. Démontez le téléphone et nettoyez-le avec un solvant.
    iv. Refluez le microprocesseur,
    v.   Enfin, essayez le flash logiciel.

Q10. *Lorsqu'un téléphone redémarre pendant l'initialisation, commence et reste bloqué dans une recherche réseau infructueuse et interminable, que peut-on faire ?*

Réponse :

    i. Si l'appareil est un téléphone chinois, formatez-le ou effectuez un flash complet avec n'importe quel logiciel flash pour téléphone chinois. Si cela ne résout pas le problème, retirez ou remplacez le circuit intégré contrôleur Bluetooth (testé sur la majorité des téléphones chinois).
    ii. Si le téléphone n'est pas un téléphone chinois, refaites le flash ou refoulez le microprocesseur.

Q11. *Lorsqu'un téléphone démarre sur un écran blanc, que faire ?*

Réponse : Tout d'abord, vérifiez si vous pouvez recevoir ou passer des appels.

    i. Si oui, il s'agirait d'un défaut matériel, changez l'écran LCD
    ii. Sinon, résolvez-le comme un problème logiciel

Q12. *Que contient un fichier flash ?*

Réponse : Les fichiers flash contiennent le micrologiciel dans les téléphones hérités et le micrologiciel + le système d'exploitation dans les smartphones. Le logiciel du système d'exploitation peut être iOS (iPhones) ou Android OS, les deux principaux systèmes d'exploitation mobiles. Le système d'exploitation Windows Mobile de Microsoft est déjà abandonné.

Q13. *Lorsqu'un téléphone affiche "Contact Service", que signifie-t-il et que faire ?*

Réponse : Le message affiché indique qu'une ou plusieurs parties du logiciel ne peuvent pas s'exécuter correctement, déclenchant le processeur de surveillance qui est capable de détecter qu'une erreur s'est produite. Cela s'est produit dans la génération précédente de téléphones, spécifiquement chez NOKIA. Donc, lorsque le téléphone est allumé, il exécute une routine d'auto-test ; si une ou plusieurs composantes échouent, le message "contact service" est affiché à l'écran. Par conséquent, pour résoudre ce problème :

i. La première action consiste à flasher le téléphone. Si le problème persiste ;
ii. Démontez le téléphone.
iii. En utilisant une brosse douce et un solvant de nettoyage comme l'IPA, "entretenez" le PCB du téléphone en le lavant et en le séchant avec une station d'air chaud.
iv. Assurez-vous que le solvant pénètre sous les CI, puis effectuez un "reflow" à l'air chaud sur l'ensemble du PCB.
v. Assemblez le téléphone et mettez-le sous tension.
vi. Si le problème n'est pas résolu, effectuez un dépannage complet du matériel et un "reflow" BGA sur le circuit intégré de puissance.

Enfin, comme conseil général, une recherche sur Google du nom d'un modèle de téléphone, par exemple, avec l'ajout de "solution pour téléphone mort", vous dirigera vers de nombreuses astuces vidéo appliquées avec succès par d'autres professionnels pour un défaut spécifique.

Si vous cliquez sur "images" après le résultat de la recherche, vous pourriez trouver des images utiles de soudure, des diagrammes de câblage de PCB et des sections de câblage de pistes découvertes par d'autres professionnels comme un raccourci pour éviter de plonger dans les schémas de circuits par vous-même.

La plupart des gens peuvent également utiliser Google, mais la différence réside dans la compréhension de ce qui est montré, comment démonter, comment souder et de nombreuses autres connaissances et expériences acquises dans ce livre et dans le travail quotidien et la familiarité avec les téléphones.

PARTIE 3

TECHNIQUES DE RÉPARATION LOGICIELLE

Chapitre 8

Réparations Logicielles

Smartphones et tablettes sont des appareils électroniques informatisés composés de composants matériels et logiciels. C'est le résumé descriptif le plus simple de la conception des smartphones et des tablettes, dans le contexte des réparations et de la maintenance.

Dans les deux premières parties de ce livre, l'accent a été mis sur la familiarisation et le traitement des composants matériels, des outils matériels et des procédures de réparation matérielle nécessaires pour résoudre les problèmes d'un smartphone ou d'une tablette. Dans cette troisième partie, notre focus sera sur les défauts liés au logiciel associés aux smartphones ou aux tablettes et les outils logiciels nécessaires.

Les défauts logiciels dans les téléphones nécessitent des solutions logicielles. Les défauts qui se manifestent comme un dysfonctionnement de certains composants matériels sont dus à une défaillance ou une corruption des codes logiciels coordonnant le fonctionnement de ces composants matériels.

Les outils de réparation de téléphone logiciel sont des outils de programmation conçus avec la capacité de lire et d'écrire des fichiers de programmes logiciels à partir et dans la mémoire flash d'un téléphone dans le but de mettre à niveau, de réparer ou de changer un logiciel corrompu dans l'appareil mobile. Les outils de réparation de logiciels de téléphone sont donc différents du logiciel de téléphone lui-même. Chaque logiciel de téléphone, généralement appelé "fichier flash", comprend les programmes écrits spécifiques uniquement à son modèle tel que conçu par le fabricant.

En général, le "logiciel" fait référence à tout code de routines, d'instructions, de commandes ou de protocoles qui définissent et guident le fonctionnement du matériel (y compris l'octroi d'accès aux commandes d'entrée utilisateur) de manière à contrôler une unité système pour effectuer des opérations spécifiques. Lorsqu'un programmeur définit un ensemble structuré d'instructions dans le seul but d'influencer le matériel informatique pour effectuer des fonctions spécifiques, on parle de logiciel.

Le logiciel d'un ordinateur ou d'un téléphone se compose de programmes, de bibliothèques et de données non exécutables associées telles que des données stockées dans le téléphone comme de la musique, des notes personnelles et des documents, des contacts, des fichiers, etc. Le logiciel est non tangible (contrairement au matériel, il ne peut pas être vu ou touché).

Le matériel et le logiciel d'un ordinateur ou d'un téléphone ont besoin l'un de l'autre et aucun ne peut réellement fonctionner sans l'autre.

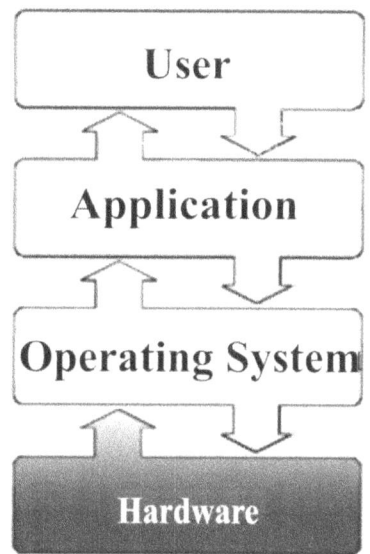

Information flow chart in a computer between Application software,
Operating system software and the User input
Source: https://en.wikipedia.org/software

Figure 8.1

Compréhension des Logiciels Mobiles pour Smartphone

Les logiciels dans un téléphone ou un ordinateur peuvent être divisés en plusieurs catégories :

Logiciels d'application

Ce sont des logiciels qui utilisent le système informatique ou l'appareil mobile pour effectuer des fonctions spéciales ou de divertissement au-delà du fonctionnement de base de cet appareil informatique.

Ils étendent la capacité d'utilisation de l'appareil. Il existe de nombreux types différents de logiciels d'application pour smartphones et tablettes dans les magasins d'applications iOS et Android. Un exemple de cela est toute application téléchargée depuis le Google Play Store ou l'iTunes Store.

Logiciels système

Les logiciels système sont des logiciels qui exécutent, opèrent ou influencent directement le matériel informatique afin de fournir les fonctionnalités de base nécessaires aux utilisateurs et aux autres applications. Un exemple de logiciel système est le système d'exploitation.

Logiciels de système d'exploitation

Ce sont des collections essentielles de logiciels qui gèrent les ressources et fournissent des services communs pour d'autres logiciels (par exemple, des logiciels d'application) qui s'exécutent "par-dessus" eux. Les programmes de supervision, les chargeurs d'amorçage, les shells et les systèmes de fenêtrage sont des parties essentielles des systèmes d'exploitation. En pratique, un système d'exploitation est livré avec des logiciels supplémentaires (y compris certains logiciels d'application) afin qu'un utilisateur puisse potentiellement travailler avec un ordinateur qui n'a qu'un système d'exploitation fraîchement sorti de production. Par exemple, lorsqu'un nouveau smartphone ou une nouvelle tablette démarre, en plus de l'application d'appel de base, de l'application SMS et de quelques autres, des applications tierces comme Facebook, Twitter et Instagram sont préchargées. Lorsqu'elles ne font pas partie du fichier flash OS d'origine, l'utilisateur doit télécharger manuellement les applications depuis le magasin d'applications. Il en va de même pour un nouveau système informatique et les systèmes d'exploitation Windows ou Macintosh macOS.

Pilotes de périphériques

Ces types de logiciels contrôlent des périphériques spécifiques, externes à un ordinateur. Chaque périphérique connecté nécessite au moins un pilote de périphérique correspondant. Ils peuvent être comparés à des interprètes qui interprètent les protocoles de communication entre le périphérique et le système informatique auquel il se connecte ; nécessaires à la fois pour l'interface et pour l'efficacité opérationnelle dans le système informatique.

Utilitaires

Les logiciels utilitaires sont des programmes informatiques conçus pour aider les utilisateurs dans la maintenance et le soin de leurs appareils informatiques.

Logiciels malveillants ou malware

Ce sont des logiciels développés pour nuire et perturber les appareils informatiques. Des exemples de tels logiciels malveillants sont des virus, des malwares, des chevaux de Troie et tout autre code logiciel dont l'intention est de nuire à l'utilisateur ou à l'appareil.

Systèmes d'exploitation de smartphones (MobileOS)

Un système d'exploitation mobile est simplement la plate-forme principale de logiciels système sur laquelle tous les autres programmes s'exécutent sur les appareils mobiles. Ils sont spécifiquement conçus pour fonctionner sur des appareils mobiles tels que les téléphones mobiles, les smartphones, les assistants personnels numériques, les tablettes et autres appareils portables. C'est similaire à la manière dont les systèmes d'exploitation Windows, Macintosh ou Linux contrôlent les ordinateurs portables ou de bureau respectifs.

Le système d'exploitation détermine les fonctions et les caractéristiques disponibles sur tout appareil mobile, y compris les types d'applications tierces qu'un appareil mobile peut exécuter ainsi que les fonctionnalités matérielles. Voici quelques systèmes d'exploitation mobiles populaires aujourd'hui et des systèmes d'exploitation relégués. Ils comprennent :

1. Android OS de Google Inc.
2. iphone OS / iOS par Apple

Systèmes d'exploitation relégués :

3. Blackberry OS par Research In Motion (RIM)
4. Windows Mobile (Windows Phone) par Microsoft
5. Symbian OS par Nokia
6. MeeGo OS par Nokia & Intel
7. Palm OS
8. WebOS par Palm & HP
9. Bada par Samsung Electronics

Micrologiciel

Le micrologiciel est utilisé pour désigner les logiciels de microcode qui s'exécutent dans des systèmes électroniques et informatiques stockés spécifiquement dans des dispositifs de mémoire non volatile tels que la ROM, l'EEPROM ou la mémoire flash. Ce sont des codes logiciels de bas niveau qui fournissent le contrôle, la surveillance et la manipulation des données des produits conçus à un niveau de base, fournissant des services à des logiciels de niveau supérieur comme le système d'exploitation. Dans les systèmes embarqués comme les téléphones mobiles, le micrologiciel pourrait être le seul programme en cours d'exécution sur le système, fournissant toutes les fonctions dans certains téléphones (téléphones basiques et téléphones à fonctions) tandis que dans d'autres comme les smartphones ou les tablettes, ils sont combinés avec un système d'exploitation. Les fichiers flash utilisés pour les réparations logicielles sont en fait des fichiers de micrologiciel. La mémoire flash permet de mettre à jour le micrologiciel sans retirer physiquement un circuit intégré du système.

Pour les téléphones basiques et les téléphones à fonctions qui avaient principalement une capacité de stockage plus petite et beaucoup moins de traitement de logiciels d'application, les EEPROM étaient principalement utilisées.

Le stockage NAND-flash avec sa plus grande capacité de mémoire a permis l'utilisation de logiciels de systèmes d'exploitation plus grands qui sont riches en fonctionnalités, mettant en œuvre un large éventail de fonctions que nous apprécions aujourd'hui dans les smartphones et les tablettes.

Systèmes d'Exploitation Temps Réel (RTOS)

Chaque appareil mobile ou smartphone en réalité exécute deux systèmes d'exploitation au lieu d'un. En plus du système d'exploitation mobile qui est très évident pour les utilisateurs et les professionnels comme Android OS, iOS ou Windows et ainsi de suite, il exécute également un système d'exploitation plus petit propriétaire (propriété du fabricant / spécifique) qui gère tout ce qui concerne la radio. Un système d'exploitation temps réel est nécessaire à cet effet car la fonctionnalité radio est très dépendante du timing.

Ce système d'exploitation est stocké dans l'EEPROM dans certains téléphones ou la NVRAM (n'oubliez pas que Flash est un type de NVRAM) dans d'autres et s'exécute sur le processeur de bande de base. Le système d'exploitation en temps réel fonctionnant dans un appareil mobile est très puissant. Comparé aux systèmes d'exploitation en temps réel, il y a le BIOS informatique (Basic Input Output System).

Exigences Pour la Procédure de Programmation Flash

Avant de procéder à la programmation flash des appareils mobiles, certaines exigences doivent être satisfaites pour garantir le transfert réussi des fichiers de programmes logiciels (système d'exploitation ou micrologiciel) d'un système informatique vers l'appareil mobile (smartphone, tablette, téléphone basique ou de fonction). La principale exigence est d'établir une liaison de communication entre l'ordinateur et l'appareil mobile.

Les ordinateurs sont équipés de différents ports de communication, parmi lesquels :

- Ports série
- Ports parallèles
- Ports USB (Universal Serial Bus)
- Ports Ethernet
- Ports VGA (Adaptateur vidéo graphique)
- Ports PS/2

Ces ports servent d'interface à travers laquelle les données sont transférées entre l'ordinateur et l'appareil mobile. Selon les besoins spécifiques de la procédure de programmation flash et le type d'appareil mobile ciblé, le port de communication approprié doit être sélectionné et configuré en conséquence. Assurer la compatibilité et établir une connexion stable entre l'ordinateur et l'appareil mobile est essentiel pour l'exécution réussie de la procédure de programmation flash.

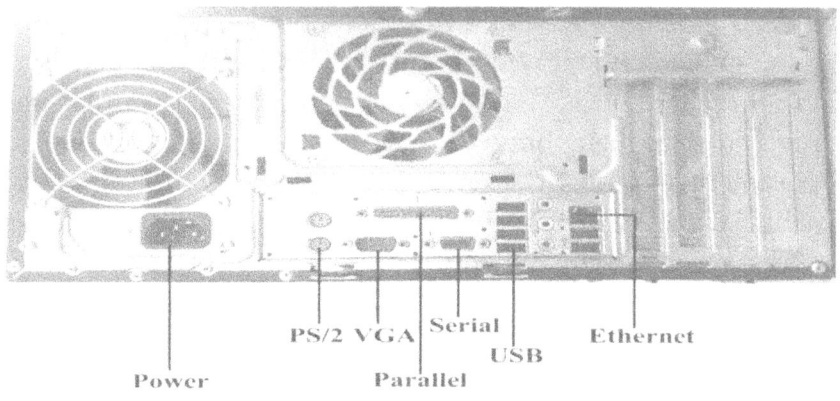

Figure 8.2: Ports de l'ordinateur

La technologie USB a dépassé les anciens systèmes de port série et parallèle, bien qu'ils existent toujours sur les cartes mères des ordinateurs. Tous les produits conçus pour interagir de quelque manière que ce soit avec un ordinateur sont désormais équipés de ports USB. Cela inclut les téléphones mobiles.

Cependant, ce n'est pas tous les téléphones mobiles dont les fichiers logiciels (micrologiciel ou système d'exploitation) peuvent être transférés directement dans leur ROM ou leur mémoire flash via un câble USB/série/parallèle connecté à l'ordinateur. Si tel était principalement le cas, les programmeurs qui écrivent des programmes logiciels pour la réparation de téléphones mourraient de faim à cause du piratage et des téléchargements gratuits sur Internet. De plus, les applications logicielles de réparation pour la plupart des marques de téléphones ne sont pas fournies gratuitement par leurs fabricants. Les développeurs d'applications tiers ayant accès aux API (interfaces de programmation d'applications) des produits mobiles ont saisi cette opportunité pour créer des applications logicielles de réparation appelées logiciels de flash, avec des boîtes USB à puce sécurisée cryptée.

Les boîtes de flashage de téléphone, ou simplement "flashers", sont principalement utilisées pour les raisons suivantes:

- Pour récupérer les données utilisateur à partir de téléphones mobiles défectueux ou morts qui, autrement, ne permettraient pas l'accès aux données stockées dans leur mémoire interne.
- Pour mettre à jour ou remplacer le logiciel stocké dans la mémoire morte (ROM) ou la mémoire flash non volatile (NVRAM) du téléphone mobile. Ce logiciel, comme nous l'avons appris ici, est également communément appelé "micrologiciel" et est généralement préinstallé sur les téléphones par le fabricant du téléphone, tel que iPhone, Samsung, Sony-Ericsson, Huawei, etc.
- Pour ajouter la prise en charge des langues et définir les paramètres régionaux des téléphones mobiles. Par exemple, le changement de paramètres linguistiques peut permettre à un utilisateur ayant acheté un téléphone avec un micrologiciel n'ayant pas de prise en charge de la langue italienne par défaut de le re-flasher avec un micrologiciel prenant en charge l'italien.
- Les flashers peuvent également être utilisés pour réparer un IMEI corrompu ou illégalement utilisé pour modifier le numéro IMEI de certains téléphones.

Cela permet en effet aux criminels de réactiver illégalement des téléphones mobiles volés ou perdus qui ont peut-être été bloqués du réseau par les opérateurs de télécommunications dans certains pays.
- Ils sont utilisés pour déverrouiller les restrictions SIM, les verrous de sécurité utilisateur, les verrous basés sur l'opérateur ou les restrictions d'appel. Le déverrouillage SIM est légal dans certains pays et illégal dans d'autres.
- Enfin, ils sont utilisés pour remplacer un micrologiciel corrompu et un logiciel de système d'exploitation par un bon dans le cadre d'une procédure de correction de défaut.

Caractéristiques et Composants des Logiciels de Flashage et des Boîtiers

Les flashers de téléphone comprennent une combinaison de :

- La suite logicielle et les pilotes d'installation.
- Le matériel (boîtier de carte à puce USB flasher).
- Câbles de service.
- Fichiers flash pour différentes marques et modèles de téléphones mobiles pris en charge.

Il existe deux principales catégories d'outils de flashage logiciel :

- Boîtiers d'outils logiciels d'origine (de marque) et
- Boîtiers ou logiciels clonés ou craqués (non de marque).

Tableau 7.1 : Caractéristiques des boîtiers/Logiciels de flashage originaux et clonés

Outils Marqués	*Outils Clonés (Non Marqués)*
Ils ont des noms et des numéros de modèle bien connus.	Ils n'ont pas de noms connus et sont beaucoup moins chers que les boîtes de marque.
Ils ont des numéros de série uniques.	Ils combinent le support téléphonique de plus d'une boîte de flashage de marque.

Certaines boîtes nécessitent une activation. Les logiciels, mises à jour et support sont fournis pour ces boîtes. Le niveau de support varie en fonction du fabricant de la boîte.	Ils prennent en charge l'ajout d'une carte à puce provenant de boîtes de flashage de marque.
Il est plus facile d'obtenir du support pour eux sur les forums et sur d'autres sites de support. La plupart des principaux fabricants ont des fils dédiés et actifs sur le forum GSM de ZFrank.	Ils ne sont généralement pas fournis avec de logiciels ni de pilotes, et la responsabilité est placée sur l'acheteur pour trouver le logiciel auprès d'autres sources. Aucun support après-vente n'est disponible.
Ils sont largement utilisés par les techniciens de services de réparation professionnels.	Ils sont rarement utilisés par les bons professionnels de la réparation.
Les boîtes sont généralement vendues avec des câbles de service de qualité.	Certaines sont vendues avec quelques câbles de service, tandis que d'autres n'en incluent aucun.
Ils sont vendus par des détaillants reconnus et une « Liste des revendeurs agréés » est souvent disponible sur le site Web du fabricant.	Ils sont vendus sur le marché libre.
Leur interface USB sert de source d'alimentation, de sorte qu'ils n'ont généralement pas besoin d'une alimentation externe pour fonctionner.	Certaines nécessitent l'utilisation d'une source d'alimentation externe qui n'est pas incluse dans l'achat.

Dongles de Flashage

Ils sont également utilisés pour le flashage des téléphones portables mais diffèrent des boîtes de flashage par leur fonctionnalité minimale. La plupart

Chapitre 8: Réparations Logicielles

des dongles sont utilisés comme cartes d'extension pour les boîtes de flashage ; ils peuvent également servir au déverrouillage à distance et au désencombrement des téléphones.

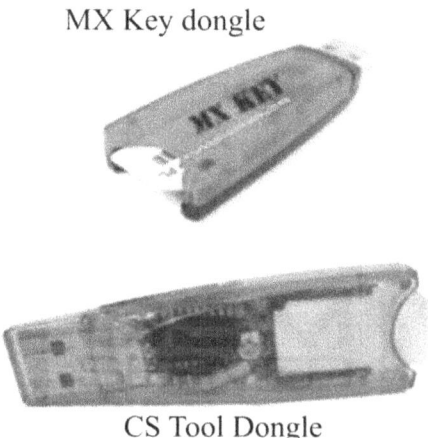

MX Key dongle

CS Tool Dongle

Credit: Ipmart.com
Figure 8.3 : Exemple de Dongles de Flashage

Câbles et Interfaces de Flashage

La boîte de flashage se connecte généralement au dispositif mobile via un câble spécial conçu pour ce modèle de téléphone, appelé "câble de service". Une extrémité du câble est l'interface standard RJ-45 pour câble réseau Ethernet, qui se connecte au port RJ-45 de la boîte de flashage. L'autre extrémité est un connecteur USB/Data correspondant au téléphone ou un ensemble de broches de contact de points de test de données qui entrent en contact avec le Joint Test Action Group (JTAG) ou les connexions Mbus/Fbus du téléphone portable.

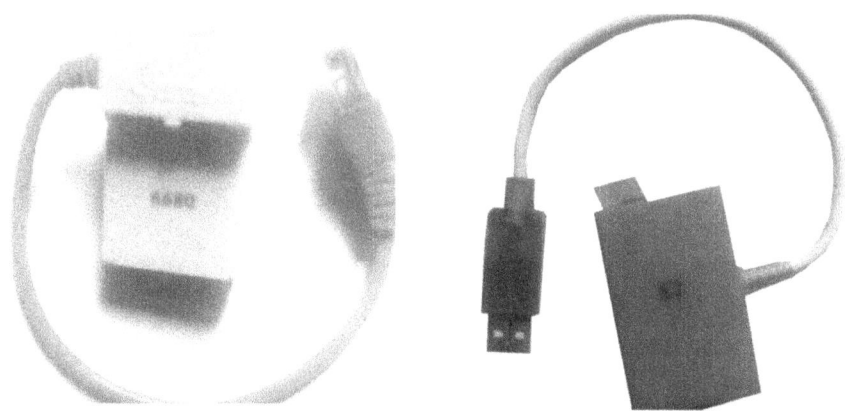

Figure 8.4 : Câbles de flashage pour téléphones classiques

Figure 8.5 : Les câbles USB normaux servent de câbles de flashage pour les smartphones et les tablettes

Diagnostic des Fautes Logicielles

Les symptômes suivants indiquent que le comportement d'un téléphone est dû à une défaillance logicielle :

- Le téléphone redémarre fréquemment automatiquement.
- Le téléphone s'éteint fréquemment automatiquement sans que l'interrupteur d'alimentation ne soit pressé ou que l'extinction ne soit initiée par l'utilisateur.
- Le téléphone s'éteint ou redémarre dès qu'un dossier particulier comme la galerie, la boîte de réception des messages ou autre est ouvert.
- Certaines des applications du téléphone qui sont livrées avec le système d'exploitation refusent de fonctionner correctement.
- Le démarrage est incomplet et reste bloqué sur le logo.
- Le téléphone ne s'allume pas, surtout sans qu'un dommage physique en soit la cause. Cela pourrait être dû à un système d'exploitation corrompu.
- Le téléphone se fige ou se bloque fréquemment.
- Le téléphone traite ses applications, les demandes et commandes de l'utilisateur très lentement.
- Un téléphone démarre mais reste blanc, inopérant et éventuellement avec un voyant d'indication.
- Un téléphone affiche "Service Client" ou "Contacter le Revendeur".

Guide d'Installation Pour les Outils Logiciels de Téléphone

Le logiciel approprié pour chaque type de boîte de flashage est généralement disponible sur le site de support officiel du fabricant de la boîte de flashage. Chaque boîte de flashage a un numéro de série unique qui est généralement affiché dans la boîte de dialogue de l'interface utilisateur du logiciel après son installation correcte. De plus, lorsque vous achetez la boîte de flashage auprès d'un revendeur accrédité ou directement auprès du fabricant, vous recevez un nom d'utilisateur et un mot de passe pour accéder aux ressources sécurisées sur leurs serveurs Web.

Il est nécessaire de choisir le bon pilote pour à la fois la boîte de flashage et les différents types d'appareils mobiles. Cette information peut être obtenue sur les sites de support du fabricant de la boîte de flashage où ils mettent à jour les pilotes régulièrement. Parfois, une ancienne version d'un pilote USB et d'un ensemble logiciel peut fonctionner parfaitement avec certains modèles de téléphones alors qu'une version plus récente du pilote USB et du logiciel ne fonctionnera pas avec ce même appareil.

Avant d'utiliser une boîte de flashage, les exigences suivantes doivent être remplies afin d'assurer un fonctionnement réussi :

- Les pilotes USB pour le matériel de la boîte de flashage ainsi que le logiciel de réparation de téléphone doivent être installés sur l'ordinateur avant de connecter le câble USB à la boîte de flashage.
- Si une version spécifique du logiciel de réparation ne fonctionne pas correctement avec un modèle de téléphone particulier ou une gamme de modèles de téléphones, il est recommandé de désinstaller complètement à la fois le logiciel de réparation de la boîte de flashage et ses pilotes USB associés du système informatique. Redémarrez l'ordinateur après la désinstallation complète et essayez une autre version du pilote USB et du logiciel jusqu'à ce que la correspondance appropriée du pilote et du logiciel soit trouvée.
- Obtenez des informations sur la meilleure version du pilote pour chaque type d'appareil à partir de forums de réparation de téléphone ou sur le site de support de la boîte de flashage. Le forum GSM de ZFrank reste une ressource riche pour les techniciens car tous les fabricants y maintiennent une présence active avec des fils d'information sur le site.
- Les directives spécifiques d'une boîte de flashage sont généralement disponibles sur le site Web du fabricant de la boîte de flashage. Lisez

ces directives pour les instructions.
- Les fichiers de flashage (firmware) pour chaque marque, modèle ou type d'appareil mobile pris en charge par une boîte de flashage particulière sont également disponibles en téléchargement sur le site Web du fabricant de la boîte de flashage. C'est pourquoi il est préférable d'acheter une boîte de flashage de marque. Certains fichiers de flashage sont spécifiques à une boîte de flashage pour des modèles de téléphones donnés. Obtenez également les informations à partir de là. Les fichiers de flashage sont également disponibles sur de nombreux sites partagés par d'autres professionnels de la réparation. Soyez prudent lorsque vous utilisez des fichiers provenant d'Internet.
- Enfin, soyez à l'aise avec l'informatique.

Exigences Minimales du Système pour la Réparation Logicielle par Flash

Les éléments suivants sont les provisions requises (la provision implique le processus de préparation et d'équipement d'un système pour lui permettre de fournir de nouveaux services à ses utilisateurs) sur n'importe quel ordinateur de bureau ou portable que tout technicien souhaite utiliser pour la programmation de flash de réparation de téléphone. Cette section est destinée à servir de guide au lecteur pour organiser un système informatique pour la tâche de réparation.

Exigences Matérielles

Les éléments suivants sont des exigences minimales qui peuvent être dépassées, en fonction des ressources disponibles :

- Disque Dur de 250 Go (Exigences Minimales) extensible en interne ou avec un stockage externe jusqu'à 2 téraoctets ou plus de stockage sur disque dur
- 2 Go de RAM (Mémoire Vive) exigence minimale
- Processeur de 2.30 GHz (exigence minimale)
- Ports USB 2.0

Exigences Logicielles

Un ordinateur de bureau ou portable fonctionnant sous le système d'exploitation Windows (Système d'Exploitation 32 bits ou 64 bits est acceptable bien que vous puissiez rencontrer certaines applications utiles qui nécessiteraient un système 64 bits. Alors pourquoi ne pas avoir un système 64 bits). Windows XP (le support a été retiré par Microsoft)/ Windows Vista / Windows 7/ sont tous suffisants pour la plupart des applications.

Les versions plus récentes commencent à prendre en charge le système d'exploitation Windows 10.

WinRAR

WinRAR est la version Microsoft Windows® de l'archivage RAR - un outil puissant qui permet de créer, gérer et contrôler les fichiers d'archive. Il existe plusieurs versions de RAR, pour un certain nombre d'environnements d'exploitation : Windows, Linux, FreeBSD et Mac OS X.

Il existe deux versions de RAR pour Windows :

- Version avec interface graphique utilisateur - WinRAR.exe;
- Version console de ligne de commande (mode texte) - Rar.exe.

WinRAR et les modules auto-extractibles de WinRAR nécessitent Windows XP ou des versions ultérieures. Cette application est importante pour le technicien car la plupart des fichiers de flash et d'autres fichiers utiles téléchargés depuis Internet sont au format archivé. Les archives compressées combinent plusieurs fichiers en un seul pour les rendre plus faciles à transporter ou à économiser sur l'espace disque. Zip est le format le plus largement utilisé, utilisé par le système d'exploitation Windows. RAR est également un format très populaire et flexible. Sans l'application installée sur votre ordinateur, le contenu utile archivé ne peut pas être extrait.

Un grand avantage d'avoir vos fichiers au format .zip ou .rar est que les virus ne corrompront pas les fichiers. Il est recommandé de extraire tout fichier nécessaire pour le flashage, l'utiliser, supprimer le fichier pour conserver de l'espace disque (en laissant le fichier principal en tant que fichier .rar ou .zip) et répéter le même processus à chaque fois que le fichier est nécessaire pour se protéger contre les virus.

Voici une capture d'écran montrant à quoi ressemblent ces fichiers.

Chapitre 8: Réparations Logicielles

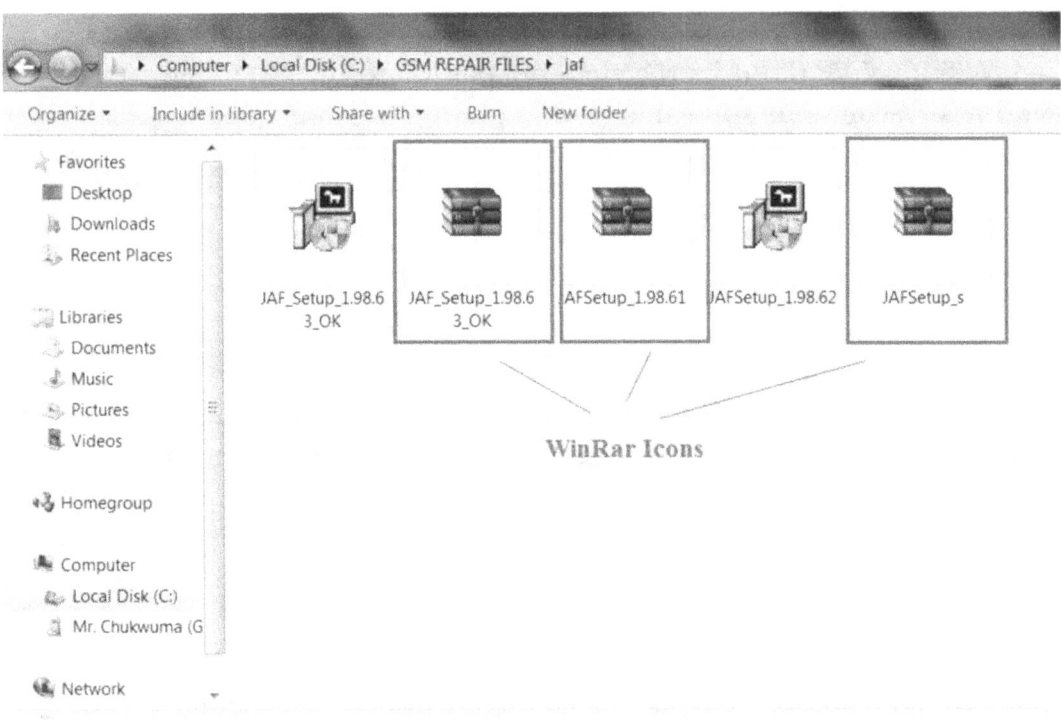

Pour extraire le fichier nécessaire, faites un clic droit dessus comme ci-dessous et sélectionnez "Extraire ici" ou "Extraire..." ce qui ouvrira le menu du chemin d'accès pour diriger l'extraction vers n'importe quel emplacement souhaité sur l'ordinateur.

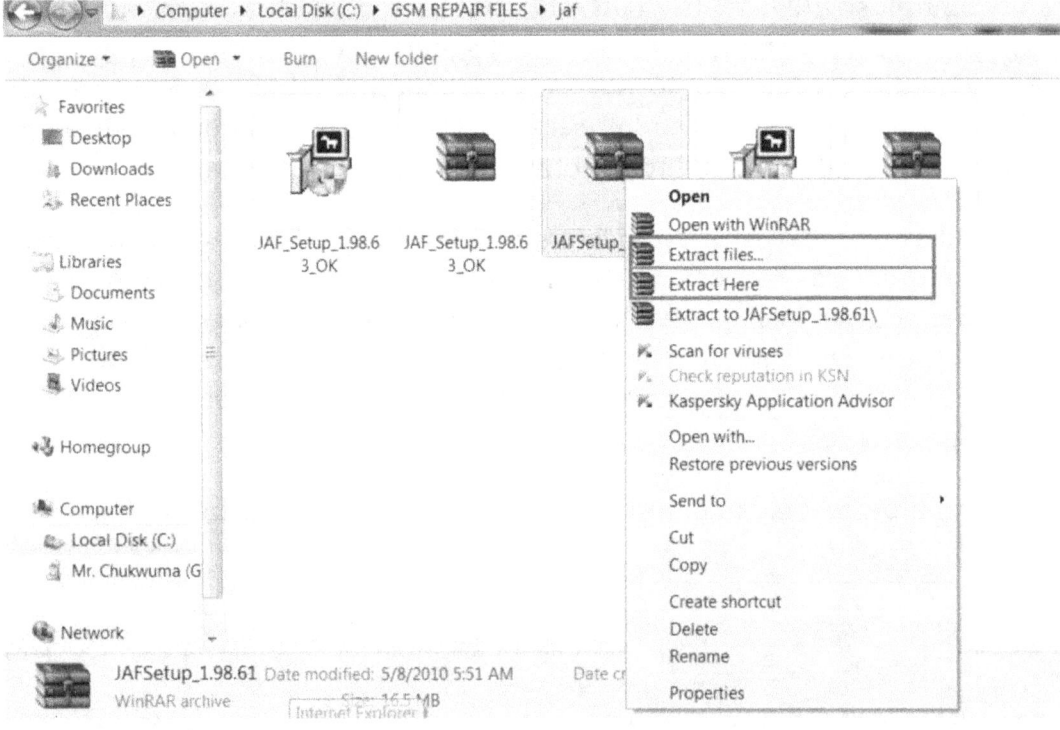

Terminologies et Procédures de Réparation Logicielle

Chaque secteur de services professionnels a son propre langage, ses termes et son système de dénomination nécessaires pour la communication entre professionnels. Il est important lors de la pratique sur le terrain et facilite l'interaction et le partage d'idées utiles.

En pratique, l'accès aux matériaux, aux guides utiles et aux ressources sur Internet ne serait possible et utile que s'ils sont compris et interprétés correctement. Par conséquent, portez votre attention sur les terminologies souvent utilisées et leurs significations.

Terminologies de Programmation de Flash

Téléphone "Briqué"
Lorsqu'un appareil mobile ne s'allume d'aucune manière, et est donc dans un état non fonctionnel en raison soit d'une erreur de configuration grave, d'un firmware corrompu, ou d'une défaillance matérielle, il est considéré comme *"briqué"*. Un téléphone dans un état briqué est aussi utile qu'une brique littérale. Lorsqu'un téléphone mobile est bloqué dans une boucle de démarrage par exemple, il n'est pas "complètement" briqué; de même qu'un téléphone qui démarre directement en mode de récupération est considéré comme partiellement briqué.

Le briquage résulte généralement d'une tentative échouée de mise à jour d'un appareil. La plupart des appareils électroniques, en particulier les smartphones et les tablettes, ont une procédure de mise à jour OTA (Over-The-Air) qui ne doit pas être interrompue avant son achèvement. Si une condition non souhaitée survient pendant le processus, comme une panne de courant, une intervention de l'utilisateur, ou d'autres raisons, le firmware existant pourrait être partiellement écrasé et inutilisable. Le risque de corruption logicielle peut donc être minimisé en prenant toutes les précautions possibles contre les interruptions pendant de tels processus. Le "briquage" peut également être causé par l'installation du mauvais firmware, d'une version de firmware erronée, d'un firmware comportant des erreurs ou destiné à une révision matérielle différente, et par des virus ou d'autres logiciels malveillants.

Le briquage est classé en deux types : *briquage souple* et *briquage dur*.

Les appareils **briqués de manière souple** ne démarreront pas avec succès et resteront bloqués sur le logo de démarrage, ou redémarreront continuellement. Parfois, ils affichent un écran blanc vide (appelé écran blanc) lors de l'utilisation. Certaines des principales raisons du briquage souple sont :

- Bogues logiciels.
- Virus/logiciels malveillants.
- Installation de firmware corrompu.
- Échec de la tentative de rootage.
- Flashage d'une image de récupération personnalisée sur un appareil avec un chargeur de démarrage verrouillé.
- Caches mémoire invalides.
- Mauvaises permissions de lecture/écriture.

Le flashage ou la réinitialisation du système (réinitialisation matérielle ou logicielle) qui efface toute la mémoire interne peut récupérer un appareil d'un état de briquage souple. Par exemple, certains téléphones montrent généralement une seule lumière rouge clignotante tandis que d'autres, comme les appareils iOS, affichent un écran complètement noir ou blanc avec uniquement un logo Apple lorsqu'ils sont briqués.

Les appareils briqués de manière dure, en revanche, sont ce que les techniciens de téléphone portable considèrent généralement comme un "téléphone mort". Aucun signe d'activité ou de vie. Le téléphone devient totalement non réactif, quelles que soient les actions de l'utilisateur, malgré une batterie en état de fonctionnement adéquat. Le briquage dur peut également résulter de fautes liées au logiciel qui peuvent être attribuées à l'une des raisons suivantes :

- Sélection incorrecte du firmware pour l'installation ou le flashage.
- Interruptions pendant le processus de flashage.
- Syntaxe incorrecte de la commande du code de clavier.
- Bogues logiciels.
- Utilisation d'une procédure de flash incorrecte par rapport à celle recommandée par le fabricant du logiciel de réparation.

IMEI

IMEI (Identifiant International d'Équipement Mobile) est un terme abrégé pour International Mobile Equipment Identity, un numéro de série international unique à 15 chiffres utilisé pour identifier un téléphone mobile sur un réseau de téléphonie mobile. Ce numéro peut être utilisé pour identifier les appareils mobiles illégaux ou volés. Chaque fois qu'un appareil mobile est allumé ou qu'un appel est passé dessus, le commutateur du fournisseur de réseau vérifie le numéro IMEI du combiné, puis le croise avec une base de données de liste noire.

Si cet IMEI est sur la liste noire, le réseau bloquera soit les signaux vers le téléphone, soit permettra les signaux mais bloquera les appels entrants ou sortants. L'importance de l'IMEI est telle que s'il est manquant, incorrect ou corrompu, il n'y aura aucun service réseau sur l'appareil mobile.

Flashage

Le flashage est un processus par lequel le firmware existant ou les données dans la mémoire EEPROM ou la mémoire flash d'un téléphone mobile sont écrasés avec un nouveau code firmware ou de nouvelles données. Cela peut être fait pour mettre à niveau un appareil, réparer ou corriger des bugs, changer de fournisseur de services mobiles pour les appareils verrouillés sur un réseau ou simplement installer un nouveau système d'exploitation. Certains fabricants, comme Apple par exemple, exigent des mises à niveau par voie aérienne, où l'appareil est connecté via Internet aux serveurs Web des fabricants pour le processus.

ROM Personnalisée / ROM d'Origine

Bien que ROM en terminologie informatique signifie Mémoire En Lecture Seule (une mémoire de stockage qui une fois écrite, ne peut ni être modifiée ni supprimée), dans le jargon de la communauté Android OS, cela signifie firmware pour les téléphones et tablettes Android. Changer ou installer une ROM dans un téléphone est similaire à installer un nouveau système d'exploitation sur un ordinateur de bureau ou portable.

Android est un logiciel open source qui est pris en charge par une vaste communauté de développeurs qui modifient continuellement le code en ajoutant des fonctionnalités, des personnalisations et des améliorations à sa stabilité et le produit est ce qu'on appelle une ROM personnalisée.

Les ROM personnalisées sont des firmwares de remplacement pour les appareils Android créés par des développeurs de logiciels tiers qui fournissent des fonctionnalités ou des options non disponibles dans le système d'exploitation Stock (du fabricant de l'appareil). Les ROM personnalisées sont souvent construites à partir des fichiers officiels d'Android ou du code source du noyau. Des exemples de ROMs personnalisées populaires sont CyanogenMod, Paranoid Android, MIUI et AOKP (Android Open Kang Project) etc.

Les ROMs Stock, quant à elles, sont les firmwares Android installés par les fabricants d'équipements d'origine (OEM) dans les smartphones, fonctionnant sous le système d'exploitation mobile Android.

Les entreprises personnalisent et marquent les téléphones pour leur donner un aspect unique et des fonctionnalités qui leur sont propres. Par exemple, un téléphone Samsung et un téléphone LG achetés dans le commerce peuvent être équipés de la même version du système d'exploitation Android. Mais lorsque vous allumez les deux téléphones, chacun affichera le nom de la marque de l'entreprise et l'environnement de bureau peut sembler différent, avec différents widgets, fonds d'écran, etc., ainsi que des applications tierces accompagnantes différentes.

Rooting

Rooting est un processus qui fournit aux utilisateurs un contrôle administratif complet et un accès à un smartphone ou une tablette Android. Cela est souvent fait afin de contourner les limitations ou les restrictions imposées par le fournisseur ou le fabricant du téléphone. Dès qu'un téléphone est rooté, les applications et les paramètres système peuvent être remplacés ou modifiés, et des applications spécialisées peuvent être exécutées, etc. L'accès root compromet la sécurité des données utilisateur de l'appareil.

Une des principales raisons de rooter un téléphone est de remplacer le système d'exploitation par une ROM (ROM dans ce sens signifie la version d'un autre développeur de logiciels du système d'exploitation) qui donne également à un utilisateur plus de contrôle sur les détails des applications clés. Ce processus est couramment appelé *le flashage d'une ROM personnalisée*.

Le processus de rootage d'un téléphone Android est différent pour chaque appareil et c'est pourquoi ce livre ne peut que vous orienter vers des liens de ressources en ligne spécifiques à chaque modèle de smartphone ou de tablette dès lors que vous avez compris le concept. En résumé, si vous voulez rooter un téléphone, vérifiez le numéro de modèle et le fabricant, recherchez la procédure de rootage spécifique à ce modèle et l'outil logiciel associé en ligne et vous l'obtiendrez. D'autres avantages du rootage incluent :

- Le rootage permet de désinstaller (plutôt que de désactiver) toutes les applications et jeux indésirables préinstallés dans les téléphones, qui occupent énormément d'espace de stockage même s'ils sont rarement utilisés.
- Le rootage permet des mises à jour de plateforme plus rapides. Des ROM personnalisées peuvent être flashées pour accéder aux nouvelles fonctionnalités une fois qu'un appareil est rooté.
- Le rootage met à disposition des paramètres et un contrôle supplémentaires en option.

- Le rootage d'un téléphone permet d'installer de nouvelles applications, d'obtenir plus d'options de gestion de l'appareil et des fonctionnalités de sécurité supplémentaires plus que ce qui est possible avec le système d'exploitation Android stock habituel.

Notez que lorsqu'un téléphone est rooté, la garantie devient nulle ; cependant, le flashage d'une ROM stock peut rétablir le statut de garantie à l'état d'origine. Quelques exemples d'applications qui ajoutent de nouveaux niveaux de fonctionnalité à un téléphone Android rooté incluent ROM Toolbox Pro, SetCPU, Titanium Backup, Touch Control et Cerberus anti-vol, etc. Donc, si vous voulez rooter un téléphone, ne vous inquiétez pas. Voici un lien où vous pouvez trouver des guides pas à pas faciles pour différents modèles ;

http://www.androidcentral.com/root

Mises à Jour des Téléphones

La mise à jour d'un téléphone consiste simplement à télécharger des fichiers de firmware ou de système d'exploitation de versions supérieures, comprenant soit des corrections de bogues soit des ajouts et des fonctionnalités, dans l'appareil. La mise à jour du logiciel d'un téléphone réduit son espace de stockage interne, car le nouveau logiciel indique au téléphone de créer plus d'espace de stockage désigné pour une utilisation système. Souvent, les mises à jour des smartphones entraînent une diminution de la vitesse et de la réactivité des téléphones, ce qui est en fait un compromis pour utiliser un matériel plus ancien afin de bénéficier de fonctionnalités améliorées destinées aux versions plus récentes du matériel. Bien qu'il semble impossible de manipuler la partie "lecture seule" de la mémoire du téléphone à l'aide d'outils destinés aux utilisateurs finaux, cela est possible à l'aide d'outils de développement.

Lecture/Écriture/Mise à Jour/Téléchargement

Les différentes interfaces logicielles des boîtes de flashage utilisent des choix de langage différents sur leurs boutons radio. Mis à part "lecture", qui est généralement utilisé pour lire des fichiers et des informations à partir du téléphone, le reste (écriture, mise à jour, téléchargement) est destiné à transférer les fichiers de firmware de l'ordinateur vers le périphérique en cours de flashage.

Pilote ADB Android

(Android Debug Bridge) est une petite application qui s'installe automatiquement sur l'ordinateur pour prendre en charge tous les appareils Android qui peuvent être connectés au système pour le flashage du firmware ou toute autre opération, y compris les modèles tels que Samsung, Google Nexus, Xiaomi, Motorola, HTC, LG, Infinix, Tecno ou autres téléphones MTK, Huawei, etc. Téléchargez le "15 seconds ADB Installer" depuis :

http://androidmtk.com/download-bst-android-adb-driver. This installer was created by XDA developer "Snoop05".

USB DFU.exe

DFU signifie Download Firmware Utility ou Device Firmware Update et comme son nom l'indique, il peut être utilisé pour flasher à la fois des ROM stock et des ROM personnalisées sur des smartphones et des tablettes Android, en particulier pour les apparcils Android Broadcom. Sur les iPhones, le mode DFU est généralement le dernier recours lorsque tous les autres efforts pour récupérer le téléphone dans un état normal échouent. Le mode DFU, dans ce cas, différent du "mode de récupération", met le dispositif en communication avec iTunes sur un ordinateur Windows®, bien que le chargeur de démarrage ou iOS n'ait pas encore été chargé, permettant de récupérer le dispositif à partir de n'importe quel état.

Démarrage, Chargeur de Démarrage et le Processus de Démarrage

Aucun être humain ne s'endort instantanément et personne ne se réveille instantanément d'un sommeil totalement conscient et actif à 100%. S'endormir et se réveiller est un processus. Les machines tendent à être construites comme des imitations de la nature et de la création de Dieu. Par conséquent, le démarrage est le processus d'initialisation des systèmes informatiques tels que les smartphones, les tablettes ou les assistants personnels numériques (PDAs).

Chaque fois qu'un système informatique prend son environnement d'exécution opérationnel normal, prêt à accepter des entrées pour les traiter et produire des sorties, le démarrage est terminé. Si le processus de démarrage a commencé à partir d'un état D'ARRÊT à un état opérationnel normal, cela peut être considéré comme un "démarrage à froid". Un démarrage doux est lorsque le système démarre à partir d'un état partiellement ARRÊTÉ, comme l'hibernation, le mode veille ou le mode sommeil. Un chargeur de démarrage est un petit programme ou code propriétaire distinct résidant dans la ROM ou la mémoire Flash en tant que partie du micrologiciel, conçu pour charger automatiquement un système d'exploitation dans la mémoire principale (de travail) de l'ordinateur et l'exécuter après l'achèvement des auto-tests de démarrage (POST).

Mais avant que le chargeur de démarrage ne charge une image de système d'exploitation, il effectue généralement une vérification d'authentification pour vérifier la sincérité du SE et un Contrôle de Redondance Cyclique (CRC) pour vérifier les erreurs. Une façon de faire cela est en lisant la signature numérique de la clé OEM (Fabricant d'Équipement d'Origine) de la partition de démarrage. Si elle n'est pas signée numériquement, le processus de démarrage échoue. Cette clé OEM est un code unique crypté attribué à chaque fabricant. Par conséquent, avant qu'une ROM personnalisée puisse être installée sur un téléphone Android, le chargeur de démarrage doit être déverrouillé.

L'outil Fastboot ou les dispositifs de flash spécialisés sont des outils qui déverrouillent le chargeur de démarrage de différents téléphones lors du flashage.

Dans un système informatique, le système d'exploitation réside dans une mémoire secondaire telle que le disque dur, le HDD. Cependant, les systèmes embarqués comme les téléphones mobiles n'ont pas un tel espace de stockage important et sont conçus pour démarrer rapidement, presque immédiatement après la mise sous tension. Par conséquent, de tels appareils ont généralement un logiciel ou un micrologiciel de système d'exploitation dans la ROM ou la mémoire Flash, de sorte que le dispositif peut commencer à fonctionner avec peu ou pas de chargement, car le processus de chargement peut être précalculé et stocké sur la ROM lors de la fabrication de l'appareil. C'est là que la séquence de démarrage d'un ordinateur de bureau/ordinateur portable diffère fondamentalement de celle d'un appareil mobile. La séquence de démarrage pour les CPU (unités centrales de traitement) des appareils mobiles ou les DSP (processeurs de signal numérique) ou les microcontrôleurs (SoC - Socket on Chips) inclut généralement une ROM de démarrage avec un code de démarrage intégré directement dans leur CI (circuit intégré). Cela permet à leur processeur d'effectuer un auto-démarrage et de charger des programmes de démarrage à partir d'autres sources comme la mémoire flash NAND, SD ou eMMC, etc. Cette fonction est souvent utilisée à des fins de récupération du système lorsque le logiciel de démarrage habituel dans la mémoire non volatile est effacé ou corrompu.

Il est donc possible de prendre le contrôle d'un système en utilisant des interfaces de débogage matériel telles que JTAG, connectées à des boîtes de flash pour écrire (déverrouiller) le programme de chargeur de démarrage avant d'installer une ROM personnalisée dans la mémoire flash non volatile pouvant être démarrée en instruisant le noyau du processeur à effectuer les actions nécessaires pour programmer la mémoire non volatile.

Les processeurs des téléphones mobiles (en particulier les smartphones) sont conçus avec plusieurs cœurs. Dans un processeur double cœur, par exemple, il y a une relation maître-esclave, où l'initialisation du démarrage des DSP est contrôlée par le CPU ou le processeur d'application (le Maître) qui démarre en premier à partir de ses propres mémoires, puis contrôle le comportement global du système - le démarrage du DSP - et d'autres rôles fonctionnels dans le système. Le DSP dans la plupart des cas n'a pas ses propres mémoires de démarrage, et dépend donc du processeur maître pour s'initialiser.

Une Vue d'Ensemble sur les Modules de Mémoire et les Cœurs de Traitement

Les composants les plus critiques de l'architecture d'un smartphone ou d'une tablette sont les modules de mémoire principale, les cœurs de traitement et les processeurs graphiques dédiés.

La RAM (mémoire vive) ou la RAM dynamique (DRAM) est la mémoire principale de tout système informatique, sans laquelle l'accès aux fichiers et le traitement seraient difficiles, voire impossibles. Cependant, contrairement aux PC où elle est généralement amovible et extensible grâce à des emplacements, la DRAM dans les smartphones et les tablettes est constituée de puces fixées (soudées) sur la carte de circuit imprimé.

La DRAM aide les cœurs de traitement dans leurs activités de traitement en mettant les données et les fichiers à la disposition des processeurs. Des fichiers critiques tels que les données d'application, les composants du système d'exploitation, les données utilisateur, le système de fichiers en ROM ou tout autre fichier ou donnée devant être traité rapidement sont d'abord chargés dans la DRAM, en attente d'exécution ou de traitement par le CPU ou d'autres processeurs. Le contenu de la DRAM est volatile, ce qui signifie qu'il peut être rapidement et facilement modifié pour stocker différents fichiers. La volatilité de la DRAM ou de la RAM est évidente dès qu'il y a une panne de courant ou si le téléphone est redémarré, tout le contenu de la RAM (applications en cours d'utilisation, fichiers ouverts, processus en cours, etc.) disparaît, contrairement à la mémoire flash ou au stockage ROM qui conserve son contenu. Les informations de la ROM plus lente ou de la NVRAM (mémoire RAM non volatile) doivent être transmises à la RAM beaucoup plus rapide avant d'atteindre les cœurs de traitement et inversement. En tant que technicien en matériel, comprenez que la RAM est généralement soudée sur la carte de circuit imprimé à proximité des principaux processeurs ou SoC, et non éloignée pour des raisons d'efficacité.

La RAM est souvent placée directement sur le SoC dans ce que l'on appelle un "package-on-package" (PoP) pour permettre un accès direct à la RAM et réduire la consommation d'énergie ou la dissipation de chaleur. Lorsqu'un CPU, un GPU ou un SoC est soudé d'un côté de la carte, si vous vérifiez de l'autre côté, vous trouvez une autre puce (RAM) directement en face de ces cœurs de traitement. Même si elle n'est pas placée dans ce type d'arrangement, elle est généralement soudée à proximité des cœurs de traitement.

La RAM se décline en différentes tailles et types, déterminant les niveaux de performance enregistrés par le téléphone. Par exemple, il existe des descriptions telles que SDRAM (mémoire vive dynamique synchrone) ou DDR SDRAM, ce qui signifie mémoire vive dynamique synchrone à double débit de données. Les smartphones utilisent principalement la LP DDR où LP signifie faible puissance. Que ce soit DDR ou LP, une fois qu'il y a un suffixe numérique spécifié, il signifie sa génération. Par exemple, DDR1, DDR2, DDR3, etc., pour les générations 1, 2 et 3 respectivement. Pour consulter ces détails sur le nombre de cœurs ou de RAM d'un appareil et des détails généraux, installez l'application CPU-Z ou la plus détaillée CPU-X depuis le Google Play Store. Les informations tirées des applications sont utiles lorsque le téléphone est démonté, en utilisant un microscope, les minuscules informations habituellement inscrites sur les puces (CI) trouvées sur la carte principale peuvent servir à une identification appropriée de chaque puce.

Vous êtes maintenant familier avec la ROM. La ROM ou le stockage interne fournit l'espace de stockage pour stocker le système d'exploitation et d'autres fichiers critiques nécessaires au fonctionnement du téléphone. Certains smartphones et tablettes actuels sont construits avec plusieurs puces de stockage qui peuvent être divisées en partitions à des fins différentes, notamment le stockage du système d'exploitation, le stockage des applications, le cache système, les fichiers système, les fichiers ou données utilisateur, etc.

Rouse Margaret's[17] définit un processeur multi-cœur comme "un processeur informatique sur un seul circuit intégré avec deux unités de traitement séparées ou plus, appelées cœurs, chacune d'entre elles lisant et exécutant des instructions de programme". C'est la définition la plus simple et explicite que j'ai rencontrée concernant le traitement multi-cœur.

Il s'agit de traiter les données en parallèle pour augmenter la vitesse, l'agilité et la réactivité des dispositifs informatiques, une technique connue sous le nom de multithreading. Nous avons des smartphones avec huit cœurs ou plus. Ce que cela signifie, c'est que plusieurs instructions CPU comme l'ajout, le déplacement, le balayage, la branche, etc. peuvent être exécutées simultanément sur chacun de ces autres cœurs de traitement dans le même circuit intégré embarqué.

MEMORY

Total RAM	1.72 GB (2GB)
Free RAM	355.63 MB (20.22%)
Total Internal	24.81 GB (32GB)
Free Internal	1.98 GB (8.00%)

SYSTEM

Manufacturer	samsung
Brand	samsung
Model	SM-T515
Board	universal7885
Hardware	exynos7885
Resolution	1200 x 1920 pixels
Density	225.78 ppi
System uptime	21 hours 2 minutes

OS

Version	9
Version Name	Pie
API	28
Build	samsung/gta3xlxx/gta3xl:9/PPR1.180610.011/T515XXS4ATE3:user/release-keys
Build ID	PPR1.180610.011
Build Time	12-05-2020 03:02:39

Les informations fournies par CPU-X sur votre tablette Samsung Galaxy A10 sont effectivement précieuses pour les processus de réparation. Connaître le nombre de cœurs de CPU, le type de GPU et la version du système d'exploitation Android en cours d'exécution sur l'appareil peut grandement aider les techniciens à diagnostiquer les problèmes et à effectuer des réparations efficacement.

Identifier les appareils contrefaits ou imitations est également important, et les détails fournis par CPU-X peuvent aider à différencier les produits authentiques des contrefaçons. Par exemple, repérer la désignation "MALI" sur une puce IC confirme qu'il s'agit du GPU, ce qui est une information cruciale pour le dépannage et la réparation.

En plus de ces détails clés, CPU-X offre probablement d'autres fonctionnalités qui peuvent aider les techniciens à tester divers composants périphériques et à garantir le bon fonctionnement global de l'appareil. Avoir accès à des informations aussi complètes peut rationaliser le processus de réparation et améliorer la qualité du service fourni aux clients.

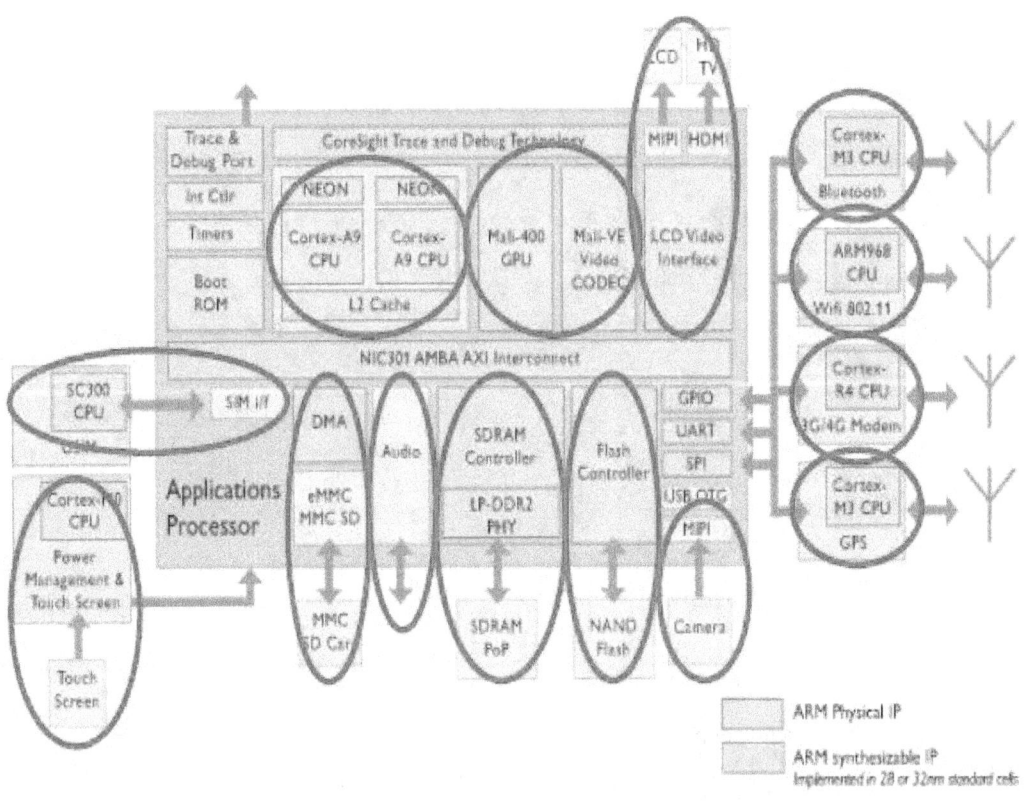

Image Credit: http://www.arm.com

Les smartphones Android ont d'abord adopté les processeurs ARM en 2008, amorçant ainsi l'évolution progressive vers la conception multi-cœur avec ARM Cortex A15, puis vers Snapdragon développé par Qualcomm, SoCs et maintenant les conceptions multi-cœurs.

Le Processus de Programmation Flash

Jusqu'à présent, après avoir appris les différentes manières dont les défauts logiciels des téléphones se manifestent ou comment un téléphone devient "brické", ainsi que les causes ou sources de "bricking" dans un appareil mobile, nous allons maintenant examiner les procédures et processus impliqués dans la fourniture de solutions pour les téléphones brickés à travers la programmation flash.

Le "flashing", comme cela a été défini dans ce livre, est simplement un processus par lequel un technicien utilise des appareils de flashage de téléphone et un logiciel pour recharger un nouveau firmware ou système d'exploitation mis à jour et valide dans un appareil mobile brické, remplaçant ainsi celui qui est corrompu.

Il est également important que chaque détail de la structure des téléphones, leurs mémoires et la relation avec les microprocesseurs soit à la fois compris et intériorisé en mémoire. Notez que les opérations de programmation flash ne peuvent pas avoir lieu si l'une des mémoires flash, des microprocesseurs, des ports de communication de données ou le CI de gestion de l'alimentation du téléphone est défectueux. Ces composants matériels doivent d'abord être fonctionnels et correctement soudés sur le PCB. Pour cette raison, lors d'une opération de flashage, le technicien doit surveiller intuitivement les communications à partir de la sortie du programme du boîtier de flashage sur l'écran de l'ordinateur et répondre aux notifications d'erreur, interprétant quel composant est affecté en conséquence.

Les flashers ou appareils de téléphone sont de différentes marques, types et niveaux de support. Ici, nous apprendrons les procédures et concepts généraux bien que chaque appareil soit différent. Ce qui est enseigné dans ce livre fournit la latitude pour aborder les réparations logicielles pour n'importe quel smartphone ou tablette en pratique, même s'il existe une ou deux étapes uniques, spécifiques à la marque (en tant qu'ajout ou omission aux procédures générales énumérées ici), qui sont généralement indiquées dans le manuel d'instructions de l'utilisateur du flasher.

Le Processus de Flashage

Les étapes suivantes doivent être complétées par un technicien qui souhaite flasher un appareil mobile :

- ✓ Télécharger et installer tous les pilotes requis pour à la fois les téléphones et les boîtiers de flashage à utiliser sur le système informatique. Le logiciel pilote du téléphone est principalement requis pour tout logiciel de réparation autonome qui est uniquement installé sur l'ordinateur sans interface de boîtier de flashage d'authentification pour le rendre utilisable. Cependant, si un boîtier de flashage est utilisé pour le flashage, les pilotes de différents modèles de téléphone ne doivent pas être installés au préalable sur le système informatique car ils sont inclus avec les fichiers d'installation du setup accompagnant le boîtier de flashage.
- ✓ Télécharger et installer les fichiers de configuration pour les boîtiers de flashage sur le système informatique. La plupart des fichiers de configuration incluent les pilotes de périphériques pour les marques et modèles de téléphones pris en charge par le boîtier de flashage.
- ✓ Installer le boîtier de flashage. Chaque appareil suit une routine établie. Dans la plupart des cas, ils suivent un schéma d'installation de périphérique similaire. Étudiez la routine d'installation dans la section suivante de ce livre.
- ✓ Télécharger et installer le logiciel de réparation approprié pour les boîtiers de flashage spécifiques que vous souhaitez utiliser sur le système informatique.
- ✓ Télécharger, extraire et étiqueter correctement (dans des dossiers individuels pour chaque modèle d'appareil mobile) les fichiers firmware ou fichiers flash de l'appareil mobile sur le système informatique. Les fichiers flash utilisés pour certains boîtiers de flashage sont uniques à ces boîtiers de flashage et disponibles uniquement sur leurs sites de support et les forums GSM. Si vous n'achetez pas un boîtier de flashage de marque valide et légitime auprès des revendeurs autorisés du fabricant, vous ne pourrez pas accéder aux zones de support pour télécharger des fichiers flash et d'autres ressources utiles. Cependant, certains fichiers peuvent être utilisés sur les plateformes de différents boîtiers de flashage.

Une fois toutes les installations logicielles et matérielles nécessaires terminées pour le processus de programmation de flash de réparation, le technicien devra comprendre les paramètres de l'interface utilisateur de chaque logiciel de réparation :

- Fonctions des boutons radio
- Paramètres de port de communication

- La séquence et le timing des processus de flash pour certaines actions utilisateur (par exemple, un bouton qui doit être pressé à un moment spécifique, disons "X" nombre de secondes après avoir appuyé sur le bouton "Flash" ou "Mise à jour" ou "Déverrouiller" ou "Démarrer" ou tout autre bouton de commande actionnable.)
- Sélection du "Type" de fichier flash

Une fois que les paramètres ci-dessus sont connus et compris, le processus de flash est facile et direct. Il suffit de cliquer sur le bouton marqué "Flash/Écrire/Mettre à jour le micrologiciel/Télécharger" etc., en fonction de la langue utilisée sur l'interface logicielle qui représente le "flash" ou le déverrouillage. D'autres paramètres qui constituent des opérations de commande actionnables sont :

- Opérations d'écriture (IMEI, répertoire téléphonique, flash complet, PM)
- Paramètres d'usine
- Format
- Opérations de lecture (Flash, IMEI, code de verrouillage ou code de sécurité, répertoire téléphonique, galerie)
- Effacer (flash complet, zones de sécurité, etc.) et ainsi de suite.

Les programmes d'interface de réparation sont généralement conçus avec des onglets de fenêtres multi-vues qui donnent à l'utilisateur accès à une multitude d'options de programmation possibles avec le boîtier de flashage utilisé.

Fastboot Android Protocol

Fastboot est à la fois un protocole et un outil utilisé à des fins de diagnostic dans les téléphones Android. Les développeurs ont intégré le protocole Fastboot dans le kit de développement logiciel (SDK) des appareils Android, bien que certains pourraient ne pas l'avoir. En tant que protocole, il définit un processus de communication qui met le téléphone en mode bootloader ou Secondaire Loader, donnant accès au périphérique de sorte que des images personnalisées (codes logiciels) puissent être écrites dans les différentes partitions du disque de l'appareil Android en connectant le téléphone via USB à l'ordinateur. Il pourrait s'agir de fichiers recovery.img, system.img, logo.img, etc.

En tant qu'outil, l'outil Fastboot lorsqu'il est utilisé fournit une interface en ligne de commande à travers laquelle un utilisateur peut modifier, effacer ou charger ces images dans le téléphone. Pour utiliser l'outil Fastboot pour effectuer des opérations de diagnostic sur un téléphone, le téléphone doit être mis en mode Fastboot par une combinaison de touches sur le téléphone. Par exemple, les touches POWER + VolumeUP ou VolumeDOWN et Home dans certains téléphones ou simplement POWER + VolumeDOWN ou UP. Après avoir activé le protocole sur l'appareil lui-même, il acceptera un ensemble spécifique de commandes envoyées via USB en utilisant une ligne de commande. Certains des commandes Fastboot les plus couramment utilisées comprennent :

- **Flash** – réécrit une partition avec une image binaire stockée sur l'ordinateur hôte. La syntaxe est ; "fastboot flash <type de nom de fichier> {espace} <nom du fichier>"
- **Erase** – efface une partition spécifique. La syntaxe est ; "fastboot erase <type de nom de fichier ou nom de partition>"
- **Format** – formate une partition spécifique ; le système de fichiers de la partition doit être reconnu par l'appareil. La syntaxe est ; "fastboot format <nom de la partition>".
- **Unlock/Lock** – Pour déverrouiller/reverrouiller le chargeur de démarrage. La syntaxe est ; "Fastboot oem unlock" et "fastboot oem lock".

La plupart des smartphones basés sur Android ont une procédure grâce à laquelle le périphérique peut être placé dans ce mode afin d'exécuter des commandes à travers des outils de flash d'interface utilisateur créés à cet effet.

De plus, la plupart des programmes logiciels de flash USB directs (c'est-à-dire aucun boîtier de flashage connecté entre le téléphone et l'ordinateur ; juste un câble USB et le logiciel installé sur l'ordinateur) exigent que l'utilisateur mette l'appareil dans un mode spécifique avant que le logiciel de flash puisse exécuter des opérations de flash/déverrouillage/formatage ou autres opérations de service sur le périphérique mobile.

Réparations Logicielles des Téléphones Chinois

Les téléphones chinois désignent un groupe et un type de téléphones basés sur certaines plateformes identifiées en fonction des technologies de microprocesseur de base utilisées pour fabriquer ces smartphones et tablettes. Les processeurs MediaTeK (MTK) sont la marque la plus populaire couramment utilisée avec les téléphones chinois.

MediaTeK est une entreprise populaire de fabrication de puces basée à Taïwan qui sous-traite principalement ses produits, et leur plus grande demande provient du marché chinois de la technologie mobile. Il existe d'autres puces de base notables dans les téléphones chinois comme indiqué dans la FAQ précédente. Par exemple, pour les processeurs Spreadtrum (SPD) de iTEL, vous devez utiliser le logiciel Research Download, qui est également un outil gratuit.

L'outil SP Flash reste pertinent aujourd'hui comme il l'était il y a quatre ans en tant qu'outil logiciel de flashage Android. Cependant, les boîtes de flashage, bien qu'elles contiennent généralement des fonctionnalités de réparation de téléphone spécialisées puissantes pour diverses marques, sont souvent à la mode sur une période donnée à mesure que de nouvelles apparaissent avec de meilleures améliorations, tout comme de nouveaux smartphones et tablettes sont fabriqués. Donc, pour un livre comme celui-ci qui sera là pendant des décennies, faire tomber des noms ou recommander des spécificités est impraticable. Ce livre et la première édition continueront d'être utiles à de nombreuses personnes, pendant de nombreuses années à venir, pour maîtriser les connaissances de réparation de téléphone techniques de base à avancées, pertinentes même dans les technologies futures. Par exemple, où seront les boîtes Miracle ou Infinity dans disons 10 ans ? Ça, je ne peux pas le prédire. Mais il y aura toujours de nouveaux produits de boîtes de flashage pour toutes les générations.

Pour effectuer des réparations logicielles, mettre à jour ou mettre à niveau des téléphones chinois, le technicien devrait utiliser l'une des boîtes de flashage logicielles actuelles en conjonction avec le câble USB, en utilisant le logiciel MTK/SP flash tool. Il existe un outil de flashage MTK pour les téléphones basiques chinois tandis que **SP flash tool** est destiné aux smartphones chinois. Pour flasher en utilisant SP flash tool ;

- Vous avez besoin du câble USB pour connecter le téléphone à l'ordinateur.
- Vous avez besoin des pilotes USB pour que chaque téléphone que vous connectez à l'ordinateur soit détecté correctement.
- Vous avez également besoin du fichier ROM personnalisé ou firmware pour chaque téléphone téléchargé dans un dossier.
- Ensuite, vous devez télécharger (il est disponible gratuitement en ligne dans différentes versions) le logiciel SP flash tool ainsi qu'un fichier USB DFU.exe. Utilisez le fichier USB dfu.exe pour supprimer ou désinstaller les pilotes précédents du système.

- Ouvrez le gestionnaire de périphériques du système informatique;
- Connectez le câble USB au téléphone que vous souhaitez flasher avec un ROM personnalisé sans batterie (certains peuvent nécessiter une batterie);
- Une fois connecté, vous devriez voir MTK preloader; Cliquez avec le bouton droit dessus et sélectionnez "Mettre à jour le pilote". Un menu contextuel apparaît comme suit;

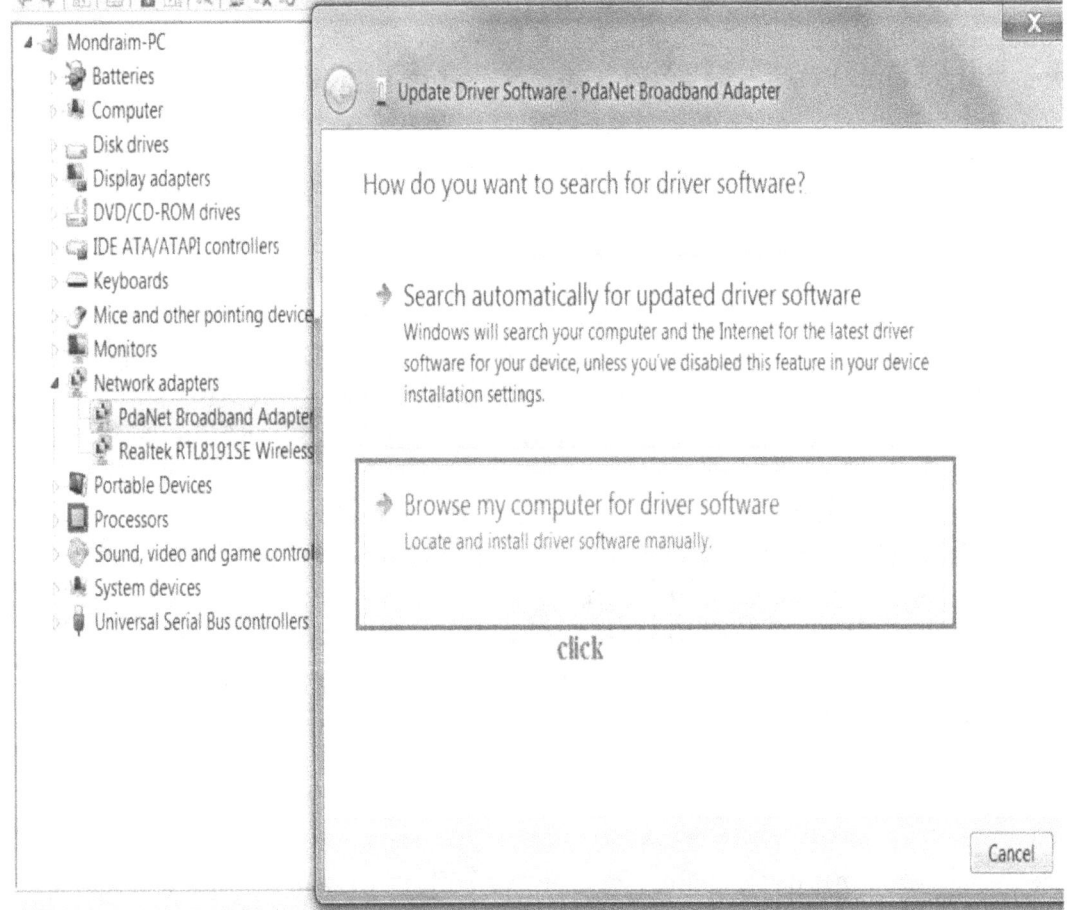

- Sélectionnez "Parcourir mon ordinateur pour le logiciel de pilote" et indiquez le dossier où vous avez enregistré le pilote du téléphone. Assurez-vous de sélectionner le bon dossier qui correspond à votre version de Windows.
- Lorsque vous sélectionnez le pilote, vous pourriez recevoir un message indiquant que le pilote n'est pas signé numériquement;

par conséquent, vous devrez peut-être désactiver l'application de l'application de signature de pilote en suivant ces étapes :

i. Redémarrez l'ordinateur
ii. Appuyez continuellement sur "F8" jusqu'à ce qu'un écran apparaisse comme ci-dessous
iii. Sélectionnez "Désactiver l'application de signature de pilote"

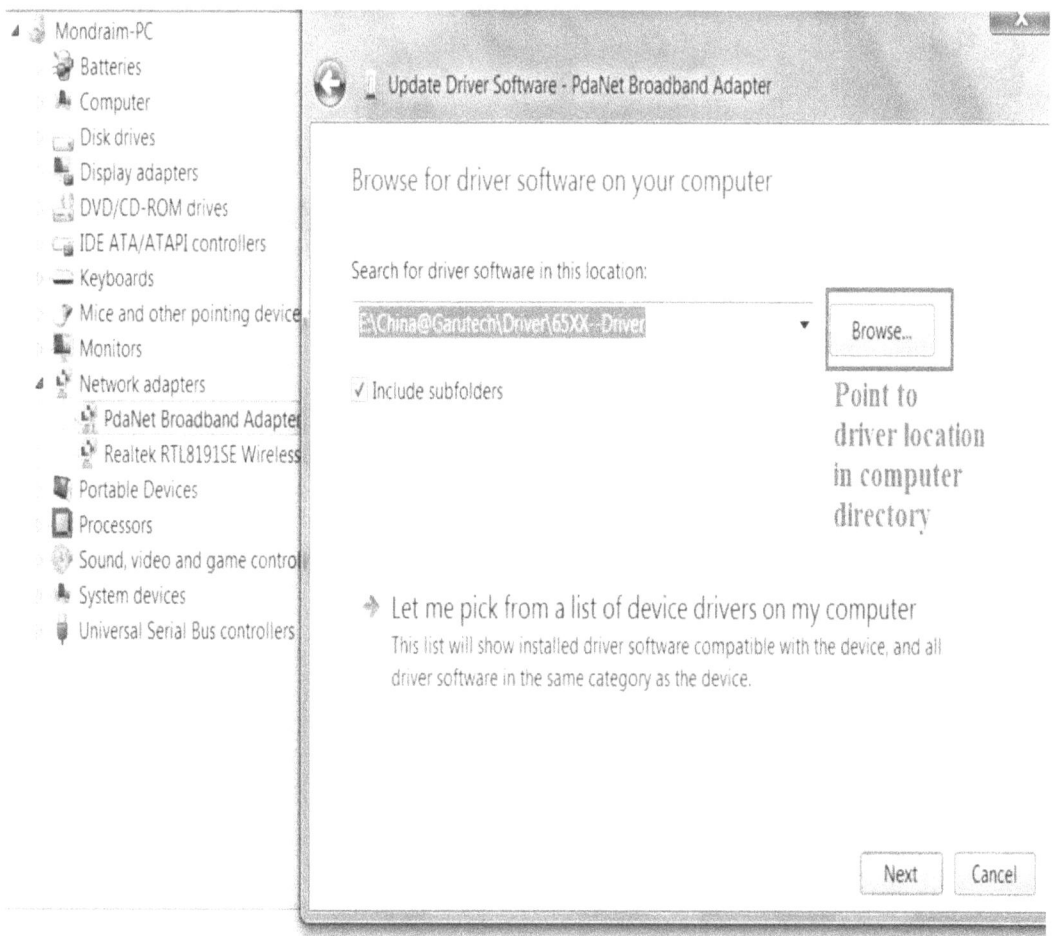

Chapitre 8: Réparations Logicielles

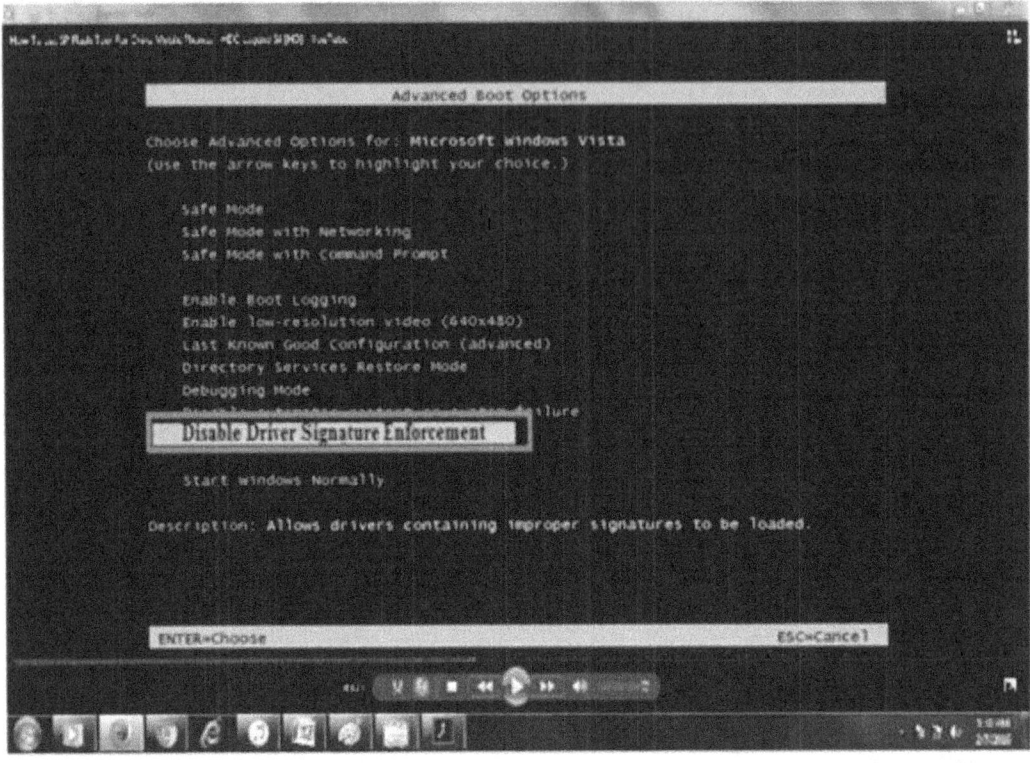

- Maintenant, revenons au processus de flashage ; assurez-vous que la ROM personnalisée que vous souhaitez flasher est extraite dans un dossier. Par exemple, voici un fichier pour le Tecno H6.

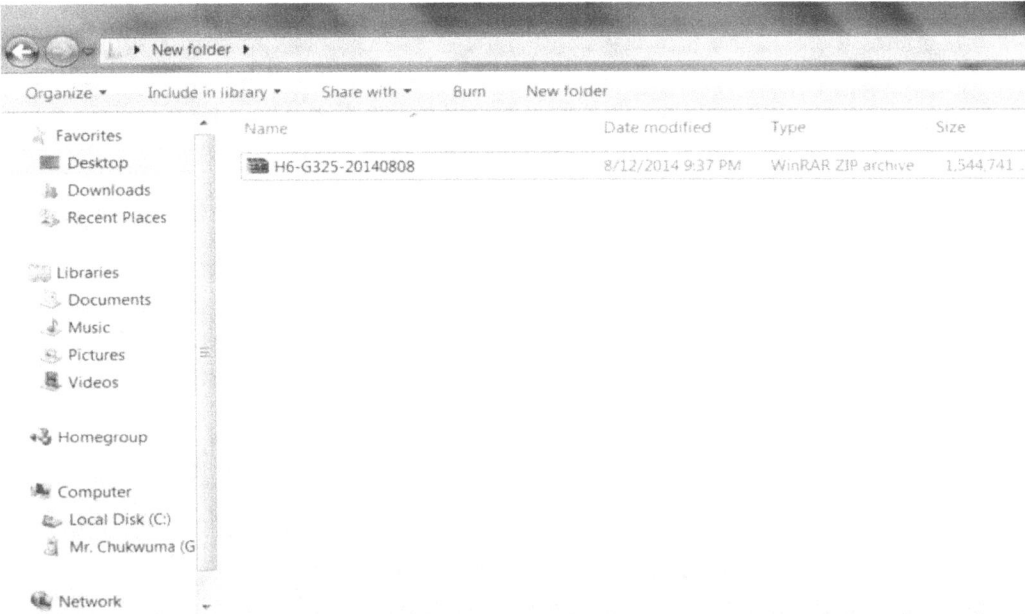

Chapitre 8: Réparations Logicielles

- Cliquez avec le bouton droit de la souris et sélectionnez l'option "extraire ici".

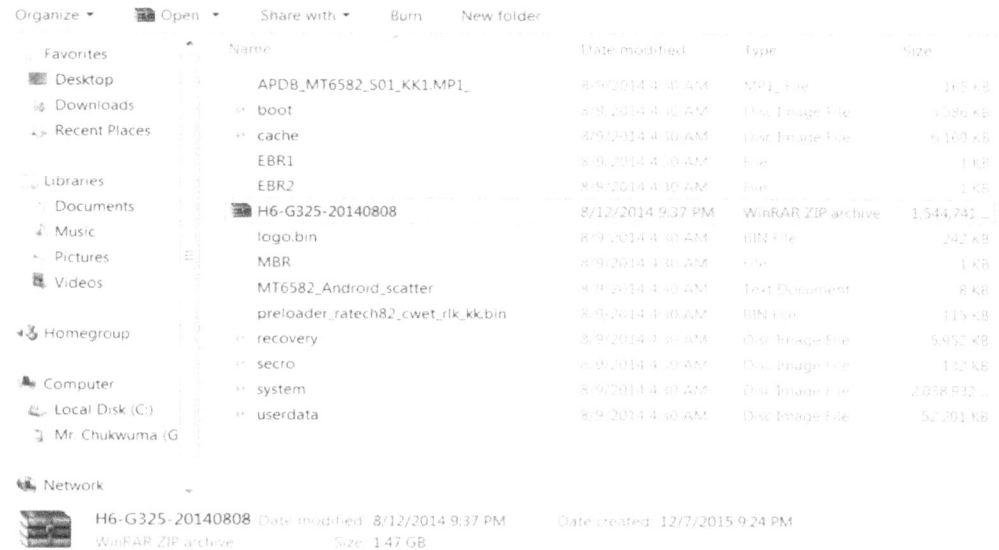

- Vous pouvez voir tous les fichiers extraits. Celui d'importance vers lequel vous pointerez plus tard lorsque vous cliquerez sur "Chargement de la dispersion" ci-dessous est le fichier "scatter.txt". Sélectionnez le fichier "**MT6582_Android_scatter**" comme indiqué dans la capture d'écran ci-dessous, encerclé en rouge.

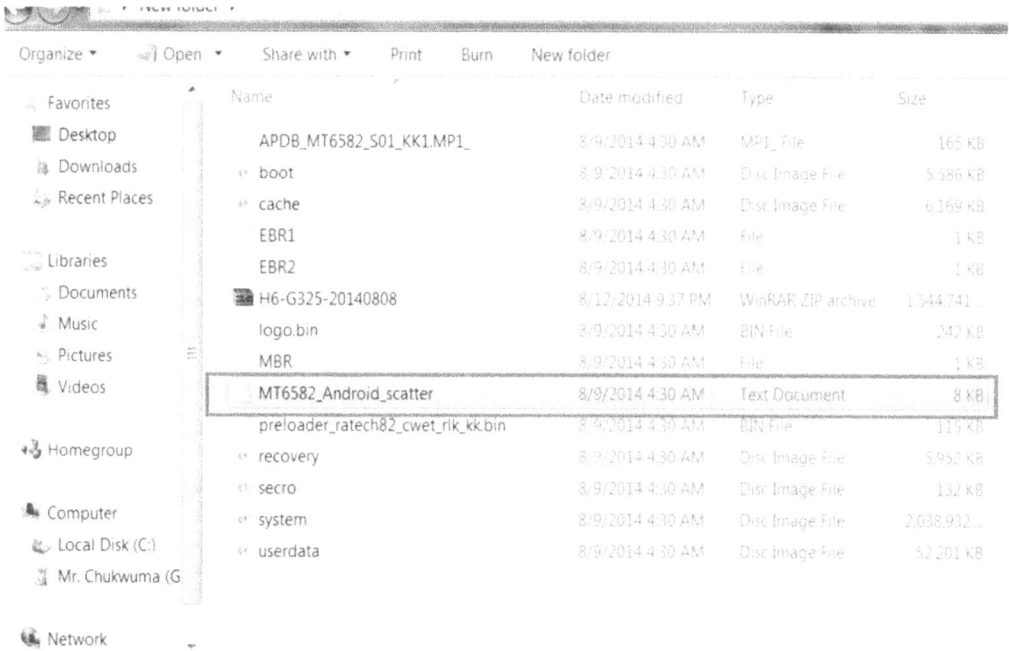

- Ensuite, lancez le programme SP flash tool et cliquez sur "Chargement de la dispersion". Vous remarquerez peut-être que le fichier "Scatter.txt" ne fait que 8 Ko de taille. C'est normal. Le fichier scatter sert uniquement à regrouper tous les fichiers de composants de partition requis pour le flashage. Les fichiers principaux ont une taille de plusieurs gigaoctets. Par conséquent, ne vous inquiétez pas de la petite taille du fichier.

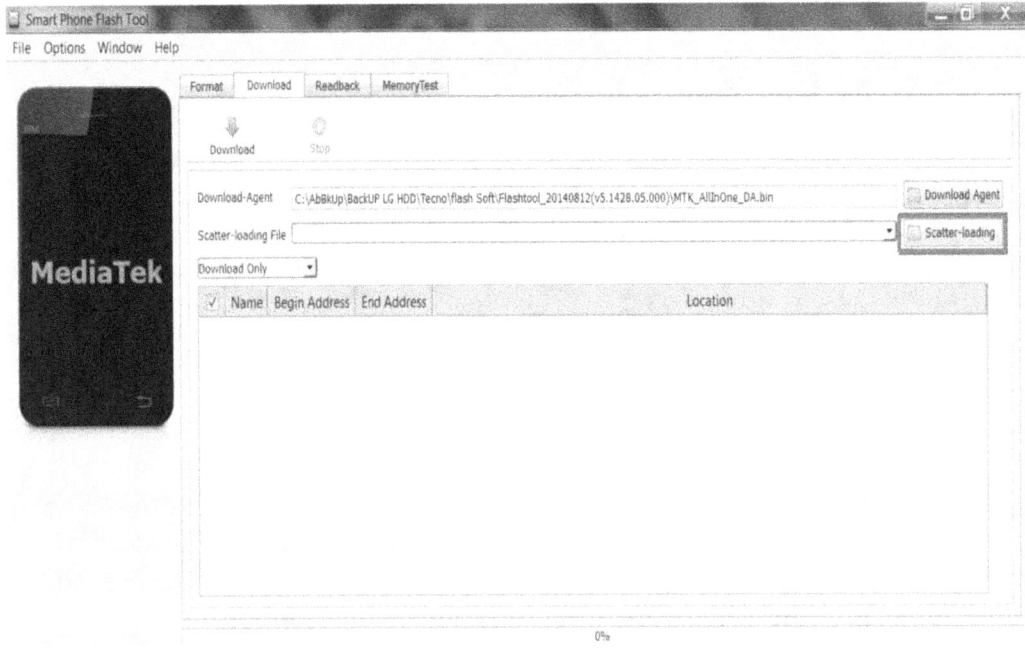

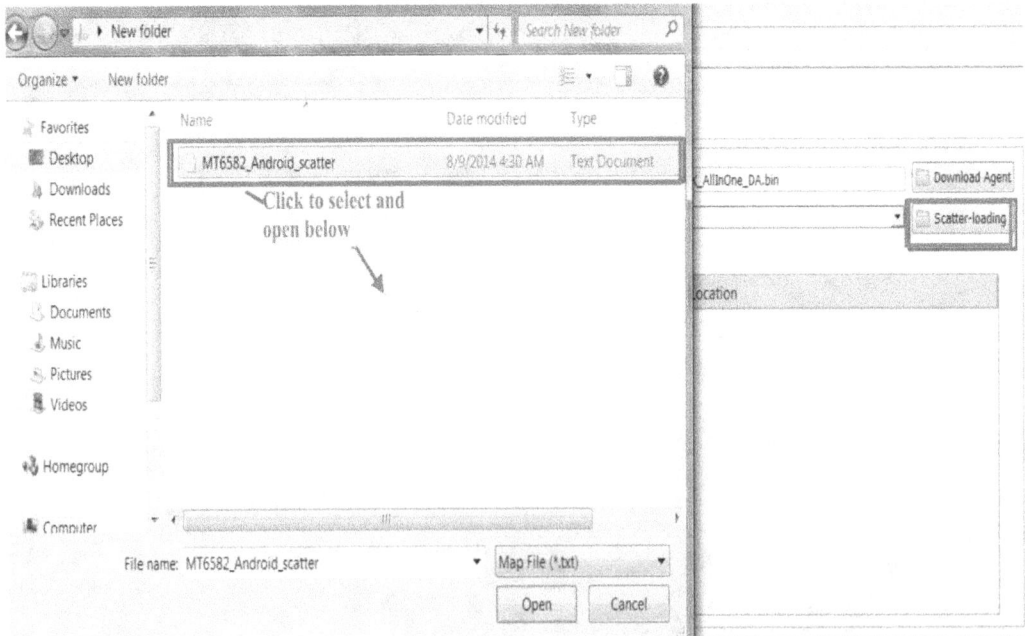

Le fichier scatter Android contient des informations sur la structure de l'appareil avec la carte mémoire du fichier image, et charge tous les composants du fichier flash dans l'outil de flash en préparation du processus de flashage. La mémoire NVRAM du smartphone Android est essentiellement comme un disque dur composé de plusieurs partitions. Alors qu'une de ces partitions contient les fichiers système Android, une autre contient toutes les données des applications accumulées par les utilisateurs et d'autres pour le traitement en arrière-plan par le téléphone. Notez que tous les fichiers requis sont cochés et ont un chemin d'accès pour indiquer leur emplacement dans le système informatique. Si vous ne souhaitez pas flasher un fichier particulier, par exemple "Recovery", il suffit de décocher la sélection de ce fichier particulier. La liste comprend :

i. **PRELOADER** – Spécifique à chaque appareil et doit être présent dans chaque extraction de ROM personnalisée, sinon le téléphone ne peut pas entrer en mode téléchargement. Le préchargeur communique avec l'ordinateur lors du flashage en faisant en sorte que le téléphone soit détecté comme un port pouvant être flashé. Le téléchargement d'un préchargeur incorrect peut briquer un téléphone. S'il n'est pas nécessaire, ne jamais flasher le préchargeur (Ne pas le cocher).
ii. **MBR** – Master Boot Record (premier secteur de n'importe quel lecteur partitionné qui invoque le Volume Boot Record qui contient le code de démarrage)
iii. **EBR1** – Partition de stockage de mémoire interne pour l'installation des applications (2 Go)
iv. **BOOT.IMG** – Fichier de code de démarrage pour le démarrage de l'appareil. boot.img contient le noyau et le RAMdisk, des fichiers critiques nécessaires pour charger l'appareil avant que le système de fichiers ne puisse être monté.
v. **UBOOT** – Chargeur d'amorçage universel
vi. **Recovery** - Il contient le système de récupération comme partition d'amorçage alternative qui permet au périphérique de démarrer dans une console de récupération pour effectuer des opérations de récupération et de maintenance avancées.
vii. **SEC_RO** – Fichier important pour l'écriture/réparation de l'IMEI et le processeur de bande de base.
viii. **LOGO** – Logo de démarrage

Chapitre 8: Réparations Logicielles

ix. **EBR2** – Stockage du téléphone qui agit comme une carte mémoire si aucune carte mémoire n'est installée (6 Go). Une fois qu'une carte mémoire est installée, elle devient un espace mémoire dormant et gaspillé. Il peut être reconfiguré pour bénéficier à un utilisateur client, libérant ainsi plus d'espace de stockage mémoire.

x. **Android** – Partition OS Android pour l'image système

xi. **Cache** - Cette partition stocke des données et des composants d'application fréquemment utilisés. C'est un stockage temporaire de mémoire interne.

xii. **USER_DATA** - Cette partition contient les données de l'utilisateur telles que les contacts, les SMS, les paramètres, etc. Une réinitialisation aux paramètres d'usine sur un appareil efface généralement cette partition.

Chapitre 8: Réparations Logicielles

- Une fois que tout est vérifié, cliquez sur le bouton "Télécharger". Il y a d'autres options dans le menu déroulant sous "Chargement de la dispersion" telles que "Tout formater + Télécharger", "Mise à niveau du firmware". Elles sont contrôlées par le bouton "Télécharger" si une option est choisie.
- Après avoir cliqué sur le bouton de téléchargement, connectez le téléphone (éteint), sans batterie (dans certains cas avec batterie) à l'ordinateur. Dès que c'est fait, le processus de flash commence. Cela prendra un certain temps. Attendez qu'un cercle vert apparaisse, avec "Téléchargement Ok" écrit.

Chapitre 8: Réparations Logicielles

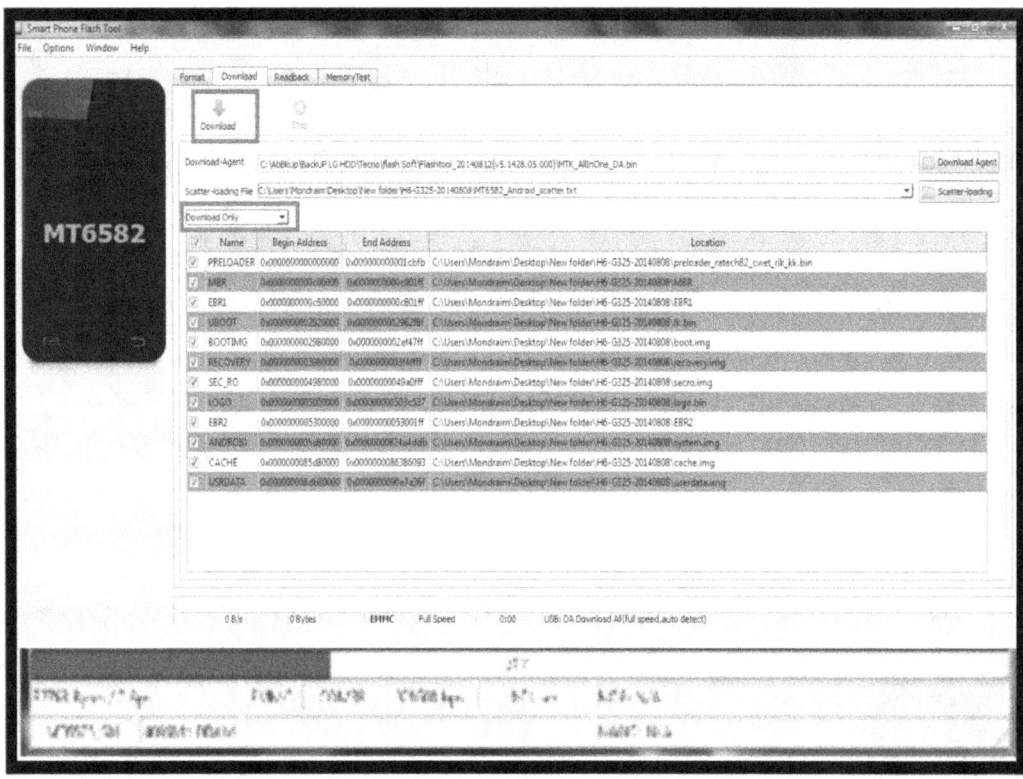

D'abord, vous verrez une bande horizontale rouge, puis violette, jaune, et enfin le cercle vert, dans cet ordre.

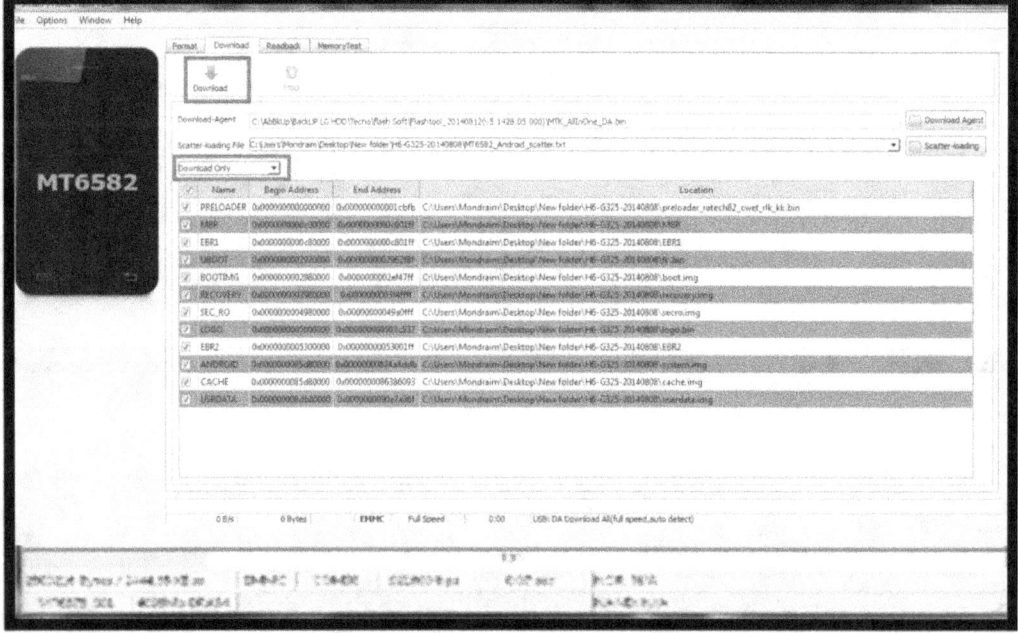

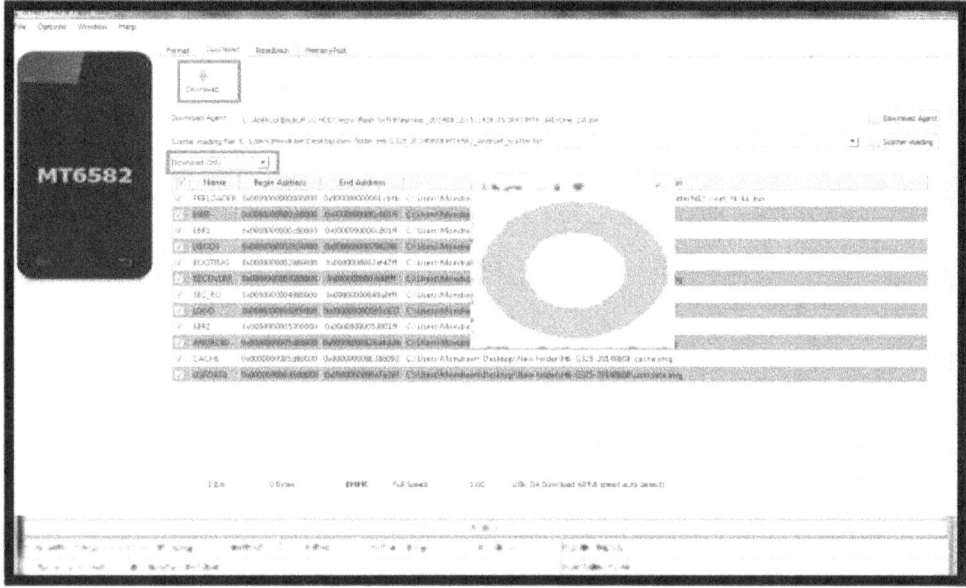

- Après avoir vu le cercle vert, déconnectez ensuite le téléphone du système, insérez la batterie et appuyez sur le bouton d'alimentation. Cela peut prendre un peu de temps pour démarrer. Ne vous inquiétez pas tant qu'il ne s'allume pas.

Le processus ci-dessus concerne le flashage de l'ensemble du firmware personnalisé. Si vous souhaitez flasher uniquement une partie du firmware, désélectionnez simplement tous les autres éléments cochés dans la liste chargée par le scatter. Il arrive parfois que vous deviez formater d'abord avant de flasher le firmware.

Mise En Garde: Assurez-vous toujours de faire confiance aux sources du firmware destiné au téléphone en cours de flashage, car flasher un mauvais préchargeur tuera le téléphone. Il deviendra totalement inutilisable (ne s'allumera pas, ne se chargera pas et ne sera pas détecté par l'ordinateur), et la récupération est presque impossible. Soyez prudent !

Flashing des téléphones Samsung

Dans le tableau des boîtes de flashage présenté dans le Tableau 8.1, un technicien peut sélectionner une ou toutes les boîtes à outils de support prenant en charge le flashage/déverrouillage des téléphones Samsung. Mais dans le but d'aider un technicien débutant, qui peut ne pas avoir de liquidités immédiates à investir dans des boîtes à outils, laissez-moi vous guider à travers un tutoriel simple sur l'utilisation du logiciel Odin, tout comme je l'ai fait avec le tutoriel SP Flash tool.

Chapitre 8: Réparations Logicielles

Le logiciel Odin est un outil de support de Samsung initialement destiné à être utilisé exclusivement dans les bureaux de support de Samsung.

D'accord, faisons un rapide survol.

i. Vous avez un ordinateur portable ou de bureau.
ii. Vous avez un câble USB pour la communication entre téléphone et ordinateur.
iii. Vous avez un téléphone Samsung qui est briqué.
iv. Vous souhaitez flasher ou recharger le système d'exploitation/le micrologiciel.

Les éléments suivants sont nécessaires :

i. Les fichiers micrologiciels Samsung pour ce modèle particulier de Samsung que vous souhaitez flasher. Allez en ligne et téléchargez les fichiers de flashage du micrologiciel. **Trouvez des liens dans la section "Liens vers des ressources" à la fin du livre.**
ii. Le logiciel Odin. Il existe de nombreuses versions du logiciel Odin. Trouvez une version à jour.

Les composants des fichiers micrologiciels Samsung sur l'interface logicielle, selon la version d'Odin utilisée, sont :

a. Fichier AP (fichier Modem) ; type .MD5
b. Fichier BL ; type .MD5
c. Fichier CP ; type .MD5
d. Fichier CSC ; type .MD5
e. Nom de fichier (variable) ; type fichier .pit
f. Le bouton PDA est pour le logiciel principal dans les anciennes versions d'Odin
g. Bouton Téléphone pour les fichiers Modem dans les anciennes versions d'Odin
h. Bootloader pour les nouveaux fichiers bootloader

Les fichiers Pit ne seront nécessaires que si des mises à jour du micrologiciel doivent modifier la disposition des partitions du téléphone, ce qui est rarement nécessaire. Mais si la table des partitions est corrompue, le fichier .pit sera nécessaire. Ne vous embêtez pas avec l'utilisation du fichier pit sauf si nécessaire.

Sélectionnez les fichiers selon les boutons radio visibles sur l'interface logicielle, c'est-à-dire cliquez sur le bouton de chaque nom de fichier respectif et faites correspondre avec la sélection du nom de fichier sur le dossier de l'ordinateur

Avant le Processus de Flashage

   a. Assurez-vous que votre système informatique a Samsung Kies installé, ce qui permet d'installer les pilotes de périphériques Samsung dans le système.
   b. Après l'installation de Samsung Kies, fermez l'application, téléchargez et installez le logiciel Odin.exe.
   c. Avant de flasher, sauvegardez toutes les données importantes sur le périphérique car le processus va tout effacer.
   d. Téléchargez et installez Odin, l'outil officiel de flashage du micrologiciel Samsung, sur votre ordinateur.

Le Processus de Flashage

Pour commencer le processus de flashage ;

   a. Les fichiers du micrologiciel extraits dans un dossier doivent être sélectionnés un par un en cliquant sur les boutons respectifs (AP/PDA) sur l'interface logicielle.
   b. Après avoir sélectionné les fichiers, la prochaine étape consiste à mettre le téléphone en mode de téléchargement en appuyant sur certaines combinaisons de touches. Éteignez le téléphone, puis appuyez simultanément sur les boutons Volume Bas + Accueil + Marche/Arrêt. Un signe d'avertissement apparaîtra avec les options suivantes ; "Appuyez sur Volume Haut pour continuer OU Volume Bas pour annuler". Appuyez sur volume haut et cela mettra le téléphone en mode téléchargement.
   c. Lancez le logiciel Odin pour commencer.
   d. Sur l'interface logicielle, assurez-vous que ces deux options sont cochées ; "Auto Reboot" et "F.Reset Time".
   e. Branchez le téléphone mobile sur l'ordinateur. Attendez que les pilotes s'installent et attendez que la section "ID: COM" sur l'interface logicielle change de couleur en bleu.

f. Appuyez sur démarrer pour commencer le processus de flashage. Dès que le processus commence, ne débranchez pas le câble USB ou n'éteignez pas l'ordinateur ou tout autre forme de perturbation.
g. Le processus de flashage peut prendre plusieurs minutes. Ne déconnectez pas le périphérique tant que le processus n'est pas terminé et que vous voyez un message "PASS!" dans Odin.
h. Après la fin du processus de flashage, le téléphone redémarrera. Si le logiciel rencontre un problème pendant cette opération, vous pouvez débrancher et rebrancher le câble USB et Odin devrait continuer le processus.

Procédure de Flash pour iPhones

L'iPhone fonctionne sur son système d'exploitation propriétaire iOS. Pour flasher un iPhone afin de corriger des bugs logiciels, effectuer des mises à niveau ou installer des mises à jour, les procédures suivantes devraient suffire. La plupart des problèmes logiciels peuvent être résolus en flashant avec le firmware iOS.

1. Téléchargez et installez iTunes, qui est le logiciel de gestion et de lecture vidéo d'Apple. Ce logiciel est utilisé pour gérer les appareils iOS, tels que la sauvegarde des données et la restauration du système d'exploitation des appareils.
2. Téléchargez le firmware correspondant à l'iPhone. Assurez-vous de faire correspondre chaque modèle d'iPhone avec son firmware et sa version. iTunes vérifie également la version du firmware lors du processus de mise à jour.
3. Connectez l'iPhone à un PC / Mac avec un câble, généralement le même câble USB utilisé pour charger l'appareil.
4. Automatiquement, le téléphone vérifie les pilotes système compatibles. Une fois la mise à jour du pilote terminée, l'iPhone vibrera avec un son ou un bip. Après une connexion réussie, iTunes demandera d'autoriser l'accès aux informations de l'iPhone. Sélectionnez "confiance" sur l'iPhone pour permettre la communication entre celui-ci et le système.

Ensuite, dans le logiciel iTunes, accédez à l'interface de l'iPhone ;

Chapitre 8: Réparations Logicielles

Si vous utilisez un PC Windows : Appuyez simultanément sur le bouton "Shift" et cliquez sur "Vérifier les mises à jour / Restaurer l'iPhone".

Si vous utilisez un PC Mac : Maintenez enfoncé le bouton "Option" et cliquez sur "Vérifier les mises à jour / Restaurer l'iPhone".

Aussi ;

Pour sauvegarder les données internes de l'utilisateur de l'iPhone, sélectionnez "Mettre à jour".

Pour effacer toutes les données de l'iPhone, sélectionnez "Restaurer l'iPhone".

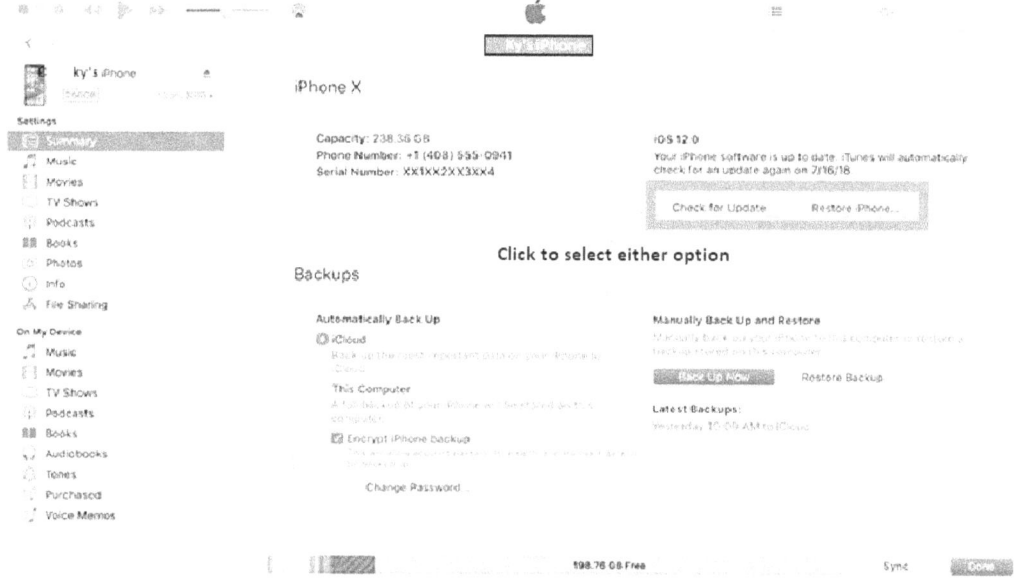

5. Une notification s'affiche indiquant "sélectionnez le firmware". Sélectionnez le fichier firmware téléchargé et cliquez sur "OK". Ensuite, sélectionnez soit "Vérifier les mises à jour" soit "Restaurer l'iPhone". Attendez quelques minutes jusqu'à ce que le processus soit terminé.
6. Ensuite, redémarrez l'iPhone et utilisez-le.

Méthode II : Utilisation du mode de récupération ou du mode DFU

Cette méthode est utilisée pour résoudre :

a. Problèmes de mot de passe oublié

b. Lorsque l'iPhone est désactivé

c. iPhone hors tension (échec de l'allumage)

DFU est l'abréviation de Development Firmware Upgrade. Il est indicatif du mode de mise à niveau forcée ou de rétrogradation du firmware de l'iPhone. La différence entre le mode de récupération de l'iPhone et le mode DFU dépend uniquement de l'activation ou non d'iBoot. En mode de récupération, iBoot est utilisé pour restaurer et mettre à niveau le firmware tandis qu'en mode DFU, le système n'active pas iBoot. Parfois, le firmware peut être rétrogradé avec succès en mode DFU.

Pour mettre les modèles d'iPhone 6s et antérieurs en mode de récupération ;

a. Éteignez l'iPhone, appuyez et maintenez le bouton principal pendant 3 secondes pour le connecter au PC / Mac.

b. Ensuite, appuyez et maintenez enfoncé le bouton principal jusqu'à ce que le mode de récupération apparaisse. (L'icône iTunes s'affichera à l'écran)

Pour mettre les modèles d'iPhone 6s et antérieurs en mode DFU ;

a. Tout d'abord, connectez l'iPhone à un PC ou à un Mac.

b. Appuyez simultanément sur le bouton d'alimentation et sur le bouton principal.

c. Relâchez le bouton d'alimentation lorsque l'écran de l'iPhone est éteint après trois secondes.

d. iTunes indiquera "détecter un iPhone en mode de récupération".

Pour mettre l'iPhone 7 en mode de récupération ;

a. Éteignez l'iPhone, appuyez sur le bouton de volume vers le bas pendant 3 secondes et connectez-le au PC / Mac.

b. Ensuite, appuyez sur le bouton de volume vers le bas et le mode de récupération apparaîtra. (L'icône iTunes est affichée à l'écran)

Pour mettre les modèles d'iPhone 7 en mode "DFU"

a. Connectez l'iPhone à un PC / Mac.
b. Appuyez simultanément sur le bouton d'alimentation et sur le bouton de volume vers le bas.
c. Lorsque l'écran de l'iPhone est éteint pendant trois secondes, relâchez le bouton d'alimentation (mais ne relâchez pas le bouton de volume vers le bas).
d. Lorsque iTunes indique "détecter un iPhone en mode de récupération", relâchez le bouton de volume vers le bas.

Pour mettre les modèles d'iPhone 8 ou d'iPhone X en mode "récupération"

a. Appuyez sur le bouton de volume vers le haut, puis appuyez sur le bouton de volume vers le bas, puis appuyez sur le bouton d'alimentation.
b. Après que l'écran devienne noir, appuyez sur le bouton de volume vers le bas et le mode de récupération apparaîtra (l'icône iTunes est affichée à l'écran).

Pour mettre les modèles d'iPhone 8 ou d'iPhone X en mode "DFU"

a. Appuyez sur le bouton de volume vers le haut, puis appuyez sur le bouton de volume vers le bas, puis appuyez sur le bouton d'alimentation.
b. Relâchez le bouton d'alimentation après que l'écran devienne noir.
c. Maintenez enfoncés le bouton d'alimentation et le bouton de volume vers le bas simultanément pendant 5 secondes.
d. Relâchez ensuite le bouton d'alimentation et maintenez enfoncé le bouton de volume vers le bas pendant 5 secondes.
e. Entrez en mode DFU.
f. iTunes affiche la fenêtre de récupération, cliquez sur "OK".

Pour les utilisateurs PC : Maintenez le bouton "shift" enfoncé et cliquez sur "Restaurer l'iPhone".

Pour les utilisateurs Mac : Maintenez enfoncé le bouton "option" et cliquez sur "Restaurer l'iPhone" en même temps.

Lorsque la notification "sélectionnez le firmware" apparaît, sélectionnez le firmware téléchargé. Cliquez sur "OK" et commencez la mise à jour. Attendez quelques minutes jusqu'à ce que l'iPhone ait terminé le processus de restauration.

iPhone 9 (iPhone XR) et iPhone SE (2e génération)

Méthode I : Utilisation d'iTunes

1. **Préparation :**
   - Téléchargez et installez la dernière version d'iTunes sur votre ordinateur.
   - Obtenez le firmware approprié pour votre modèle d'iPhone à partir d'une source fiable.
2. **Connectez l'iPhone à l'ordinateur :**
   - Utilisez un câble USB pour connecter votre iPhone à votre ordinateur.
   - Si vous y êtes invité, saisissez le code d'accès de l'appareil et choisissez de faire confiance à l'ordinateur sur votre iPhone.
3. **Ouvrez iTunes :**
   - Lancez iTunes sur votre ordinateur.
4. **Sélectionnez le firmware :**
   - Dans iTunes, accédez à la page de synthèse de l'appareil pour votre iPhone.
   - Maintenez la touche "Option" sur un Mac ou la touche "Shift" sur un PC Windows.
   - Tout en maintenant la touche enfoncée, cliquez sur "Rechercher une mise à jour" ou "Restaurer l'iPhone", selon vos besoins.
   - Choisissez le fichier du firmware que vous avez téléchargé précédemment et cliquez sur "Ouvrir".
5. **Démarrez le processus de flash :**
   - Confirmez votre sélection et procédez à la mise à jour ou à la restauration de l'iPhone.
   - Suivez les instructions à l'écran dans iTunes pour terminer le processus.

- Attendez que le processus de mise à jour ou de restauration soit terminé. Ne déconnectez pas l'iPhone pendant ce temps.
6. **Redémarrez l'iPhone :**
    - Une fois le processus terminé, votre iPhone redémarrera.
    - Configurez votre iPhone comme neuf ou restaurez à partir d'une sauvegarde, selon votre préférence.

Méthode II : Utilisation du mode de récupération ou du mode DFU

1. **Entrée en mode de récupération :**
    - Connectez votre iPhone à votre ordinateur à l'aide d'un câble USB.
    - Appuyez rapidement sur le bouton Volume haut, puis relâchez.
    - Appuyez rapidement sur le bouton Volume bas, puis relâchez.
    - Maintenez enfoncé le bouton latéral (ou supérieur) jusqu'à ce que l'écran du mode de récupération apparaisse.
2. **Entrée en mode DFU :**
    - Connectez votre iPhone à votre ordinateur à l'aide d'un câble USB.
    - Appuyez rapidement sur le bouton Volume haut, puis relâchez.
    - Appuyez rapidement sur le bouton Volume bas, puis relâchez.
    - Maintenez enfoncé le bouton latéral jusqu'à ce que l'écran s'éteigne.
    - Sans relâcher le bouton latéral, maintenez également enfoncé le bouton Volume bas pendant 5 secondes.
    - Relâchez le bouton latéral tout en continuant de maintenir le bouton Volume bas enfoncé pendant environ 10 secondes.
    - Si l'écran reste noir, votre iPhone est entré en mode DFU.

iPhone X, iPhone XS, iPhone XS Max, et iPhone XR en avant

Les procédures de flashage pour ces modèles sont les mêmes que celles décrites pour l'iPhone 9 et les modèles plus récents. La méthode utilisant iTunes et les étapes pour entrer en mode de récupération ou en mode DFU restent cohérentes pour ces versions d'iPhone.

REMARQUE : Il est recommandé de sauvegarder les données de l'iPhone avant la mise à jour. De plus, pendant le processus de mise à jour, ne débranchez pas l'iPhone pour éviter des dommages irréparables.

De plus, les détails de la procédure de flashage pour les appareils de flashage ont été couverts dans la première édition, "*Réparations de téléphones mobiles et de tablettes : Un guide complet pour les débutants et les professionnels*".

Procédure de Flash pour Xiaomi

1. Comme pour Samsung et iPhone, sauvegardez toutes les données importantes sur l'appareil Xiaomi car le flash effacera tout.
2. Obtenez le firmware approprié pour le modèle et la version de votre appareil Xiaomi à partir de sources réputées ou du site officiel de Xiaomi.
3. Téléchargez et installez l'outil Mi Flash sur votre ordinateur.
4. Éteignez l'appareil Xiaomi, puis maintenez enfoncés simultanément les boutons Volume Bas et Alimentation jusqu'à ce que vous voyiez l'écran Mode Fastboot.
5. Connectez votre appareil Xiaomi à votre ordinateur à l'aide d'un câble USB.
6. Lancez l'outil Mi Flash sur votre ordinateur.
7. Dans l'outil Mi Flash, cliquez sur le bouton "Sélectionner" et localisez le fichier firmware que vous avez téléchargé précédemment.
8. Une fois le fichier firmware chargé dans l'outil Mi Flash, cliquez sur le bouton "Flash" pour démarrer le processus de flash.
9. Le processus de flash peut prendre plusieurs minutes. Ne déconnectez pas l'appareil tant que le processus n'est pas complet.
10. Après que le processus de flash soit terminé, l'appareil redémarrera automatiquement. Vous pouvez maintenant configurer l'appareil Xiaomi et restaurer vos données à partir de la sauvegarde.

Procédure de Flash pour Google Pixel

1. Comme pour d'autres appareils, il est crucial de sauvegarder toutes les données importantes sur votre appareil Google Pixel car le flash effacera tout.
2. Obtenez les images d'usine pour votre modèle spécifique de Google Pixel à partir du site Web officiel des développeurs Google (*https://developers.google.com/android/images*). Ces images contiennent le firmware d'origine pour votre appareil.
3. Sur votre appareil Google Pixel, activez le débogage USB en allant dans Paramètres > Système > Options pour les développeurs. Si les

Options pour les développeurs ne sont pas visibles, allez dans Paramètres > À propos du téléphone et appuyez sept fois sur "Numéro de build" pour activer les Options pour les développeurs.
4. Si le chargeur de démarrage de votre appareil est verrouillé, vous devrez le déverrouiller avant de flasher le firmware personnalisé. Google fournit des outils et des instructions pour déverrouiller le chargeur de démarrage sur leur site Web. Suivez attentivement les instructions fournies pour déverrouiller le chargeur de démarrage.
5. Téléchargez et installez les pilotes nécessaires pour votre appareil Google Pixel sur votre ordinateur. Ces pilotes assurent une communication adéquate entre votre appareil et l'outil de flashage.
6. Téléchargez et installez les outils ADB et Fastboot sur votre ordinateur. Ces outils sont utilisés pour communiquer avec votre appareil Google Pixel et exécuter des commandes lorsqu'il est en mode fastboot.
7. Connectez votre appareil Google Pixel à votre ordinateur à l'aide d'un câble USB.
8. Mettez votre appareil Google Pixel en mode fastboot en l'éteignant, puis en maintenant enfoncés simultanément les boutons volume bas et alimentation jusqu'à ce que vous voyiez l'écran fastboot.
9. Ouvrez une invite de commande ou une fenêtre de terminal sur votre ordinateur et naviguez vers le répertoire où sont installés les outils ADB et Fastboot.
10. Utilisez l'outil ADB pour redémarrer votre appareil en mode chargeur de démarrage en exécutant la commande suivante:

adb reboot bootloader

11. Une fois que votre appareil est en mode fastboot, utilisez l'outil Fastboot pour flasher les images d'usine sur votre appareil. Extrayez les fichiers d'image d'usine que vous avez téléchargés précédemment et naviguez vers le dossier extrait dans l'invite de commande ou la fenêtre de terminal.
12. Flasher chaque partition de l'image d'usine sur votre appareil à l'aide de l'outil Fastboot. Par exemple, pour flasher le chargeur de démarrage, exécutez la commande suivante:

fastboot flash bootloader [fichier chargeur de démarrage].img

Remplacez "[*fichier chargeur de démarrage*]" par le nom de fichier réel du fichier image du chargeur de démarrage.
13. Répétez le processus de flashage pour chaque partition de l'image d'usine, y compris le chargeur de démarrage, la radio, le démarrage, le

système, le vendeur, et toute autre partition incluse dans l'image d'usine.
14. Une fois que toutes les partitions ont été flashées, redémarrez votre appareil Google Pixel en exécutant la commande suivante:Once all partitions have been flashed, reboot your Google Pixel device by executing the following command:

    fastboot reboot

15. Votre appareil redémarrera et peut prendre un certain temps pour s'initialiser. Une fois qu'il est opérationnel, vous pouvez configurer votre appareil et restaurer toutes les données sauvegardées au besoin.

Procédure de Flash pour OnePlus

1. Avant de commencer le processus de flashage, sauvegardez toutes les données importantes sur votre appareil OnePlus, car le flashage effacera tout.
2. Obtenez le firmware approprié pour le modèle et la version de votre appareil OnePlus à partir de sources réputées ou du site Web officiel de OnePlus.
3. Sur votre appareil OnePlus, activez le débogage USB en allant dans Paramètres > Système > Options pour les développeurs. Si les Options pour les développeurs ne sont pas visibles, allez dans Paramètres > À propos du téléphone et appuyez sept fois sur "Numéro de build" pour activer les Options pour les développeurs.
4. Si le chargeur de démarrage de votre appareil est verrouillé, vous devrez le déverrouiller avant de flasher le firmware personnalisé. OnePlus fournit des outils et des instructions pour déverrouiller le chargeur de démarrage sur leur site Web. Suivez attentivement les instructions fournies pour déverrouiller le chargeur de démarrage.
5. Téléchargez et installez les pilotes nécessaires pour votre appareil OnePlus sur votre ordinateur. Ces pilotes assurent une communication adéquate entre votre appareil et l'outil de flashage.
6. Téléchargez et installez l'outil de flashage OnePlus sur votre ordinateur. Cet outil est généralement fourni par OnePlus et est utilisé pour flasher le firmware sur les appareils OnePlus.
7. Connectez votre appareil OnePlus à votre ordinateur à l'aide d'un câble USB.
8. Mettez votre appareil OnePlus en mode fastboot en l'éteignant, puis en maintenant enfoncés simultanément les boutons volume haut et alimentation jusqu'à ce que vous voyiez l'écran fastboot.

9. Ouvrez l'outil de flashage OnePlus sur votre ordinateur et suivez les instructions à l'écran pour sélectionner le fichier firmware que vous avez téléchargé précédemment.
10. Une fois le fichier firmware sélectionné, lancez le processus de flashage à partir de l'outil de flashage OnePlus. L'outil commencera à flasher le firmware sur votre appareil OnePlus.
11. Attendez que le processus de flashage soit terminé. Ne déconnectez pas votre appareil et ne l'interrompez pas avant qu'il ne soit terminé.
12. Une fois le processus de flashage terminé, votre appareil OnePlus redémarrera automatiquement. Vous pouvez alors configurer votre appareil et restaurer toutes les données sauvegardées au besoin.

Web Links to Useful Resources for Software Repairs

1. http://www.needrom.com for smartphone Custom ROMs
2. http://www.imeidata.net for confirming originality of a phone through its IMEI and then get the appropriate ROM for the phone.
3. http://www.phoneinfo.com to check a phone's status using IMEI
4. http://firmwarefile.com/walton-primo-f4b.d for ALL phone firmware files.
5. http://lg-firmware-rom.com for LG smartphones. Just type the phone's IMEI and its file appears.
6. https://www.androidmtk.com/download-lg-usb-drivers for LG Android drivers.
7. http://www.icloud.com/activationlock to check the icloud status of an iPhone.
8. http://forum.xda-developers.com/showthread.php?t=961956 for latest Samsung Android ADB drivers.
9. http://www.driverscape.com/download/cdc-serial for cdc-serial driver.
10. http://www.romkingz.com for custom ROMs of Android phones
11. http://www.hovatek.com for MTK ROM files support.
12. http://droidblaze.com.ng/2015/07/list-og-tecno-stock-roms-download-links.html to access links to Tecno files
13. http://forum.gsmhosting.com
14. http://www.google.com

Chapitre 9

Paramètres de L'interface Utilisateur et Codes Secrets

Incorporée dans le système de menu des téléphones, l'option « paramètres » permet à chaque appareil de donner aux utilisateurs la possibilité de définir certaines préférences utilisateur sur l'appareil. Parmi ces options figure la capacité de vider les caches de mémoire interne, de réinitialiser l'appareil aux paramètres d'usine, etc. Les versions récentes du système d'exploitation Android incluent désormais une application appelée « Soins de l'appareil » qui aide à automatiser ces actions en une seule fois.

Cependant, il existe également des routines de code cachées qui réinitialisent l'EEPROM ou le contenu de la NVRAM ou de la mémoire flash. Cette dernière est possible notamment dans certains appareils où le fabricant a chargé deux copies du micrologiciel. L'une est active tandis que l'autre est stockée en ROM ou en mémoire flash où les processus de fonctionnement normaux ne peuvent pas corrompre les fichiers. Ensuite, ils incluent une routine de code cachée activée par une combinaison de touches du clavier, réservée uniquement au personnel de support formé.

Lorsqu'elle est activée, la version active corrompue du micrologiciel peut être effacée en copiant une copie stockée du micrologiciel sur la version active en remplacement. Dans d'autres marques ou modèles, un micrologiciel de chargeur minimal est conçu pour être activé par un « interrupteur ou cavalier de réinitialisation » interne qui, lorsqu'il est pressé, peut recharger le micrologiciel principal. Dans certains téléphones plus anciens, vous avez peut-être remarqué que certains téléphones ou autres appareils ont un petit trou d'épingle quelque part sur le corps qui sert de bouton de réinitialisation lorsqu'il est pressé avec la pointe d'une aiguille.

Il est important qu'un technicien comprenne le fonctionnement de ces systèmes, même de manière très simpliste, bien que de grands efforts soient déployés pour aider le lecteur à atteindre une grande compétence dans ce livre pratique. Lorsque le niveau de connaissance est approfondi, un grand technicien est en train de se former et c'est le principal objectif de ce livre. S'il motive le lecteur à approfondir ses connaissances sur ces sujets, surtout compte tenu de la dynamique de la technologie au fil du temps, ou même à poursuivre des études formelles supplémentaires en électronique, quel bonheur !

La réinitialisation matérielle est une méthode manuelle de formatage d'un appareil à l'aide de combinaisons de touches du clavier qui supprime les données utilisateur de l'appareil dans la mémoire interne. C'est la même chose que la réinitialisation d'usine ou la réinitialisation principale. La réinitialisation matérielle n'affecte pas les données stockées sur la carte mémoire. La réinitialisation matérielle supprime toutes les données téléchargées enregistrées dans le téléphone, y compris les contacts téléphoniques, les fichiers musicaux, les images, les vidéos, les applications/paramètres d'application, les messages SMS, etc. La réinitialisation matérielle ramène le téléphone à ses paramètres d'origine et est également appelée réinitialisation d'usine.

La réinitialisation logicielle, quant à elle, consiste simplement à redémarrer l'appareil mobile, ce qui force le nettoyage de la DRAM ou de la mémoire principale (rappelez-vous qu'il s'agit d'une mémoire volatile qui perd son contenu lorsqu'elle perd de l'alimentation électrique). Cela est nécessaire lorsque l'appareil se bloque ou se fige et devient non réactif.

Pour ce faire, appuyez simplement sur le bouton d'alimentation en continu jusqu'à ce que le téléphone s'éteigne. Ensuite, redémarrez l'appareil. Cela devrait être fait avant qu'une réinitialisation matérielle ne soit nécessaire. Certains téléphones disposent d'une fonctionnalité optionnelle qui permet uniquement de réinitialiser les paramètres du téléphone sans supprimer les données utilisateur. Cette option est également une routine de réinitialisation logicielle et résout certains problèmes liés aux paramètres.

Avertissement : Ne jamais effectuer une réinitialisation matérielle sur un téléphone sans une charge de batterie adéquate et s'assurer que le client n'a aucune préoccupation concernant la perte de données (qui n'en a pas ?). Si possible, effectuer une sauvegarde au préalable.

#*CODES SECRETS*#

Ne vous laissez jamais emporter par les codes secrets !
Dans les smartphones, les codes secrets servent de raccourcis pour accéder à des fonctionnalités cachées ou exécuter des commandes spécifiques. Ces codes sont généralement saisis dans l'application de numérotation du téléphone et peuvent révéler des informations sur l'appareil, effectuer des tests de diagnostic ou activer des paramètres avancés.

Il est important de noter que bien qu'ils soient des outils pratiques, parfois, une mauvaise application d'un code non vérifié pourrait entraîner des conséquences fatales. Ne paniquez pas. Soyez simplement prudent.

*#06#: Pour afficher l'IMEI (Identifiant international d'équipement mobile) de TOUS les téléphones portables.

Téléphones Samsung

i. *2767*3855# - Code de réinitialisation de l'EEPROM qui efface les verrous utilisateur, les données utilisateur et les erreurs mineures de mémoire qui affectent le fonctionnement normal du téléphone.

ii. *2767*3855# - Master EEPROM reset code that clears non-OS damaged faults.
   Remarque : Assurez-vous que cela est absolument nécessaire avant d'émettre cette commande de réinitialisation des données d'usine.

D'autres façons de réinitialiser les téléphones Samsung passent par le menu des paramètres. S'il est possible d'accéder au menu système, alors ;

- Sélectionnez l'option paramètres > 'Sauvegarde et réinitialisation' > 'Réinitialisation des données d'usine' > 'Réinitialiser le téléphone' et sélectionnez "Oui" pour confirmer L'EFFACEMENT.

OU

- Éteignez l'appareil mobile.
- Appuyez et maintenez enfoncées simultanément les touches latérales Volume Haut et Volume Bas ou dans certains cas - Volume Haut (ou Volume Bas) + Bouton d'accueil).
- Appuyez et maintenez enfoncé le bouton d'alimentation (maintenant, les 3 touches simultanément) jusqu'à ce que le téléphone vibre. Attendez que le logo Android apparaisse à l'écran. Lorsqu'il apparaît, relâchez tous les boutons.
  - Un écran de menu d'options apparaît - Naviguez jusqu'à l'option "Effacer les données / Réinitialisation d'usine" en utilisant le bouton de volume bas. Pour sélectionner cette option, utilisez le bouton d'alimentation.

> Ensuite, faites défiler vers le bas jusqu'à "Supprimer toutes les données utilisateur" en utilisant la touche de volume bas et sélectionnez-la avec le bouton d'alimentation.
> L'appareil sera formaté. Enfin, faites défiler jusqu'à l'option "Redémarrer maintenant le système" en utilisant le bouton d'alimentation. Le processus commencera et se terminera en moins d'une minute et le téléphone redémarrera automatiquement.

Cela fonctionne pour les smartphones Samsung fonctionnant sous Android ainsi que pour la plupart des smartphones et tablettes Android d'autres marques et modèles. Ces combinaisons de touches sont importantes lorsque l'accès au menu système est bloqué par le défaut en cours. Il est bon d'essayer ces méthodes pour tout problème lié au logiciel ou à un verrouillage avant d'utiliser une solution de réparation logicielle ou un flasher. Notez que certains téléphones Samsung diffèrent dans les combinaisons de touches initiales.

Essayez l'une des options suivantes :

> Touche d'alimentation + Volume haut + Volume bas ou
> Touche d'alimentation + Volume haut + Bouton d'accueil ou
> Touche d'alimentation + Volume bas + Bouton d'accueil

iii. *#0*# - Vérifiez la netteté de l'écran avec ce code sur tous les téléphones Samsung, y compris les modèles les plus récents.
iv. 0000, 000000 ou 00000000 - Codes de sécurité par défaut lorsqu'ils sont demandés dans les paramètres de sécurité.

Modèles de Téléphones Chinois

Téléphones basiques/fonctionnels chinois

- Pour changer la langue du téléphone en anglais, essayez *#0044# ou *#001# et envoyez.
- Pour définir la langue par défaut : tapez *#0000# et envoyez.
- Pour accéder au mode ingénieur, sans carte SIM insérée, tapez *#3646633# et envoyez.
- Pour réinitialiser les paramètres par défaut (réinitialisation du téléphone/code utilisateur aux paramètres par défaut) : *#99987328#* (maintenez #).

- Pour réinitialiser les paramètres par défaut (réinitialisation du téléphone/code utilisateur aux paramètres par défaut) : *01763737381#*.
- Pour réinitialiser les paramètres d'usine : ***000*.
- Pour déverrouiller le code du téléphone, appuyez uniquement sur ***847# sans carte SIM.

Smartphones chinois sous Android

Appliquez l'une des combinaisons de touches suivantes comme indiqué ci-dessous pour ouvrir les options de menu :

> Touche d'alimentation + Volume haut + Bouton d'accueil OU
> Touche d'alimentation + Volume bas + Bouton d'accueil
> Touche d'alimentation + Volume HAUT + Volume BAS
> Touche d'alimentation + Volume HAUT Ou Volume BAS

Une fois que le logo Android apparaît, relâchez la touche d'alimentation jusqu'à ce que l'écran du menu apparaisse. Faites défiler jusqu'à "Effacer/Paramètres d'usine" et sélectionnez à l'aide de la touche d'alimentation. Toutes les procédures décrites pour Samsung s'appliquent également.

Chapitre 10

Secrets Commerciaux et Guide Opérationnel des Centres de Services

Dans la vie réelle, chaque secteur d'activité ou industrie a établi des ensembles de règles, de codes de conduite et de directives de pratiques commerciales standard pour réussir. Ces règles informelles, et parfois formelles, peuvent être qualifiées de "secrets", alors qu'elles ne sont qu'une partie du même ethos universel qui régit la vie pratique sur terre.

Travailler, c'est vivre !

Ne me comprenez pas mal. Il existe des pratiques cachées dans certains domaines d'activité pour lesquelles un non-initié qui se lance dans cette ligne de métier sans les apprendre échouera. L'expérience est souvent considérée comme le meilleur enseignant. Par conséquent, pour conclure nos leçons dans ce livre, et en nous basant sur les expériences pratiques accumulées au fil des ans en offrant un support technique à divers individus, il est important d'utiliser ces expériences pour formuler un ensemble de directives qui aideront un technicien débutant à éviter les erreurs et les pièges des autres avant eux, conduisant ainsi au succès.

Par conséquent, considérez cette section comme une sorte de conseil d'entreprise et non comme une règle de fer qui doit s'appliquer.

Le Technicien Intentionnel

Comme toute autre vocation à laquelle l'homme s'engage, il doit y avoir une vision soutenue par un but. L'argent ne doit pas être la seule motivation dominante.

Dr. Myles Munroe l'a dit de manière très succincte, que "si le but d'une chose n'est pas connu, l'abus est inévitable". Le technicien qui veut réussir doit avoir une vision. Il serait utile à une telle personne de poser et de répondre à certaines questions pertinentes comme les suivantes ;

Pourquoi ai-je envie de faire ce travail ?

Il doit y avoir un désir ardent et un intérêt derrière l'offre de services techniques. On doit se voir comme une personne vers laquelle les autres se tournent lorsqu'ils sont confrontés à des défis. Sur le marché de l'emploi, c'est ce qu'on appelle un fournisseur de solutions ou quelqu'un possédant des "compétences en résolution de problèmes". On doit être consumé par le désir d'être la solution que recherchent les autres, pour les problèmes techniques. Une telle personne ne doit pas être irritée par tout type de personnes, mais comme un médecin, être prête à traiter patiemment avec tout le monde. Pour être efficace, on doit avoir un sens de la rémunération adéquate (pas de cupidité) pour offrir le meilleur service nécessaire.

Pourquoi ce domaine d'activité particulier ?

Il doit y avoir une sorte de désir d'appartenir à un certain groupe professionnel. Chaque profession dans le monde a une imitation. Chaque bon produit a également son équivalent faux ou de qualité inférieure. Le choix de la profession dépend de la vision du monde de chaque personne. Peu importe ce que quelqu'un fait pour gagner de l'argent et être considéré comme réussi ; ce qui compte, c'est la recherche responsable de l'excellence. Soyez un maître dans les faits et non sur le papier. Observez que chaque vocation sur terre, qu'elle soit considérée comme basse ou élevée, a produit des hommes et des femmes réussis.

La réussite est un choix personnel. *Par conséquent, être un personnel de support technique qui attire des hommes et des femmes de tous les cadres, classes et statuts financiers, surtout quelqu'un à qui on confie le stockage des informations, privées des gens comme un smartphone ou une tablette, place une personne dans le couloir du pouvoir !*

Ce qui est fait avec un tel pouvoir dépend du technicien. Soyez responsable !

Où est-ce que je veux être, disons, dans les cinq prochaines années ?

Il doit également y avoir un plan vers une fin. Chaque entreprise est un véhicule d'investissement. Pour voyager de la ville A à la ville B, éloignée de plusieurs océans par exemple, un homme arriverait à la ville B seulement après avoir utilisé plusieurs moyens de transport. C'est similaire aux entreprises et au voyage de la vie.
Par conséquent, pour réussir, votre vision finale doit être la force motrice de votre performance dans l'occupation actuelle qui est les réparations de smartphones et de tablettes.

Le Caractère Pour Réussir en Entrepreneuriat

La vérité est qu'un expert dans n'importe quel domaine de travail peut échouer misérablement dans la vie et les affaires s'il manque de bonnes valeurs morales. Un bon technicien doit posséder les caractéristiques suivantes pour réussir. Elles incluent, mais ne sont pas limitées à, ce qui suit :

- Discipline
- Intégrité
- Persistance
- Capacité
- Honnêteté
- Patience
- Courtoisie
- Ingéniosité

Discipline: Vous avez besoin de discipline pour exceller. C'est la discipline qui vous pousse à l'atelier tôt le matin et vous maintient à votre poste jusqu'à la fermeture sans être distrait par aucune autre préoccupation que de répondre aux besoins de vos clients. Opérez comme une organisation d'entreprise établie. Même si vous êtes le seul employé, adoptez la culture d'entreprise pour réussir. Cette discipline commence dès le premier jour - que la clientèle ait commencé ou non.

Intégrité: L'intégrité est plus précieuse que l'or. C'est votre intégrité qui est en jeu dans la façon dont vous manipulez les appareils des clients qui vous fera connaître des autres. C'est votre intégrité qui incitera certains clients à vous offrir de plus grands avantages commerciaux en dehors de la compensation pour vos services de support technique primaires. Ne pensez pas que personne ne remarque - en effet, son parfum est partout autour de vous.

Par exemple, n'échangez jamais un composant du dispositif de M. A avec celui de M. B en justifiant qu'à un moment ultérieur, vous achèterez un remplacement. Ce n'est pas la même chose. Respectez les composants du dispositif de votre client car la qualité et la durée de vie d'une pièce diffèrent de celle d'une autre. Respectez également la confidentialité de leurs données. C'est absolument très important. Lorsque vous le faites, bien que secrètement, il y a cette force d'aide invisible qui voit tout et qui retirera son aide à votre entreprise.

Ne sacrifiez jamais votre intégrité sur l'autel de l'opportunisme !

Persistance: Un technicien ne doit pas être quelqu'un qui abandonne facilement. En fait, le succès ne connaît aucun homme qui abandonne facilement dans la vie. Pour trouver des solutions aux appareils mobiles, vous devez persister et y arriver, sinon vous perdrez une grande part de marché à vos concurrents.

Capacité: Sans capacité mentale et technique, le technicien fonctionnera presque comme un robot. Cela signifie que seule la connaissance acquise au moment de la formation est la monnaie de capacité de ce technicien. C'est faux. Restez au courant des connaissances en ligne et hors ligne. Apprenez chaque jour et soyez créatif.

Honnêteté: Le technicien doit être honnête, quelle que soit la circonstance. Gagnez ce qui vous est dû, mais soyez honnête. Il n'y a pas de politique de tarification universelle. Pour ce faire, vous devez être assez malin pour différencier les informations à partager, celles à ne pas partager et comment les partager avec vos clients.

Patience: Sans patience, on est enclin à abandonner facilement. Soyez patient en appliquant la diligence. L'impatience conduit à la perte des autres vertus, y compris celles énumérées ci-dessus.

Courtoisie: On dit souvent que le client est roi. Avant tout, traitez-les avec le plus grand respect. Cependant, ne vous laissez pas intimider au point de perdre votre estime de soi personnelle. Si votre comportement est guidé par ce que vous avez lu jusqu'à présent, vous serez toujours dans le juste. Mais soyez tout de même courtois et créez un environnement de travail respectueux qui ouvrira la voie à une confiance mutuelle - et la confiance amène une clientèle de qualité.

Ingéniosité: Un fournisseur de solutions techniques doit avoir une capacité incroyable à faire face à des situations inhabituelles ou difficiles. Chaque jour dans un atelier est différent, présentant au technicien des défis différents en matière de pannes de dispositifs. Si vous détestez les emplois monotones, c'est un excellent endroit pour tester votre amour pour la variété et l'excellence.

Guides de Routine de Travail Utiles et Service Clientèle

Voici quelques conseils à considérer comme principes de fonctionnement spécifiquement pour les techniciens de support technique de téléphones mobiles.

Il est important d'apprendre les étapes appropriées à prendre lorsque vous êtes confronté aux éléments suivants :

- La tâche du dépannage et de la réparation d'un téléphone mobile
- Facturer un client
- Gestion du temps
- Traiter avec des clients difficiles
- Les routines opérationnelles générales du centre de service

La tâche du dépannage et de la réparation d'un téléphone mobile

Chaque fois qu'un appareil défectueux est amené au "Centre de Service de Téléphonie Mobile" (à désigner dans cet enseignement comme CSTM), en tant que fournisseur de solutions, croyez que chaque problème peut être résolu et recevez l'appareil.

Ne vous laissez pas intimider par l'un des éléments suivants :

- ✓ La personnalité du client.
- ✓ La sophistication de l'appareil mobile.
- ✓ La complexité du problème signalé.

Si vous n'étiez pas compétent, aucun de ces facteurs énumérés n'aurait permis que le défi vous soit adressé. *Soyez confiant*. Pourquoi ?

i. Cela inspirera votre client à retenir vos services.
ii. Vous pourrez négocier une meilleure compensation financière pour presque les mêmes routines de réparation car tous les appareils sont avant tout des appareils ÉLECTRONIQUES !

Les manifestations de défaut sont généralement de nature différente, donc ne vous attendez jamais à avoir tout vu. Ne inspectez jamais ni n'essayez de réparer un appareil en présence de clients. Tu sais pourquoi ?

i. C'est peu professionnel, surtout lorsque l'appareil est très sophistiqué ou complexe pour vous - c'est relatif. Un autre technicien qui aurait manipulé un téléphone similaire et rencontré un problème similaire le verrait comme un défaut courant. C'est peu professionnel car sous la pression des regards indiscrets, vous pourriez être amené à prendre une mauvaise décision qui aurait nécessité une observation détendue et studieuse avant d'agir.
ii. Cela réduit votre capacité à négocier une compensation adéquate. (Il y a des cas où cela fonctionne à l'inverse - lorsque certains fanfaronnades devant le client intimident pour obtenir des avantages et un tel appareil doit être celui dont le technicien connaît les subtilités comme le fond de sa poche).

Soyez clair sur les plaintes du client, l'état général actuel de l'appareil, les attentes du client et ce à quoi vous avez convenu de fournir en tant que service. Tu sais pourquoi ?

i. Pour éviter les querelles inutiles et les disputes dans votre environnement professionnel. Un incident peut ternir votre réputation, peu importe votre niveau d'excellence.
ii. Documentez le contrat de transaction.
iii. Effectuez une inspection visuelle approfondie de l'appareil et signalez toute anomalie observée.

Posez des questions pertinentes sur l'historique de l'appareil avant et après l'apparition de la panne. Tu sais pourquoi ?

i. C'est un moyen très rapide de poser un diagnostic de la panne (une prévision du résultat en raison d'une cause antérieure basée sur vos connaissances techniques). Posez des questions comme "qu'est-ce qui s'est passé avant la panne ? Est-ce un phénomène récurrent ? Est-ce victime d'une éclaboussure de liquide ? A-t-il subi un impact important sur une surface dure ? Est-ce simplement survenu spontanément sans action de l'utilisateur ?" Ces questions aident à établir les causes possibles de la défaillance et les zones de concentration pour la réparation.
ii. Pour protéger votre intégrité en cas de refus de responsabilité si l'appareil a subi des procédures techniques incorrectes précédentes.

En fonction de vos connaissances, déterminez mentalement la distinction entre une panne logicielle et une panne matérielle avant de facturer le client.
Tu sais pourquoi ?

> Comme vous l'avez appris dans ce livre, il existe des réparations logicielles et des réparations matérielles. Chaque type de procédure de réparation influence le coût final des réparations. Pour étayer ce point, voyons quelques vérifications d'observation déterminantes :
> - ✓ Un écran LCD cassé, vide, blanc ou fissuré doit être déterminé comme un problème matériel ou logiciel. Observez si l'appareil peut s'allumer en remarquant toute activité notable comme l'éclairage, le clavier ou les sonneries, la réception et la transmission d'appels, etc. Ce sont des signes d'un problème d'écran LCD, qui est un problème matériel. Sinon, envisagez des réparations logicielles.
> - ✓ Lorsque les touches sont partiellement réactives ou totalement non réactives, un problème de dysfonctionnement du clavier lié au matériel ou au logiciel est en cours. Habituellement, il s'agit cependant d'un problème matériel.
> - ✓ Lorsque le téléphone redémarre constamment (redémarrage automatique) ou s'éteint automatiquement ; sur une échelle de 10, 8 sont liés au logiciel tandis que 2 sont un problème matériel.
> - ✓ Ou si le téléphone est bloqué sur le logo seulement, sans réponse pendant son utilisation ou l'exécution d'une application. Cela, c'est un problème logiciel.

Les éléments ci-dessus ne sont pas exhaustifs ; mais suffisants pour illustrer le point que je soulève. Notez également qu'avec le temps sur le terrain, l'expérience prendra le relais pour prendre ces décisions critiques d'un simple geste de la main.

Facturation du Client

Avant d'accepter de faire un travail ou de commencer à faire un travail, assurez-vous qu'il y ait un ordre de travail. Une partie de vos discussions initiales avec le client vous aide à estimer mentalement tous les coûts possibles en fonction de :

- La probabilité de changement de pièces et le coût des pièces de rechange.

- Votre tarif de service standard établi pour toute réparation matérielle.
- Votre tarif de service standard établi pour toute réparation logicielle.
- Une combinaison de l'un, deux ou trois des éléments ci-dessus.

Évitez par tous les moyens de surévaluer ou de tromper vos clients. Apprenez à donner plus de valeur que ce qui est payé en espèces par chaque client. Trouvez un équilibre entre la surévaluation et la sous-évaluation de vos services. Il n'est jamais bon de demander un paiement supplémentaire après un accord initial. Soyez cohérent avec vos normes et concentrez-vous sur la qualité de votre service, de cette manière vous gagnerez la confiance des clients et rendrez votre entreprise prospère.

Gestion du temps

L'une des causes de mortalité des MPSC (Centres de services de téléphones mobiles) réussis est l'incapacité à répartir leur temps de prestation de services pour chaque ordre de travail et à respecter les délais de collecte même en étant réussis avec les travaux de réparation. Vous devez estimer avec précision le temps nécessaire pour satisfaire chaque client.

Bien qu'il s'agisse d'un système de premier arrivé, premier servi au moment de la collecte des ordres de travail, ce n'est pas la même chose pour le moment de l'achèvement de l'ordre de travail, car cela dépend de :

- Quel travail nécessite le moins d'efforts, de temps et d'argent pour les pièces de rechange ;
- Quel travail rapporte le plus rapidement des revenus et probablement le plus de temps d'achèvement également ;
- Quel travail prend du temps précieux, nécessitant une étude et éventuellement une recherche à un moment de non-rush ultérieur !

L'un des pires scénarios qui peut également miner la valeur de compétence d'un MPSC et faire fuir rapidement le trafic un jour ouvrable est lorsque les clients convergent pour la collecte presque en même temps ou période de temps, les uns après les autres avec des clients nouveaux présents et le technicien ou son personnel de réception renvoient principalement les appareils des clients non réparés.

Mauvais timing !

C'est comme visiter une clinique ou un hôpital où beaucoup de patients décédés sont enregistrés à un rythme alarmant. Vous allez sûrement partir, citant n'importe quelle excuse.

Le timing est très important ici, et géré avec sagesse aussi. Même s'il arrive que ceux qui convergent à un tel moment où vous engagez de nouveaux clients sont ceux dont les appareils ont échoué aux réparations pour des raisons justifiées de votre part, ayant fait de votre mieux, faites l'une des choses suivantes ;

- Faites-les attendre le temps que vous engagez de nouveaux clients pour libérer votre espace de réception. Les mauvaises nouvelles sont mauvaises pour le marché !
- Si toutes les personnes présentes sont pour la collecte de leurs appareils, si vous devez annoncer une mauvaise nouvelle, assurez-vous qu'il y a deux autres bonnes nouvelles pour accentuer votre compétence ; d'ailleurs, commencez par les travaux terminés avec succès !
- Lorsqu'il y a plus de travaux ratés que de travaux réussis, plutôt que de faire de telles annonces, choisissez de retarder leur collecte que de permettre à trois ou quatre personnes déçues, mécontentes et insatisfaites de montrer leur exaspération autour de vos locaux à l'unisson. C'est une publicité négative pour votre marque. Cependant, le moment le plus doux est lorsque vous déchargez plusieurs travaux réussis simultanément - ils chanteront tous les louanges de ce centre de service et cela, c'est une publicité positive.

Alors que la production d'excellence est l'objectif ultime de ce livre, ces scénarios se produisent dans la réalité à un moment ou à un autre. Certains travaux reçus sont déjà morts à l'arrivée, parfois en raison des actions du propriétaire ou d'autres MPSC. Ce n'est pas votre faute et ne doit pas être autorisé à nuire à votre entreprise lorsque la compétence est réellement en place. Soyez sage !

Surtout, ne laissez pas l'impatience de certains clients vous forcer à compromettre votre réputation en retournant fréquemment des travaux échoués. Expliquez-leur calmement et éduquez-les en demandant notamment un délai supplémentaire pour réparer leur appareil.

Votre compétence, associée à l'acuité technique et à l'intuition, doit être appliquée dans des situations très difficiles qui nécessiteraient votre application attentive du retard. Retardez la décharge de cet appareil jusqu'à ce que votre persévérance porte ses fruits.

Votre devoir principal est de livrer le travail et cela vous aidera à construire rapidement une réputation puissante. Si vous perdez ce travail au profit d'un autre MPSC qui réalise des réparations réussies, imaginez les dégâts causés à votre compétence et donc, à la clientèle. Le démarketing par le bouche-à-oreille est extrêmement destructeur.

Gérer les Clients Difficiles

Dans toute entreprise, il y a généralement des situations problématiques. La façon dont vous gérez de telles situations peut faire ou défaire votre entreprise, que vous soyez dans le bon ou le mauvais côté. Que faire ?

- ✓ Reconnaissez les personnalités difficiles à temps et suivez les processus dûment établis et les procédures commerciales standard. Ce sont généralement ceux qui cherchent à assouplir ces normes au moment de la collecte. Comme mentionné précédemment, ne les assouplissez pas pour qui que ce soit.
- ✓ Si un litige survient, concentrez-vous sur les dommages que l'effet a ou aura sur votre entreprise et votre marque s'il est autorisé à persister. Trouvez donc un compromis rapide et libérez rapidement une telle personne, même si cela entraîne une perte financière, sinon utilisez toute la puissance de la loi.
- ✓ Évitez par tous les moyens les clients difficiles. Oui, vous le pouvez - et ne soyez pas vous-même le problème en faisant toujours le travail correct, sensé, équitable, honnête, juste, efficace et efficient.

Routines Opérationnelles Générales du Centre de Services

Un CPMS devrait principalement fonctionner selon les routines de service suivantes qui aideraient à rendre la prestation de services facile et rentable. Un démarrage peut ne pas avoir tout ce qui est nécessaire pour des opérations standard, mais peut évoluer de phase en phase, de niveau en niveau, avec le temps. Il est possible de choisir ceux qui sont à la portée de toute capacité de service ou stade.

Ils comprennent;

- Enregistrer et documenter les travaux et tenir des dossiers, y compris
- une base de données de votre liste de clients avec leurs coordonnées. Cela est utile pour le marketing ciblé et offre de nombreuses

- opportunités futures. Notez le statut de leurs appareils après réparation pour identifier ceux parmi vos leads de RP positifs.
- Stocker des pièces de rechange. Cela facilite vos opérations et réduit les coûts opérationnels. Si les finances posent encore problème, établissez une relation avec un ou deux fournisseurs qui répondent efficacement à vos besoins.
- À mesure que vous grandissez, employez et formez efficacement votre personnel de soutien en première ligne, car c'est là que l'argent est gagné - au moment de la collecte ; et c'est là que l'argent et le patronage sont perdus aussi !
- Gardez votre système informatique connecté à Internet et aux forums de support comme le forum GSM de ZFrank.

Penser en Termes de Chiffres !

En conclusion de ce livre, je vous encourage en tant qu'entrepreneur à penser en termes de chiffres. La clé du succès est la quantité de votre produit ou service pouvant atteindre le plus grand nombre de personnes.

Je vous souhaite le succès à venir.

Shalom !

À Dieu soit la Gloire.

Notes bibliographiques

[1]. Hill, Napoleon "Specialized Knowledge Personal Experiences or Observations" (chapter 5), Think and Grow Rich (1960 revised edition), Fawcett books, New York.
[2]. Ibid.

[3]. "Communication". Wikipedia
(https://en.wikipedia.org/wiki/Communication), Accessed 28 October 2015

[4]. http://www.dictionary.com/browse/mobile

[5]. "GSM" (2015). Wikipedia, (https://en.wikipedia.org/wiki/GSM), Accessed 27th October 2015.

[6]. "1G". Wikipedia (https://en.wikipedia.org/wiki/1G), Accessed 27th October 2015.

[7]. 3rd Generation Partnership Project (June 2015). "3GGP TS45.001: Technical Specification Group GSM/EDGE Radio Access Network; Mobile Station (MS) - Base Station System (BSS) interface; Radio Link Control / Medium Access Control (RLC/MAC) protocol; section 10.0a.1 - GPRS RLC/MAC block for data transfer". 12.5.0. Retrieved 2015-12-05

[8]. Welt. H. Anatomy of contemporary GSM cellphone hardware, April 2010, http://laforge.gnumonks.org/papers/gsm_phone-anatomy-latest.pdf Accessed on 11 January 2015.

[9]. Baseband processor (2015),
http://en.wikipedia.org/wiki/Baseband_processor Accessed on 14th July 2015.

[10]. "RAM". Wikipedia,
(https://en.wikipedia.org/wiki/Random-access_memory)

[11]. Ibid.

[12]. "Flash Memory". Wikipedia
(https://en.wikipedia.org/wiki/Random-access_memory)

[13]. ibid.

[14]. "Integrated circuits". Wikipedia,
(https://en.wikipedia.org/wiki/Integrated_circuit)

[15]. ibid.

[16]. ibid.

[17]. Rouse, Margaret (March 27, 2007). **"Definition: multi-core processor"**. TechTarget. Archived from **the original** on August 5, 2010. Retrieved March 6, 2013.

Previous Books

Achetez la première édition sur Amazon. Cela vous aidera à construire vos bases en réparation électronique.

À Propos de L'auteur

Chukky Oparandu est l'auteur de ces trois livres :

    a. Mobile Phones and Tablets Repairs: A Complete Guide for Beginners and Professionals, © 2016

    b. . IT Career: A Roadmap, © 2017

    c. c. Smartphones and Tablets Repairs: Money Making Venture Skill, © 2021

Il détient un Master en sciences de l'information (MSc.) en technologie de l'information, un Bachelor en génie électrique/informatique et un diplôme national en génie électrique/électronique. Il possède également plusieurs certifications industrielles standard délivrées par des principaux fabricants d'équipements d'origine (OEM) comme Cisco Systems et Oracle. Il est ingénieur informatique principal à l'Université de Jos, au Nigeria, consulte en technologie de l'information et de la communication, et est consultant en formation qui a guidé bon nombre de personnes ayant créé des entreprises prospères.

Chukky enseigne personnellement des séminaires dans tout le Nigeria et dans d'autres pays africains, couvrant la réparation de téléphones mobiles, le matériel et le logiciel de PC/ordinateurs portables (y compris le dépannage, la maintenance, les réparations et la mise à niveau) et principalement, l'interconnexion réseau. Ses cours ne sont jamais ennuyeux car il a le don de rendre des sujets complexes à la fois compréhensibles et divertissants. Si vous avez 10 personnes ou plus à former, Chukky peut concevoir et présenter un séminaire personnalisé pour vous ou les besoins de votre organisation.

Contactez Chukky en envoyant un email à : mondraim@gmail.com

www.ingramcontent.com/pod-product-compliance
Lightning Source LLC
Chambersburg PA
CBHW082321220526
45470CB00008B/2370